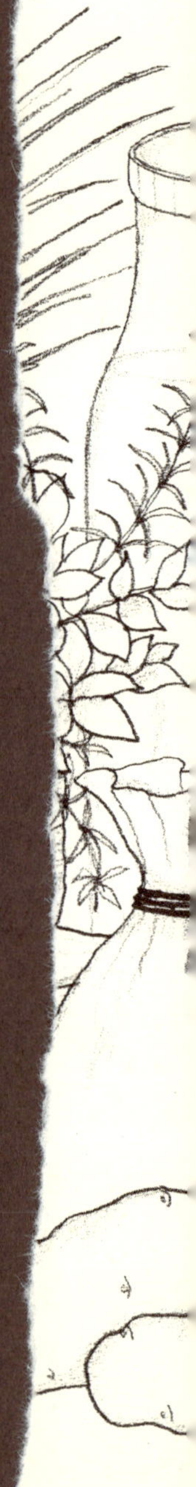

Ingrid Früchtel

# Das neue vegetarische Kochbuch

Rat und Rezept-Ideen für naturgemäße Ernährung

Gräfe und Unzer

**Die Autorin**
Ingrid Früchtel, in Rostock geboren, verbrachte ihre Jugend im Schwarzwald, war nach ihrer Ausbildung zum Bankkaufmann in mehreren Banken und in der Industrie tätig und studierte anschließend Betriebs- und Volkswirtschaft. Sie heiratete bald nach dem Staatsexamen und versorgt heute Familie, Haus mit Garten, 10 000 qm Grund mit altem Bauernhaus und großem Obstbaumbestand. Dieser eigene große Garten und Hinweise auf den Wert der Getreidekost in der Reform-Rundschau gaben den ersten Anstoß zur Beschäftigung mit naturgemäßer Ernährung. Der Erfolg in der Praxis stellte sich bald ein, Zivilisationskrankheiten verschwanden zum Erstaunen des Arztes, schwerste Arbeit wird heute mühelos bewältigt. Ingrid Früchtel, deren Großes Vollkorn-Kochbuch und Großes Vollkorn-Backbuch volle Erfolge waren und sind, beweist, daß eine naturgemäße Ernährung der sicherste Weg zu Gesundheit und Wohlbefinden ist. Wie abwechslungsreich sie sein kann und wie ausgezeichnet sie schmeckt, wird in dem Neuen Vegetarischen Kochbuch auf jeder Seite deutlich.

Die Farbfotos auf dem Einband zeigen:
Tomatensalat Palermo, Rezept Seite 32
Ingwer-Bratäpfel, Rezept Seite 96
Südländische Pizza, Rezept Seite 124
Getreidesalat mit frischen Kräutern und Weizenkeimsalat mit Hüttenkäse, Rezepte Seite 88
Wirsingpastete, Rezept Seite 55
Knusprige Käsebrötchen, Rezept Seite 126

3. Auflage

Farbfotos: Studio Teubner, Füssen
Zeichnungen: Ingrid Schütz
Redaktion: Antje Schunka
Einbandgestaltung: Constanze Reithmayr-Frank
Satz und Druck des Textteils: Georg Wagner, Nördlingen
Reproduktion, Druck des Farbteils und Bindung:
Graphische Werkstätten Kösel, Kempten

ISBN: 3-7742-2015-8

# Inhalt

**Ein Wort zuvor** 8

**Warum vegetarische Kost?** 9

**So ernähren wir uns richtig** 10
Wie unsere gesunde vegetarische Kost aussieht 10
Auf die Zubereitung kommt es an 11
Die Sache mit dem Fleisch 12
Zuviel Kochsalz ist schädlich 12

**Die neue vegetarische Küche** 13
Vom richtigen Einkaufen 13
Unsere wichtigsten Einkaufsquellen 14
Besondere Zutaten für die vegetarische Küche 14
Kräuter und Gewürze – Medizin aus der Küche 16
Schmackhaft würzen auf einen Blick 16
Kräuter und Gewürze richtig verwenden 18
Vitaminreiche Frischkost selbst gezogen 19
Praktische Küchengeräte 19
Nützliche Hinweise zu den Rezepten 21

**Menüs für das ganze Jahr** 22

**Rohkost gartenfrisch** 23
Bindesalat oder römischer Salat 23
Brüsseler Champignonsalat 23
Chicorée mit Orangensauce 24
Chinakohl mit Äpfeln 24
Erbsen-Kohlrabi-Rohkost 24
Endivien und Tomaten 27
Eissalat mit Gurken und Tomaten 27
Gurken in Kräuterrahm 27
Kohlrabisalat Tessin 27
Winterliche Grünkohlrohkost 28
Kohlsprossensalat 28
Bunter Kopfsalat 28
Möhren-Apfel-Rohkost 29
Möhren-Lauch-Salat mit Walnüssen 29
Radicchiosalat 29
Milder Rettichsalat 29
Rote-Rüben-Rohkost mit Meerrettich 30
Rotkrautsalat 30
Sauerkrautfrischkost 30
Sauerkraut-Möhren-Rohkost 31
Russischer Sauerkrautsalat 31
Schwarzwurzelsalat 31
Waldorfsalat 32
Bleichsellerie Meran 32
Spargelcocktail grün-weiß 32
Tomatensalat Palermo 32
Gefüllte Tomaten auf Kopfsalat 33
Badischer Krautsalat 33
Bunter Wintersalat 34
Wirsingrohkost mit Möhren 34
Wildkräutersalat 34
Wildkräuter-Gurken-Salat 35
Zuckermaissalat Mexiko 35
Zucchini in Kräutermarinade 35
Saucen und Dips für Rohkostsalate 36
Zu jedem Rohkostsalat die passende Sauce 37

**Aus unserem Suppentopf** 38
Gemüsebouillon mit Eierblumen 38
Frühlingssuppe mit Wildkräutern 39
Grünkernklößchensuppe 39
Zitronen-Reis-Suppe mit jungen Erbsen 39
Kartoffelsuppe mit rohem Gemüse 40
Zwiebelsuppe Taiwan 40
Andalusische Tomatensuppe 40
Mailänder Minestrone 41
Bohnensuppe nach Römerart 42
Scharfe Mitternachtssuppe 42
Gazpacho 42
Französische Kopfsalatsuppe mit Knoblauchcroûtons 45

**Die vielseitige Kartoffel** 46
Pellkartoffel-Schlemmereien 46
Kartoffelpüree mit Mandeln 46
Schmorkartoffeln mit Kräuter-Sahne-Creme 47
Bouillonkartoffeln 47
Kartoffeln vom Blech 48
Köstliche Käsekartoffeln 48
Kartoffelsavarin mit Kräutern 49
Kartoffelomelette Gouda 49
Walnuß-Kartoffel-Plätzchen 50
Pariser Kartoffelgratin 50
Kartoffelpastetchen mit Käsefüllung 51
Lauch-Kartoffel-Auflauf 51
Herzoginkartoffeln 52

# Inhalt

**Kochen mit Getreide** 53
Mexikanische Tortillas 53
Enchiladas 54
Maispizza mit Zucchini 55
Wirsingpastete 55
Pikanter Hirseauflauf 56
Mangoldrollen mit Hirsefüllung 56
Gratinierte Lauchrollen 57
Kohlrouladen 58
Zucchini, pikant gefüllt 58
Selleriekroketten 59
Dinkelsbühler Grünkernküchlein 59
Mangoldpfannkuchen auf italienische Art 60

**Reis, Nudeln, Hülsenfrüchte** 63
Reis nach Mailänder Art 63
Arabischer Mandelreis 63
Pikante Reiskroketten 64
Gemüserisotto 64
Gefüllte Weinblätter auf griechische Art 65
Chinesische Nudelkasserolle 66
Gemüse-Lasagne 67
Serbische Lauch-Pita 67
Linseneintopf Bauernart 68
Bretonischer Bohnentopf 69

**Sommergemüse – Wintergemüse** 70
Allgäuer Spargelomelette 70
Gurkentopf nach Schlemmerart 70
Sommergemüse für Feinschmecker 71
Bohnen-Gemüse-Ragout 71
Ungarisches Bohnengulasch 72
Kräuterbohnen 73
Peperonata 73
Ratatouille 74
Zucchini indisch 74
Spaghettikürbis auf indonesische Art 75
Andalusische Tomaten 75
Geschmorte Kräutertomaten 76
Zuckermais natur 76
Fencheltopf mit Möhren 76
Wirsingomelette 77
Mangoldgratin 77
Grünkohl in Sahne 78
Weißkraut nach Winzerart 81
Budapester Krautgulasch 81
Champignon-Zwiebel-Kasserolle 82
Spanische Zwiebelomelette 82

**Würzige Saucen** 83
Würzige Rahmsauce 83
Griechische Zitronensauce 83
Genueser Basilikumsauce – Pesto 84
Knoblauchsauce – Aioli 84
Mandelschaumsauce 84
Feine Nußsauce 84
Frankfurter Grüne Sauce 85
Rohe Tomatensauce 85
Sauerkirsch- oder Himbeerchutney 85
Rhabarberchutney 86
Rohe Johannisbeersauce 86
Vanillesauce 86

**Salat-Variationen** 87
Spargelsalat mit Kräuterrahm 87
Schwetzinger Spargelsalat 87
Bunter Maissalat 88
Weizenkeimsalat mit Hüttenkäse 88
Getreidesalat mit frischen Kräutern 88
Südländischer Bohnensalat 91
Pfuffbohnensalat mit Tomaten und Paprika 91
Reissalat mit jungen Erbsen 92
Frischer Reissalat 92
Kartoffelsalat nach unserer Art 93
Italienischer Kartoffelsalat 93
Ländlicher Käsesalat 94
Griechischer Bauernsalat 94

**Süßspeisen und Eisdesserts** 95
Badische Apfelküchle 95
Orangenpfannkuchen mit Kokosnuß 95
Ingwer-Bratäpfel 96
Fränkische Zwetschgenpastete 96
Süßer Hirseauflauf 97
Wiener Kirschenstrudel 97
Wiener Brotpudding 98
Johannisbeerpudding 98
Maispudding 99
Hirsecreme mit Früchten 99
Rhabarbercreme 99
Apfeldessert mit Kirschen 100
Fruchtige rote Grütze 100

# Inhalt

Fruchtkaltschale 100
Obstsalat im Frühling 101
Exotischer Obstsalat 101
Brombeerbecher 101
Ingwercreme Jamaica 101
Weinschaumcreme 102
Erdbeer-Eissavarin 102
Jasmintee-Eis Sansibar 103
Schokoladen-Nuß-Eistorte 103

**Königliches Frühstück** 104
Das Frischkornmüsli 104
Frischkornmüsli – Grundrezept 105
Hafermüsli 105
Müsli mit gekeimten Weizenkörnern 105
Pflaumenmüsli mit gekeimten Gerstenkörnern 106
Rustikales Roggenmüsli 106
Herzhafter Brotaufstrich 106
Genueser Brotaufstrich 106
Brotaufstrich aus getrockneten Früchten 107
Rohkostbrote 107
Selleriecreme 108
Kräuter-Sahne-Creme 108
Pikanter Camembertquark 108
Würzige Buttermischungen 108

**Süßigkeiten selbstgemacht** 110
Honigmarzipan 110
Gewürzpralinen 111
Dattelkonfekt – Mazurki 111
Ingwerkugeln 111

**Mit Vollkorn gebacken** 112
Gefüllter Rührkuchen 112
Feiner Gewürzkuchen 113
Versunkener Apfelkuchen 113
Brauner Kirschenkuchen 113
Makronentorte mit Rhabarber 114
Hirse-Aprikosen-Kuchen 114
Orangentorte Valencia 117
Johannisbeertörtchen 118
Runde Hefe-Blitzkuchen 118
Zwetschgendatschi mit Walnüssen 119
Weihnachtsstollen 119
Mandelspekulatius 120
Mandelhäufchen und Schokoladenbusserl 121
Braune Sahnepfeffernüsse 121
Linzer Kränzchen 122
Korinthenschnitten 122
Englische Ingwerkeks 123
Fränkische Schokoladenbrote 123
Südländische Pizza 124
Pilzpizza 124
Minipizza 125
Knusprige Käsebrötchen 126
Käse-Windbeutelchen 127
Knusprige Sesamecken 127

**Wichtige Adressen und Bücher** 128

**Rezept- und Sachregister** 129

# Ein Wort zuvor

Vollwertig essen, gesünder leben – viele Menschen erkennen heute, daß eine vernünftige, das heißt naturgemäße Ernährung der sicherste Weg zu Gesundheit, Vitalität und Lebensfreude ist. Die moderne vegetarische Küche bietet uns vollwertige Ernährung. Und für alle, die sich entschieden haben, mit einem Minimum an Fleisch oder ganz ohne auszukommen, habe ich dieses neue vegetarische Kochbuch geschrieben. Wobei ich unter dem Begriff »vegetarisch« nicht die reine Pflanzenkost, vielmehr eine fleischlose Kost mit naturbelassenen Zutaten verstehe, die so abwechslungsreich ist und so ausgezeichnet schmeckt, daß Sie Fleisch bald überhaupt nicht mehr vermissen werden.

Mit meinem neuen vegetarischen Kochbuch, das wie mein großes Vollkorn-Kochbuch aus jahrelanger persönlicher Erfahrung entstand, will ich Ihnen helfen, Ihre Küche auf eine natürliche, gesunde Ernährungsweise umzustellen. Und Sie werden bald merken, daß das ganz leicht ist.

Schon in der Antike hatte man einst die Forderung erhoben, daß der Mensch, weil er Vernunft hat, nach der Natur leben solle. Wenn wir dies heute tun wollen, müssen wir zunächst umdenken und unsere Ernährungsgewohnheiten überprüfen. Den ersten Schritt zu einer naturgemäßen, vollwertigen Ernährung tun wir dann, wenn wir alles weglassen, was uns die Nahrungsmittelindustrie an vorgefertigten »Fabriknahrungsmitteln« anbietet. Wenn wir nämlich in unserer Küche wieder das volle Getreidekorn verwenden und möglichst viele Salate, Gemüse und Kartoffeln auf den Tisch bringen, haben wir den richtigen Weg schon eingeschlagen.

Freilich können in unserer modernen Industriegesellschaft die meisten Menschen nicht so leben, wie sie gerne möchten. Viele sind mittags auf das Essen in Kantine oder Restaurant angewiesen. Gerade deshalb sollten wir versuchen, die übrigen Mahlzeiten mit besonderer Überlegung, Sorgfalt und Liebe zuzubereiten. Das Selbermachen ist heute ja vielfach schon wieder zu einem beliebten Hobby geworden. Gehen wir also den modernen Bequemlichkeiten, so gut wir es können, aus dem Weg. Wenden wir uns dem von der Natur Gebotenen zu, dann wird das Essen wieder eine Quelle der Freude – und vor allem der Gesundheit.

Wie einfach es ist, vegetarisch zu kochen, werden Sie feststellen, wenn Sie meine aus der Praxis hervorgegangenen Ratschläge lesen – sie sind weder kompliziert noch langweilig –, wenn Sie die Rezept-Ideen aus diesem Buch in Ihrer Küche ausprobieren und die Familie Ihnen bestätigt, wie gut es schmeckt. Und nicht zuletzt zeigen Ihnen die vielen brillanten Farbfotos, wie köstlich und appetitanregend Vegetarisches sein kann.

Im ersten Abschnitt habe ich versucht, den grundsätzlichen Zusammenhang zwischen Ernährung und Gesundheit deutlich zu machen. Ich gebe Ihnen Hinweise für die richtige Auswahl der Lebensmittel und ihre schonende Zubereitung. Für alle, die sich näher informieren wollen, nenne ich auf Seite 128 noch einige empfehlenswerte Bücher. Weil gesunde Ernährung schon beim Einkauf beginnt, gebe ich Ihnen viele Tips für den Kauf aller notwendigen Zutaten, für die Verwendung von Kräutern und Gewürzen – mit einer speziellen Würzübersicht auf Seite 17 –, für die Wahl hilfreicher Küchengeräte und, auf Seite 22, für die Zusammenstellung vollwertiger Menüs.

Für dieses moderne vegetarische Kochbuch habe ich viele neue Rezepte entwickelt und sorgfältig ausprobiert. Meine Rezepte sind für jeden problemlos nachzukochen und sie bieten selbst Feinschmeckern alles, was zu einer wohlschmeckenden *und* vernünftigen Ernährung gehört – vom Frischkornmüsli bis zu Desserts und Eisspezialitäten. Und weil das Backen mit Vollkorn besonderen Spaß macht, lade ich Sie zum Schluß noch in meine Backstube ein: Dort gibt es nicht nur neue köstliche Kuchen und Plätzchen, sondern auch allerlei pikante Spezialitäten zu kosten.

Sicherlich werden Sie schnell herausfinden, daß das fleischlose »Kochen nach der Natur« ein sehr spannendes und kreatives Hobby sein kann – und so bleibt mir nur noch, Ihnen gutes Gelingen und guten Appetit zu wünschen!

*Ihre Ingrid Früchtel*

# Warum vegetarische Kost?

»Essen wir uns krank?«, »Schicksal aus der Küche«, »Iß dich gesund« – diese Büchertitel machen deutlich, daß sich die meisten Menschen heute offenbar falsch ernähren. Wie die Statistik zeigt, erkrankt fast jeder zweite Bundesbürger schon etwa 25 Jahre vor seinem Tod an einem durch falsche Ernährung verursachten Zivilisationsleiden. Das heißt also, falsche Ernährung ist heute die Krankheitsursache Nr. 1.

Doch im Grunde brauchen wir uns um die trockene Statistik nicht einmal zu kümmern – sehen wir uns doch ganz einfach in unserem Bekanntenkreis um: Fast jeder leidet heute an Zahnkrankheiten wie Karies oder Parodontose (schon 60% aller Schulanfänger haben heute schlechte Zähne!). Darmträgheit und Verstopfung sind für viele beinahe ein »Normalzustand« geworden, was deswegen so gefährlich ist, weil viele Krankheiten durch eine Störung der Darmtätigkeit entstehen. Rheuma, Gelenk- und Wirbelsäulenerkrankungen sind bereits geradezu zu einer Volkskrankheit geworden. Das gleiche gilt für die Zuckerkrankheit. Herz- und Kreislauferkrankungen sind zur Zeit die häufigsten Todesursachen.

Die Krankheiten entstehen jedoch nicht von heute auf morgen. Sie beginnen oft unmerklich, und es dauert meist Jahrzehnte, bis sie erkennbar werden. Sie sind die Folge einer falschen Ernährung. Bei uns herrscht heute zwar ein früher nie gekannter Überfluß an Nahrungsmitteln – doch fehlen unserer Nahrung gerade die gesunderhaltenden, lebenswichtigen Vitalstoffe: Das sind neben den Vitaminen die Mineralstoffe, die Spurenelemente, die hochungesättigten Fettsäuren, die Fermente (auch Enzyme genannt) und eine große Zahl heute noch nicht erforschter Substanzen wie zum Beispiel pflanzliche Hormone, Pflanzenfarbstoffe und Aromastoffe.

Mit dem Beginn des industriellen Zeitalters haben sich auch die Ernährungsgewohnheiten der meisten Menschen entschieden verändert. Kartoffeln kommen immer seltener auf den Tisch. Fleisch dagegen steht praktisch täglich auf dem Speisezettel. Der raffinierte Fabrikzukker – im vorigen Jahrhundert noch ein teures »Gewürz« – ist zu einem ausgesprochenen Genußmittel und damit zu einer Gesundheitsgefahr ersten Ranges geworden. Industriell hergestellte Fertigprodukte, Schnellgerichte und Konserven bilden in vielen Fällen die Grundlage der Mahlzeiten, die einst aus frischen, naturbelassenen Produkten zu Hause zubereitet wurden. Schon Babys und Kleinkinder werden häufig mit Fertignahrung »abgefüttert«, die eine rührige Nahrungsmittelindustrie auch noch als besonders gesund anpreist.

Doch welche Vorteile bringt dies alles dem Konsumenten? Ganz abgesehen von den höheren Preisen, die er für wertlose Produkte zu bezahlen hat, ist die Zeitersparnis für ihn dann kein Vorteil mehr, wenn man bedenkt, welchen Verlust an lebenswichtigen Vitalstoffen die industrielle Be- und Verarbeitung mit sich bringt.

Wer sich mit diesen Problemen heute beschäftigt und sich die Frage stellt, wie ihnen zu begegnen sei, der kommt unweigerlich auf eine alte Idee zurück. Schon seit dem vorigen Jahrhundert haben der Schweizer Arzt Dr. Bircher-Benner und andere die Vorteile einer naturgemäßen Ernährung auf pflanzlicher Grundlage erkannt. Heute sind die praktischen Erkenntnisse der Vegetarier für uns noch von weit größerer Aktualität, da die Gefahren für unsere Gesundheit sich vermehrt haben.

Was unter vegetarischer Kost zu verstehen ist und worauf es ankommt, habe ich in diesem Buch zu zeigen versucht. Grundsätzlich sei gesagt: Es geht um eine Kost mit naturbelassenen Zutaten, die auf Fleisch verzichten kann. Man nennt sie lacto-vegetabil, da sie zu den pflanzlichen Nahrungsmitteln Milch, Milchprodukte und Eier mit einbezieht. Wie das im einzelnen aussieht, lesen Sie im nächsten Kapitel.

# So ernähren wir uns richtig

Viele Menschen sind heute schon überzeugt davon, daß sie mit richtiger Ernährung ihre Gesundheit fördern können. In Presse, Funk und Fernsehen wird das Thema vielfach erörtert. Daß es auch gut schmeckt, wenn man auf Fleisch weitgehend verzichtet, daß es Spaß macht, vegetarisch zu kochen, und wie man es richtig macht, darüber will ich Ihnen aus meiner jahrelangen Erfahrung berichten.

Unsere Urgroßmütter hatten es besser als wir: Noch vor 100 Jahren gelangten die Lebensmittel so, wie sie von den Bauern auf gesunden Böden in einer mit Schadstoffen nicht belasteten Umwelt erzeugt wurden, in die Küche. Heute dagegen durchlaufen viele Lebensmittel auf ihrem Weg vom Erzeuger bis zum Kochtopf eine ganze Reihe von industriellen Verarbeitungs- und »Veredelungs«-stufen, bei denen nicht selten viele lebenswichtige Vitalstoffe zerstört werden: Aus ursprünglich wertvollen *Lebens*mitteln werden durch diese Eingriffe mehr oder weniger wertlose *Nahrungs*mittel, die nur noch den Magen füllen und obendrein schädlich für unsere Gesundheit sein können. Aus dem vollen Getreidekorn wird »raffiniertes« weißes Auszugsmehl, aus dem Naturreis mit allen seinen Vitaminen, Mineralstoffen und Spurenelementen wird geschälter und polierter Reis, Öle und Fette werden auf chemischem Wege gewonnen beziehungsweise haltbar gemacht und gehärtet, viele Nahrungsmittel werden durch gesundheitlich oft nicht unbedenkliche Zusätze und Methoden konserviert – um nur einige Beispiele zu nennen.

## Wie unsere gesunde vegetarische Kost aussieht

Ich möchte Sie nun in meine Küche einladen und Ihnen zeigen, wie unsere gesunde Kost in der Praxis aussieht:

• Das volle Getreidekorn nimmt in unserer Ernährung einen bevorzugten Platz ein. Hafer, Weizen, Roggen, Gerste, Hirse, Mais, Grünkern, Naturreis (Vollreis) bringen sehr viel Abwechslung in unseren täglichen Speisezettel. Auch den Buchweizen (ein Knöterichgewächs) nehmen wir noch hinzu, denn wir können ihn genau wie das Getreide zubereiten. Alle Getreidearten lassen sich – als ganzes Korn oder frisch gemahlen beziehungsweise geschrotet – zu schmackhaften und bekömmlichen Gerichten verarbeiten.

Aus dem frisch gemahlenen Vollkornmehl backen wir nicht nur Kuchen und Plätzchen, sondern auch unser kräftiges dunkles Brot. Vollkornnudeln schmecken nicht nur herzhafter als Teigwaren aus weißem Auszugsmehl, sie sind obendrein noch viel gesünder!

• Die Kartoffeln werden immer frisch gekocht und möglichst oft mit der Schale gegessen. Fertigpulver für Kartoffelpuffer, Püree oder Klöße werden Sie in meiner Küche genauso wenig finden wie Pommes frites.

• Rohkostsalate mit vielen frischen Kräutern und Gemüse kommen bei uns täglich auf den Tisch – ideal ist es natürlich, wenn man alles gleich im eigenen Garten »einkaufen« kann!

• Obst essen wir roh, ganz selten als Kompott (mit Honig gesüßt) und schon gar nicht aus der Konservendose. Obst- und Gemüsesäfte sind zur Deckung des Vitaminbedarfs nicht notwendig.

Auch frisch gepreßte Säfte sind nur noch »Teilnahrungsmittel«: viele Vitalstoffe, die zur vollen Aufschließung der Säfte notwendig sind, bleiben in den Preßrückständen zurück. Auf der anderen Seite enthalten die Säfte ein Übermaß an ungebundenen Vitaminen, die der Körper in dieser Form nicht aufnehmen und verarbeiten kann.

• Als Brotaufstrich, zum Kochen und zum Backen nehme ich am liebsten frische Butter, nicht nur ihres guten Geschmacks wegen! Sie ist ein vollwertiges, natürliches Fett ohne gesundheitliche Nachteile, das vom Organismus leicht aufgenommen werden kann. Nicht die Butter ist für das Ansteigen des Cholesterinspiegels verantwortlich, wie so oft behauptet wird, sondern die Zivilisationskost mit ihren raffinierten Auszugsmehlen, den Fabrikzuckerarten und Fabrikfetten. Für Frischkostsalate empfehle ich Ihnen naturbelassene, kaltgepreßte Pflanzenöle. Sie enthalten reichlich hochungesättigte Fettsäuren, die der Körper nicht selbst aufbauen kann, die aber lebensnotwendig für ihn sind.

• Unsere Milch holen wir direkt beim Bauern und verwenden sie möglichst frisch und ungekocht. Rohe Vorzugsmilch ist genauso empfehlenswert. Nur dann, wenn keine rohe Milch erhältlich ist, sollten Sie auf pasteurisierte Trinkmilch zurückgreifen, denn jede Erhitzung über 45° C schadet dem empfindlichen Milcheiweiß. Aus diesem Grund sind H-Milch, Kondensmilch oder Trockenmilch, die einer höheren beziehungsweise länger dauernden Erhitzung ausgesetzt waren, nicht zu empfehlen.

Spezialitäten aus ganz Europa bringen Abwechslung auf die Käseplatte. Obst und Nüsse passen dazu.

Die verschiedenen Sauermilcharten sowie Quark und Käse sind eine wertvolle Bereicherung unseres Speisezettels. Joghurt, Dickmilch, Quark aus roher Frischmilch sind Delikatessen, die man leicht selbst zubereiten kann (Seite 104).

• Zum Süßen von Süßspeisen und Gebäck sind Honig und ungeschwefelte Trockenfrüchte am besten geeignet. Den Haushaltszucker habe ich aus meiner Küche ebenso verbannt wie alle anderen Fabrikzuckerarten, weil sie nur gesundheitliche Nachteile mit sich bringen.

## Auf die Zubereitung kommt es an

Die schonende Zubereitung ist für unsere Mahlzeiten ebenso wichtig wie die richtige Auswahl der Zutaten. Bevor wir also mit dem Kochen beginnen, sollten wir uns einmal überlegen, daß – von wenigen Ausnahmen abgesehen – jede Erhitzung unserer Nahrung etwas von ihrem ursprünglichen Wert nimmt, sie »denaturiert«.

Durch den Kochprozeß wird nämlich eine Reihe von lebenswichtigen Vitalstoffen zerstört oder zumindest stark geschädigt: Der Vitamingehalt der Nahrungsmittel wird herabgesetzt, die Mineralsalze werden ausgelaugt, Fermente, Aroma- und Duftstoffe vernichtet. Beim gekochten Gemüse können wir solche Veränderungen sehr deutlich sehen und schmecken: es büßt durch das Kochen sehr viel von seiner ursprünglichen leuchtenden Farbe und seinem spezifischen Aroma ein; wir müssen ihm erst durch Salz, Gewürze und Kräuter wieder etwas Geschmack geben.

Doch damit nicht genug: Durch das Kochen wird auch das pflanzliche und tierische Eiweiß in unserer Nahrung stark geschädigt, denn schon bei Temperaturen zwischen 40 und 50° C verändert sich die Struktur der meisten Proteine wesentlich. Der Mensch braucht aber, ebenso wie das Tier, unerhitztes, unverändertes Eiweiß, um auf die Dauer gesund zu bleiben.

Für unsere Küchenpraxis bedeutet das also:

• Wir sollten der Rohkost sooft wie möglich den Vorzug geben. Viele Lebensmittel werden gekocht, die ebensogut roh gegessen werden könnten, ja die sogar ungekocht viel besser schmecken.

• Wenn schon gekocht werden muß, dann sollte der Kochvorgang möglichst kurz sein. Gemüse muß ja nicht in viel Wasser »zerkocht« werden; es schmeckt viel besser, wenn es nur kurze Zeit in wenig Wasser mit etwas Öl gedünstet wird und so seine Struktur und Frische erhalten bleiben. Haben wir noch Kochflüssigkeit übrig, dann servieren wir sie als aromatische Trinkbrühe zum Essen oder bereiten eine Sauce daraus.

• Auch Butter, Sahne oder Milch geben wir erst nach dem Kochen an die Speisen, um jede schädliche Erhitzung auszuschließen.

• Nach Möglichkeit vermeiden wir auch allzu häufiges Braten und Überbacken – was natürlich nicht heißen soll, daß wir unserer Familie und unseren Gästen nicht ab und zu einmal einen ganz besonderen Leckerbissen aus der Bratpfanne oder aus dem Backofen servieren dürfen!

## Die Sache mit dem Fleisch

Meistens wird der Frage, ob der Mensch Fleisch essen oder aus gesundheitlichen Gründen ganz darauf verzichten soll, ein zu großes Gewicht beigelegt. In vegetarischen Schriften und Kochbüchern stößt man oft auf die irrige Vorstellung, daß Krankheiten allein schon dadurch vermieden oder geheilt werden könnten, daß man das Fleisch vom täglichen Speisezettel streicht. In Wirklichkeit entstehen die ernährungsbedingten Krankheiten besonders dadurch, daß die herkömmliche Kost mit ihren raffinierten Kohlenhydraten (also Auszugsmehlen und Fabrikzucker) und Fabrikfetten zu wenig lebensnotwendige Vitalstoffe enthält. Darüber hinaus trägt auch ein ausgesprochener Überkonsum von tierischen Nahrungsmitteln (besonders von Fleisch), wie er heute üblich ist, viel zur Entstehung verschiedener Krankheiten bei. Wenn man bedenkt, daß der Fleischverbrauch in Deutschland im Jahre 1815 pro Kopf 14 kg, 1958 bereits 51 kg und 1979 sogar über 90 kg (!) betrug, dann ist es nicht verwunderlich, daß Erkrankungen des Bewegungsapparates (wie zum Beispiel Rheuma) und die Gicht heute zu einer wahren Volkskrankheit geworden sind. Auch für Bluthochdruck, Diabetes und Herzinfarkt ist unter anderem ein Übermaß an tierischem Eiweiß verantwortlich, wie der Mediziner Prof. Dr. Wendt von der Universität Frankfurt/Main durch praktische Untersuchungen zeigen konnte.

Die Wissenschaft hat bewiesen: Pflanzliches Eiweiß ist ebenso vollwertig wie tierisches. Nach der alten Ernährungslehre galt Fleisch als besonders »gesund« und »kräftig«. Auch heute noch hören wir oft die Meinung, daß man schon deshalb Fleisch essen müsse, um ausreichend mit Eiweiß versorgt zu sein. In Wirklichkeit ist aber pflanzliches Eiweiß mindestens ebenso wertvoll wie tierisches, und wir können bei einer biologisch vollwertigen Kost durchaus auf das Fleisch verzichten. Immerhin leben von den 3½ Milliarden Menschen, die unsere Erde bevölkern, 2 Milliarden fast ohne tierisches Eiweiß und vollbringen dabei zum Teil körperliche Höchstleistungen, von denen unsere Spitzensportler nicht einmal träumen können.

Besonders günstige Werte für die Eiweißversorgung ergeben sich, wenn bei derselben Mahlzeit 2 oder gar 3 verschiedene Eiweißträger miteinander kombiniert werden. So kann beispielsweise ein 70 kg schwerer Erwachsener seinen Tagesbedarf an Eiweiß schon mit einem Hühnerei und 500 g Kartoffeln decken. Andere hochwertige Eiweißkombinationen sind Getreide oder Kartoffeln mit Milch, mit Gemüserohkost, mit grünen Salaten. Noch günstiger sind die Kombinationen zwischen Getreide und Hülsenfrüchten, also Erbsen, Linsen, Bohnen und Sojabohnen.

Wahrscheinlich bringt es für einen vollwertig ernährten Menschen keine gesundheitlichen Nachteile mit sich, wenn ab und zu einmal Fleisch auf seinem Speisezettel steht. Doch dann sollte das Fleisch von naturgemäß aufgezogenen Tieren stammen – also frei von Rückständen sein – und die Fleischmenge sollte sich in sehr engen Grenzen halten.

## Zuviel Kochsalz ist schädlich

Ein zu großer Kochsalzverbrauch ist – neben anderen Ernährungsfehlern – eine der Hauptursachen für Bluthochdruck. Schon von frühester Kindheit an wird unser Geschmack für Salzhaltiges durch zuviel Salz verdorben: Bereits die Säuglings-Fertignahrung ist unnötigerweise gesalzen, auch andere Nahrungsmittel wie Brot, Wurst und Käse sind meist »versalzen«. Dabei können wir durch das Würzen mit Gewürzen und Kräutern Salz fast entbehren. Empfehlenswerter als reines Kochsalz ist übrigens Kräutersalz aus dem Reformhaus: man salzt und würzt zugleich damit.

## Vom richtigen Einkaufen

Die gesunde Ernährung beginnt schon mit dem richtigen Einkauf. Es kommt dabei besonders darauf an, daß wir in unserer Küche nur naturbelassene Lebensmittel verwenden. Obst, Gemüse, Kartoffeln und Getreide sollten nach Möglichkeit aus biologischem Anbau stammen, das heißt, ohne chemische Pflanzenschutzmittel und nur mit Naturdünger gewachsen sein. Denn nur ein gesunder, belebter, mit vielen Mikroorganismen durchsetzter Boden kann auch gesunde Pflanzen hervorbringen.

Langjährige Versuche der Bundesanstalt für Qualitätsforschung pflanzlicher Erzeugnisse in Geisenheim haben ergeben, daß Obst und Gemüse, das unter natürlichen Bedingungen erzeugt wurde, reicher an wertvollen Nährstoffen, Vitaminen, Mineralstoffen und Spurenelementen ist, als das aus dem konventionellen Anbau. Das gleiche gilt natürlich auch für Kartoffeln und Getreide.

### Gemüse richtig einkaufen

Dank der modernen technischen Möglichkeiten ist das Angebot an Gemüse und Obst das ganze Jahr über sehr vielseitig und abwechslungsreich. Doch sollte man beim Einkaufen diejenigen Sorten bevorzugen, die gerade Saison haben. Sie sind am frischesten, am besten ausgereift und viel wertvoller als Produkte aus dem Treibhaus, die unter künstlichen Bedingungen gezogen werden.

Ob Obst und Gemüse naturbelassen sind oder chemisch behandelt wurden, läßt sich auf den ersten Blick kaum feststellen. Produkte aus biologischem Anbau werden im allgemeinen besonders gekennzeichnet. Eine Behandlung mit Konservierungsmitteln müßte nach unseren gesetzlichen Bestimmungen deklariert werden. Wenn wir keine entsprechenden Hinweise an den Obst- und Gemüseständen finden, bleibt uns nichts weiter übrig, als uns beim Verkaufspersonal zu erkundigen oder – im Zweifelsfall – auf den Kauf zu verzichten.

Beim Einkaufen spielt jedoch nicht nur die Qualität eine große Rolle, wir müssen auch wissen, welche Mengen wir einkaufen sollen. Bei meinen Rezepten beziehen sich die Mengenangaben im allgemeinen auf kochfertig geputztes Gemüse. Die folgende Übersicht zeigt, mit wieviel Abfall Sie bei den meisten Gemüsesorten rechnen müssen. (Zusammengestellt nach der Broschüre »Gemüse«, herausgegeben vom Bundesausschuß für volkswirtschaftliche Aufklärung e. V.):

| | | | |
|---|---|---|---|
| Blumenkohl | 38% | Paprika | 23% |
| Bohnen | 7% | Rhabarber | 22% |
| Chicorée | 11% | Rosenkohl | 19% |
| Erbsen | 60% | Rote Rüben | 22% |
| Feldsalat | 28% | Rotkraut | 22% |
| Fenchel | 7% | Schwarzwurzeln | 44% |
| Grünkohl (mit Strunk) | 49% | Knollensellerie | 27% |
| Kohlrabi | 32% | Spargel | 26% |
| Lauch/Porree | 42% | Spinat | 22% |
| Mangold | 19% | Weißkraut | 22% |
| Möhren | 17% | Zwiebeln | 8% |

### Getreide richtig einkaufen

Das ganze Getreidekorn ist mehrere Jahre lang haltbar, wenn es luftig und trocken aufbewahrt wird. Gemahlenes Getreide hingegen ist verderblicher als Milch, denn der Luftsauerstoff zerstört die wertvollen Bestandteile des Korns innerhalb kurzer Zeit. Ihrer Gesundheit zuliebe sollten Sie deshalb das Getreide immer erst unmittelbar vor der Zubereitung frisch mahlen. Eine eigene Getreidemühle ist also auf die Dauer unentbehrlich. Hinweise zu Getreidemühlen finden Sie auf Seite 20.

Die folgende Zusammenstellung zeigt Ihnen, welche Getreidearten im Reformhaus oder in Alternativläden erhältlich sind und welche Produkte Sie »ersatzweise« verwenden können, wenn Sie meine Rezepte erst einmal ohne eigene Mühle ausprobieren möchten. Ein optimales Ergebnis erzielen Sie aber nur mit dem frisch gemahlenen Getreide.

| | |
|---|---|
| Weizen | Weizenmehl Type 1700<br>Weizenvollkornschrot fein Type 1700 |
| Roggen | Roggenschrot fein Type 1800 |
| Hafer | (unter der Bezeichnung »Sprießkorn-« oder »Nackthafer« erhältlich) |
| Gerste | (unter der Bezeichnung »Sprießkorn-« oder »Nacktgerste« erhältlich) |
| Grünkern | (Dinkel) Grünkernschrot |
| Hirse | (nur geschält verwendbar) |
| Mais | (unter der Bezeichnung »Popcorn« erhältlich)<br>Maisgrieß fein = Polenta<br>Maisgrieß grob = Kukuruz |
| Naturreis | (Vollreis) |
| Buchweizen | Buchweizenmehl, Buchweizengrütze |

Vollkorngrieß mit Schalenteilen enthält noch einen Teil der Vitalstoffe. Er ist kräftiger im Geschmack als gewöhnlicher Grieß.

Für Weizen- und Roggenmehle (beziehungsweise -schrot) gibt es unterschiedliche Typenbezeichnungen. Je höher die Typenzahl, desto höher ist der Mineralstoffgehalt und desto wertvoller ist das Mehl für unsere Ernährung. Weizenmehl Type 405 besteht fast nur aus Stärke, die Typen 1700 (Weizen) und 1800 (Roggen) hingegen enthalten alle Bestandteile des ganzen Korns.

Getreideflocken (wie Hafer-, Weizen- oder Hirseflocken) müssen durch Erhitzen haltbar gemacht werden, sind also nicht mehr vollwertig. Das gleiche gilt natürlich auch für Fertigmüslis.

## Unsere wichtigsten Einkaufsquellen

Nicht jeder kann aufs Land hinausfahren, um Gemüse, Obst, Kartoffeln, frische Milch und Eier oder Getreide direkt beim biologisch wirtschaftenden Bauern einzukaufen. Aber auch in der Stadt gibt es mancherlei Möglichkeiten, man muß sie nur zu finden wissen: Auf dem Wochenmarkt werden immer häufiger Gemüse und Obst, im Herbst auch Kartoffeln, angeboten, die ohne Kunstdünger gezogen wurden. Auch »Alternativ«- und »Bio-Läden« bieten viele Naturprodukte an. Oft kann man sich dort das gekaufte Getreide frisch mahlen lassen. Unsere Reformhäuser führen in ihrem umfangreichen Sortiment außer Getreide auch naturbelassene Öle und Fette, ungeschwefeltes Dörrobst, Joghurt und verschiedene Käsesorten, die mit speziellen Milchsäurekulturen ohne chemische Zusätze hergestellt werden. Auch manche Lebensmittelgeschäfte und Supermärkte haben bereits naturbelassene Lebensmittel in ihrem Angebot. Weitere Bezugsquellen für biologische Erzeugnisse finden Sie auf Seite 128.

## Besondere Zutaten für die vegetarische Küche

Auf einige »besondere Zutaten« werden Sie in meinen Rezepten immer wieder stoßen. Sie sind in Reformhäusern und teilweise auch in Lebensmittelgeschäften erhältlich. Es gibt übrigens Reformversandfirmen (siehe Seite 128), falls Sie – vor allem in der Schweiz oder in Österreich – ein Produkt vergeblich suchen.

**Agar-Agar:** Ein pflanzliches Geliermittel aus fein vermahlenen Meeresalgen. Ich verwende es (ähnlich wie Gelatine) zum Steifen von Gelees, Fruchtpuddings und zum Andicken von Saucen.
**Apfelessig:** Wird durch Vergärung aus ganzen reifen Äpfeln gewonnen. Er enthält reichlich Kalium. Apfelessig regt die Verdauungstätigkeit an und macht die Speisen bekömmlicher.
**Crème fraîche:** Das »Geheimnis« der französischen Küche ist eine ganz besondere »frische Sahne« von mild-säuerlichem Geschmack. Ideal zum Verfeinern von Suppen und Saucen, Gemüsegerichten und Rohkostsalaten. Sie hat, je nach Fabrikat, zwischen 30 und 39% Fett. Ersatzweise nehmen Sie dicke saure Sahne, sie ist meist weniger fett.

**Dörrobst:** Kaufen Sie Dörrobst (Zwetschgen, Äpfel, Birnen, Aprikosen, Rosinen) möglichst ungeschwefelt, weil Schwefel eine zweifache Wirkung im Körper hat: er zerfällt in schweflige Säure, die das Milieu der Körperzellen verändert (möglicherweise eine Ursache für Krebs), und durch Hydrierung entsteht Schwefelwasserstoff, der sich als Gift im Körper ansammelt. Es lohnt sich auch, selbst zu dörren (siehe Seite 20).

**Hefeextrakt:** Der Extrakt ist nicht nur ein pikanter Brotaufstrich, auch Suppen, Saucen, Getreide- und Gemüsegerichte kann man damit würzen. Er enthält reichlich B-Vitamine und pflanzliches Eiweiß.

**Hefeflocken:** Zum Binden von Suppen und Saucen, für Gemüsegerichte und für Brotaufstriche geeignet. In der Pfanne leicht geröstet schmekken die Flocken noch würziger.

**Pastetengewürz:** Fertige Gewürzmischung, meist in Gewürz- und Fleischereibedarfsläden erhältlich. Wer es nicht bekommt, kann folgende Mischung selbst herstellen: je 1 gestrichener Teelöffel grob gemahlener schwarzer und weißer Pfeffer, 1/2 Teelöffel Cayennepfeffer, je 2 gestrichene Teelöffel grob gemahlener Kümmel, frisch geriebene Muskatnuß, getrockneter Majoran und Zwiebelgranulat, je 1 gestrichener Teelöffel getrocknete Petersilie und gekörnte Brühe (Reformhaus) sowie 3 gestrichene Teelöffel Glutamat.

**Sanoghurt:** Dieses Spezialjoghurt aus dem Reformhaus hat einen sehr hohen Anteil an rechtsdrehender Milchsäure, die vom Körper besonders gut verwertet werden kann.

**Sesamsamen:** Sehr gut für süßes oder pikantes Gebäck und für Konfekt! Die kleinen weißen Samenkerne bekommen einen feinen nußartigen Geschmack, wenn man sie in der Pfanne oder im Backofen bei 220° C vorsichtig goldgelb röstet.

**Soja-Erzeugnisse:** Sojavita oder Hensel-Sojakost verwendet man statt Hackfleisch für Bratlinge, Klopse, Pasteten und Klößchen, als Füllung für Paprikaschoten, Gurken und Tomaten. Mit der fein zerkleinerten Sojamasse (Moulinette) kann man Suppen und Saucen sehr gut binden. Sojavita ist bereits pikant gewürzt. Weitere Zubereitungshinweise auf den entsprechenden Packungen (Reformhaus).

Sojamehl wird aus entbitterten gelben Sojabohnen hergestellt. Es enthält sehr reichlich Eiweiß, außerdem Lezithin. Vitamine und Mineralstoffe. Man kann Suppen und Saucen damit binden oder es beim Backen anstelle von Eiern verwenden (1 Eßlöffel Sojamehl, in 2 Eßlöffeln Wasser angerührt, ersetzt 1 Ei).

Zum Keimen (für Sojasprossen) sind nur die kleinen grünen Sojabohnen geeignet.

**Sonnenblumenkerne:** Gut geeignet zum Brot- und Brötchenbacken, fürs Müsli und für Quarkspeisen. Die Kerne schmecken besonders würzig, wenn man sie vorher in der Pfanne leicht anröstet.

**Vegetabile (pflanzliche) Pasteten:** In verschiedenen Geschmacksrichtungen im Reformhaus erhältlich. Sehr gut als Brotaufstrich, zu Pellkartoffeln (auch mit Quark gemischt), zum Binden von Suppen und Saucen.

**Vitam-Steinpilzbrühe:** Aus Hefeextrakt, Steinpilzen, Gewürzen und Salz hergestellt. Suppen, Saucen, Gemüse und Pilze schmecken besonders würzig damit.

**Vollkornbrösel:** Statt Semmelbröseln nehme ich zum Panieren und Binden Brösel aus Vollkorn- oder Knäckebrot. Sie werden sehr fein und gleichmäßig, wenn das Knäckebrot oder gut getrocknete Vollkornbrot zerkleinert und mit der Getreidemühle gemahlen wird.

**Zitrusfrüchte:** Zitronen und Orangen, vor allem, wenn die Schale gebraucht wird, unbehandelt kaufen. Abgeriebene Schalen konserviere ich in Honig.

Zum Schluß eine Zutat, die Sie selbst herstellen und womit Sie Süßspeisen oder Gebäck sehr fein aromatisieren können:

**Vanillerum**

2 Vanilleschoten kleinschneiden und in 1/8 l Rum mindestens 8 Tage ziehen lassen – die Flasche gelegentlich schütteln.

## Kräuter und Gewürze – Medizin aus der Küche

Viele Gewürze und Kräuter, die wir in unserer vegetarischen Küche verwenden, sind nicht nur »Würzzutaten«, sondern gleichzeitig mild wirkende Heilmittel; denn sie sind überaus reich an gesundheitswirksamen Inhaltsstoffen wie Phytofermenten, Phytohormonen, Saponinen und Pektinen; sie enthalten Mineralien, Spurenelemente und seltene Wirkstoffe, die noch gar nicht alle erforscht sind.

Viele bedeutende Ärzte aller Zeiten – Hippokrates, Galen, Hildegard von Bingen, Paracelsus, Kneipp, um nur einige von ihnen zu nennen – haben die heilende Wirkung von Kräutern und Gewürzen erkannt und in ihren Schriften Anweisungen zur richtigen Verwendung gegeben. Ihre Erkenntnisse wurden durch die langjährigen Untersuchungen von Prof. H. Glatzel, dem ehemaligen Leiter der klinisch-physiologischen Abteilung des Dortmunder Max-Planck-Instituts für Ernährungsphysiologie wissenschaftlich bestätigt. Er konnte nachweisen, daß Gewürze und Kräuter ihren jeweiligen Inhaltsstoffen entsprechend ganz spezifische gesundheitsfördernde Wirkungen haben.

Viele heilkräftige und schmackhafte Kräuter wachsen wild. Wenn Sie mit einem Naturführer (siehe Seite 128) zum Sammeln gehen, können Sie sie sicher bestimmen.

Wer gesund und schmackhaft kochen will, sollte sich einige Kräuter, hier Dill, Bohnenkraut und Basilikum, selbst ziehen.

## Schmackhaft würzen auf einen Blick

Für unsere Urgroßmütter waren Kräuter und Gewürze in der Küche noch selbstverständlich. Die »Nouvelle Cuisine« hat sie jetzt, zum Vergnügen und zum Nutzen aller Feinschmecker, wiederentdeckt. Wer wirklich gesund und schmackhaft kochen will, sollte sich wenigstens einige Würzkräuter selbst ziehen, und sei sein Garten noch so klein. Die meisten Kräuter gedeihen sogar auf dem Balkon, in Blumentöpfen vor dem Fenster oder in Pflanztrögen auf der Terrasse. (Ratgeber für die Aufzucht und Verwendung vieler Kräuter finden Sie auf Seite 128.)

Mit Kräutern und Gewürzen zu experimentieren, kann zu einem sehr spannenden Hobby werden. Gerade das Ausprobieren macht am meisten Spaß! Die nebenstehende Würzübersicht soll Ihnen auf einen Blick zeigen, wie Sie Gemüsen, Kartoffelgerichten und Obstspeisen mit frischen Kräutern und Gewürzen immer wieder neue Akzente geben können. Natürlich müssen Sie sich dabei nicht sklavisch an meine Vorschläge halten, denn allein ausschlaggebend sind schließlich Ihr Fingerspitzengefühl und Ihr persönlicher Geschmack.

Einige Gewürzmischungen werden Sie in den üblichen Gewürzregalen vergeblich suchen. Was das Besondere an ihnen ist und wo man sie bekommt, lesen Sie auf Seite 18.

Die meisten Kräuter, etwa Estragon, Kerbel und Majoran, gedeihen sogar in Blumentöpfen oder -kästen vor dem Fenster.

| | | |
|---|---|---|
| **Auberginen** | Petersilie, Bohnenkraut, Liebstöckel, Estragon, Basilikum, Oregano, Thymian, Rosmarin | Zwiebel, Knoblauch, Zitronensaft, Pfeffer, Delikata, Picata, Grillgewürz |
| **Blumenkohl, Broccoli** | Petersilie, Dill | Delikata, Muskatblüte, Koriander |
| **Bohnen, grüne** | Bohnenkraut, Petersilie, Schnittlauch, Dill, Basilikum, Liebstöckel | Zwiebel |
| **Chinakohl** | Petersilie, Schnittlauch, Liebstöckel | Edelsüßpaprika, Koriander, Kümmel, Delikata, Curry, Zwiebel |
| **Erbsen** | Petersilie, Dill, Thymian, Schnittlauch | |
| **Fenchel** | Petersilie, Dill, Liebstöckel, Thymian, Basilikum | Delikata, Edelsüßpaprika, Muskatblüte, Koriander, Pfeffer, Selleriesalz, Weißwein |
| **Grünkohl** | Petersilie, Liebstöckel | Muskatnuß, Koriander, Zwiebel |
| **Gurke** | Petersilie, Schnittlauch, Borretsch, Dill, Estragon, Thymian, Kerbel | Edelsüßpaprika, Pfeffer, Piment, Koriander, Curry, Delikata |
| **Kartoffeln** | Petersilie, Thymian, Majoran, Salbei, Rosmarin, Kerbel, Liebstöckel | Muskatnuß, Delikata, Endoferm, Grillgewürz, Zwiebel |
| **Kohlrabi** | Petersilie, Dill, Schnittlauch, Basilikum, Liebstöckel | Delikata, Muskatblüte |
| **Lauch** | Petersilie, Dill, Liebstöckel | Edelsüßpaprika, Delikata, Curry |
| **Mangold** | Petersilie, Liebstöckel | Edelsüßpaprika, Pfeffer, Muskatnuß, Zwiebel |
| **Möhren** | Petersilie, Kerbel, Fenchelkraut, Basilikum, Dill, Zitronenmelisse, Thymian | Muskatblüte, Koriander |
| **Obst** | | Zimt, Nelken, Anis, Ingwer, Vanille, Delifrut, Zitronen-, Orangenschale |
| **Paprikaschoten** | Petersilie, Liebstöckel, Thymian, Basilikum, Rosmarin | Zwiebel, Knoblauch |
| **Pilze** | Petersilie, Dill, Thymian, Basilikum, Liebstöckel | Pfeffer, Vitam-Steinpilzbrühe, Zwiebel, Knoblauch |
| **Rosenkohl** | Petersilie | Muskatnuß, Delikata, Zwiebel |
| **Rote Rüben** | Petersilie, Zitronenthymian, Fenchelkraut, Ysop, Basilikum | Koriander, Kümmel, Pfeffer, Nelken, Piment, Ingwer, Zitronensaft, Selleriesalz |
| **Rotkraut** | Thymian, Basilikum | Koriander, Muskatblüte, Nelken, Ingwer, Zitronensaft, Rotwein |
| **Schwarzwurzeln** | Petersilie | Delikata |
| **Sellerie** | Petersilie, Selleriekraut, Liebstöckel | Edelsüß-, Rosenpaprika, Picata, Curry, Delikata |
| **Spinat** | Petersilie, Liebstöckel | Muskat, Pfeffer, Zwiebel, Knoblauch |
| **Tomaten** | Petersilie, Schnittlauch, Estragon, Liebstöckel, Kerbel, Fenchelkraut, Dill, Basilikum, Majoran, Oregano, Rosmarin | Paprika, Curry, Picata, Grillgewürz, Selleriesalz, Zwiebel, Knoblauch |
| **Weißkraut, Wirsing** | Petersilie, Liebstöckel, Bohnenkraut, Majoran | Koriander, Kümmel, Paprika, Delikata, Curry, Zwiebel, Zitronensaft |
| **Zwiebeln** | Thymian | Koriander, Pfeffer, Delikata, Curry |

## Kräuter und Gewürze richtig verwenden

- Samengewürze wie Pfeffer, Kümmel, Anis, Fenchel, Piment und Muskat bewahren ihr Aroma am besten, wenn sie erst kurz vor dem Verbrauch gemahlen werden. Eine oder besser mehrere Gewürzmühlen sind also kein Luxus! Auch mit Getreidemühlen lassen sich Gewürze mahlen (am besten unter das Getreide mischen). Samengewürze schmecken intensiver, wenn sie vor dem Mahlen in der Pfanne leicht geröstet werden.
- Getrocknete Kräuter bleiben würzkräftiger, wenn sie nur »gerebelt«, also grob zerkleinert, aufbewahrt werden. Bei Bedarf kann man sie zwischen den Fingern etwas zerreiben oder in speziellen Kräutermühlen aus Kunststoff fein mahlen.
- Grob zerkleinerte oder ganze Gewürze läßt man am besten mitkochen. Getrocknete Kräuter sollten zum Schluß einige Minuten in dem fertigen Gericht ziehen. Mit gemahlenen Gewürzen und frischen, gehackten Kräutern schmeckt man die Speisen erst nach dem Kochen ab.
- Würzessig macht Salate besonders schmackhaft – ideal, wenn im Winter frische Kräuter rar sind. Hier einige Möglichkeiten:

**Kräuteressig**
Ein Schraubglas zur Hälfte mit Petersilie, Dill, Borretsch, Zitronenmelisse, Zitronenthymian, Estragon und Liebstöckel – oder mit Kräutern nach eigenem Geschmack – füllen. Mit Apfelessig aufgießen. 14 Tage ziehen lassen, dabei gelegentlich schütteln. Vor der Verwendung absieben.

**Zitronenessig**
Die dünn abgeschälte Schale von 1–2 unbehandelten Zitronen, etwas Zitronenmelisse, Zitronenthymian und Dill in Obstessig ziehen lassen.

**Himbeer- oder Sauerkirschessig**
250 g Himbeeren oder Sauerkirschen in 1 l Obstessig 14 Tage ziehen lassen. Dann abgießen, die Früchte für Himbeer- oder Sauerkirschchutney (Rezept Seite 85) verwenden.
Tip: 2 Teelöffel Himbeer- oder Sauerkirschessig und 1 Teelöffel Honig in 1 Glas Wasser verrühren – ein sehr erfrischendes, gesundes Getränk an heißen Tagen!

Mit Kräutern und Gewürzen sind unsere Würz-Möglichkeiten aber noch längst nicht erschöpft. Butter, Sahne oder Crème fraîche verfeinern viele Speisen. Ein Schuß Wein rundet Suppen und Saucen aromatisch ab. Gemüsebrühwürfel geben Suppen und deftigen Wintergemüsen einen besonders kräftigen Geschmack. Auch mit Pilzen, Vitam-Steinpilzbrühe, Käse, Meerrettich, Senf, Nüssen, geröstetem Sesam und Honig sind besondere Würzeffekte zu erzielen.

**Spezielle Gewürze und Gewürzmischungen:**
Einige Gewürze und Gewürzmischungen der Gewürzmühle Brecht möchte ich Ihnen zum Schluß empfehlen. Sie sind speziell für die vegetarische Küche komponiert (in Deutschland und in Österreich im Reformhaus erhältlich – wo nicht vorrätig, wird man sie Ihnen dort gerne bestellen; auch der Reformversand Bein, siehe Seite 128, liefert Brecht-Gewürze):
**Delifrut:** Eine sehr aromatische Gewürzmischung für Süßspeisen, Obstsalate, Kompott, Plätzchen und Lebkuchen.
**Delikata:** Würzt feiner als Curry. Für Getreidegerichte, Gemüse, Kartoffeln, Suppen, Quark, Salatsaucen.
**Endoferm:** Ähnlich wie Delikata, aber kräftiger im Geschmack – gut für Kartoffeln.
**Grillgewürz – Picata:** Pikant-scharfe Gewürzmischungen für Kartoffeln, Reis, Suppen, Saucen, Gemüse und Brotaufstriche.
**Schabziegerklee:** Leider ist dieses aparte Gewürz bei uns viel zu wenig bekannt, Sie sollten es unbedingt probieren! Besonders für Käse- und Quarkzubereitungen, Suppen, Saucen und Gemüse zu empfehlen. Viele käufliche Feinschmecker-Käsezubereitungen sind mit Schabziegerklee gewürzt.
**Vanille, gemahlen:** Im Reformhaus und einigen Spezialgeschäften erhältlich.

## Vitaminreiche Frischkost selbst gezogen

Eine gute Nachricht für alle Rohkostfreunde und Liebhaber der fernöstlichen Küche! Keimsprossen aus Getreidekörnern und Samen (wie Buchweizen, Kresse, Sojabohnen, Mungobohnen und Alfalfa) kann man mühelos zu Hause auf dem Fensterbrett ziehen. Das keimende Korn bietet Gesundheit in konzentrierter Form: Vitamine, Mineralstoffe und Spurenelemente sind reichlich vorhanden, außerdem hochwertiges Eiweiß und leicht verdauliche Kohlenhydrate. Durch den Keimprozeß werden die in den Samen ruhenden Stoffe aktiviert und der Vitamingehalt vervielfacht sich sogar.

So wird's gemacht:
2 Eßlöffel Samen oder Getreidekörner in ein breites Glas oder einen Teller füllen, mit lauwarmem Wasser bedeckt über Nacht stehenlassen. Dann das Wasser abgießen und 1–2mal täglich mit frischem Wasser durchspülen. Die Samen sollen immer feucht, aber nicht zu naß sein (das Gefäß eventuell zudecken), sie sollen hell stehen, aber nicht in der prallen Sonne. Schon nach 1–3 Tagen, wenn sich die ersten millimeterlangen Keime zeigen, können Sie Soja- und Getreidekeimlinge ernten. Kresse und Alfalfa liefern nach 5–7 Tagen frisches Grün. Im Kühlschrank aufbewahrt bleiben die Keimsprossen noch 1–2 Tage frisch.

Keimfähige Samen gibt es im Reformhaus, das Getreide nehmen wir aus unserem Vorrat.

Ganz problemlos können Sie die Keimlinge auch in Spezialgeräten ziehen. Der Bio-Snacky-Keimapparat ist im Reformhaus zu haben, ein ähnliches Gerät bei Garten-Quelle, Fürth. Die praktischen Sperli-Keimsproß-Sets enthalten alles, was Sie brauchen: je 2 verschiedene Sorten Samen, Keimschalen (mehrmals verwendbar), Gebrauchsanweisung und Rezepte (erhältlich in Samenfachgeschäften, bei Spezial-Versandfirmen für Gartenbedarf und einigen der auf Seite 128 genannten Adressen – auch in Österreich und in der Schweiz!).

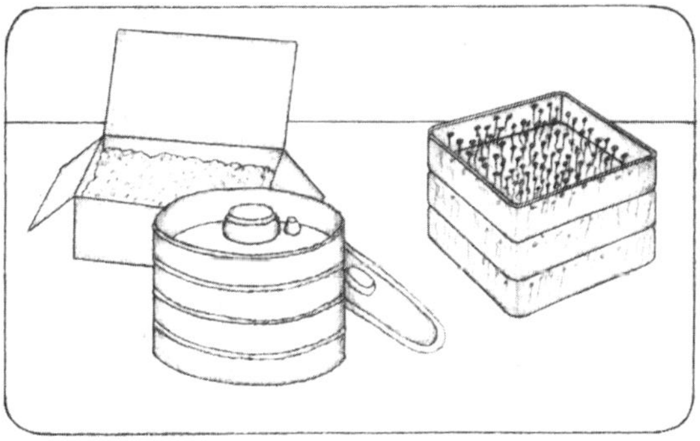

Ein Keimgerät ist ein praktischer Küchenhelfer – und ein idealer »Vitaminspender«.

So schmeckt's am besten:
Getreidekörner mischen Sie unter das Müsli, unter Rohkost- und Obstsalate, unter süßen oder pikanten Quark. Man kann die Körner auch »pur« essen oder – wie beim »Studentenfutter« – mit Nüssen und Rosinen mischen.

Alle übrigen Keimsprossen streuen Sie auf Butter-, Quark- oder Käsebrote, mischen Sie unter Salate oder Suppen, servieren Sie als Beilage zu Reis- und Eigerichten.

*Mein Tip: Auch Mandeln und Haselnüsse können Sie keimen! Sie schmecken ganz besonders frisch und knackig. Als kleine Knabberei servieren oder grob gehackt über Obstsalate und Rohkost streuen.*

## Praktische Küchengeräte

Zweckmäßige Geräte erleichtern der Hausfrau die Arbeit und sparen Zeit. Einige praktische Helfer, die sich in meiner vegetarischen Küche bewährt haben, sollen hier kurz vorgestellt werden:

• Rohkostreiben und Gurkenhobel gibt es in verschiedenen Ausführungen. Für den kleinen Haushalt sind Reiben mit auswechselbaren Einsätzen zu empfehlen.

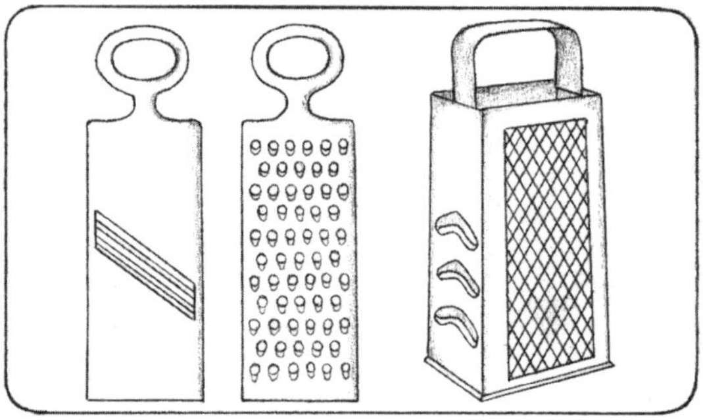

Für den kleinen Haushalt genügen einfache Hobel, Raspel und Reibe mit Reibflächen aus Edelstahl.

• Durchlaufschnitzler und Gemüse-Raspelvorsätze sind ein praktisches Zubehör zu vielen elektrischen Küchenmaschinen. Auch größere Mengen Gemüse, Obst, Nüsse oder Käse kann man damit in kurzer Zeit reiben, raspeln oder in Scheiben schnitzeln.

Wichtig: Alle Messer und Geräte, die mit Rohkost in Berührung kommen, müssen aus Edelstahl sein, denn Vitamin C wird von rostendem Material augenblicklich zerstört.

• Neuzeitliche Kochtöpfe aus Edelstahl, in denen die Speisen fast ohne Wasser und Fettzugabe schonend gegart werden können, sollten in jeder Küche vorhanden sein. Der Verlust an Vitaminen und Mineralstoffen ist dabei geringer als bei anderen Garmethoden. Auch das Aroma bleibt besser erhalten.

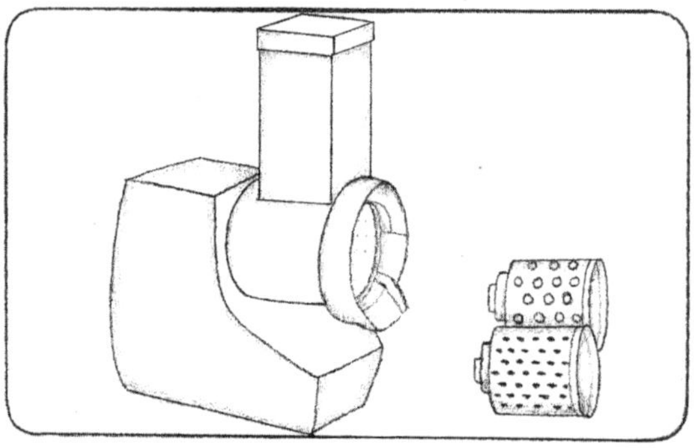

Rohkostvorsätze zum Schnitzeln, Raspeln und Reiben gibt es für viele elektrische Küchenmaschinen.

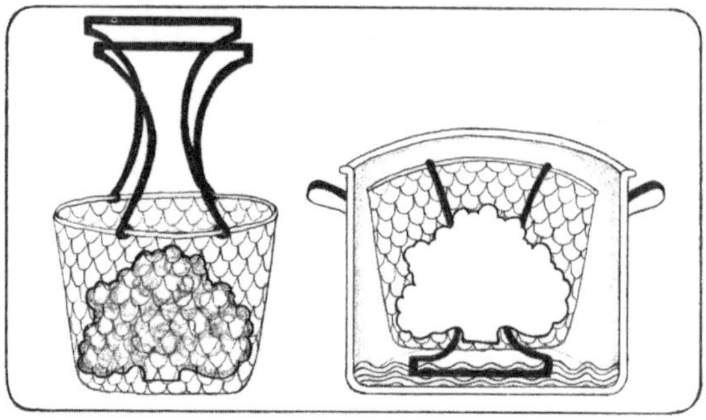

Dämpfeinsätze für schonendes Garen können Sie in die meisten Kochtöpfe passend kaufen.

• Kartoffeldämpfer oder Dämpfeinsätze für Kochtöpfe sind sehr zweckmäßig zum vitaminschonenden Garen von Kartoffeln.

• Eine Salatschleuder ist eine sehr praktische Hilfe, um gewaschenen Salat von jedem überflüssigen Wassertropfen zu befreien.

• Der Dörrapparat »dörrex« macht es möglich, auch größere Mengen von Obst und Gemüse, Pilzen, Küchen- und Teekräutern schnell und schonend zu trocknen. (Bezugsquelle Seite 128).

**Die Getreidemühle**

Die Getreidemühle ist der wichtigste und unentbehrlichste Helfer in unserer Küche. Mit allen Geräten können Roggen, Weizen, Grünkern, Nackthafer, Nacktgerste, Hirse, Naturreis und Buchweizen gemahlen oder geschrotet werden. Manche Mühlen verarbeiten außerdem Sojabohnen, Linsen und Maiskörner, quetschen Mohn und schroten Leinsamen.

Handmühlen sind ausreichend zum Mahlen und Schroten kleiner Getreidemengen fürs Müsli und für kleine Gerichte. Wenn Sie Ihrer Ernährung von Anfang an eine gesunde Basis geben wollen, sollten Sie sich für eine elektrische Mühle entscheiden. Leistungsfähige Mühlen sind heute auch preislich durchaus erschwinglich.

Getreidemühlen sind entweder mit gegossenen Mahlsteinen aus Naxos-Basalt und Magnesit

(Schnitzer-, Elsässer- und Spessart-Mühle sowie Bösen-Getreidemühle, System Dr. H. Burggrabe) oder mit einem Stahlkegel-Mahlwerk (System Messerschmidt) ausgerüstet. Mit beiden Systemen kann man das Getreide vom groben Schrot bis zum feinen Mehl vermahlen. Mahlleistung je nach Modell 40–200 g feines Vollkornmehl pro Minute. Mühlen mit Stahlmahlscheiben sind weniger empfehlenswert. Sie zerkleinern das Mahlgut nur zu Schrot oder grießähnlichem Mehl, das zum Backen kaum geeignet ist.

Außer den kompletten elektrischen Mühlen gibt es Getreidemühlen auch als Zusatzgeräte zu den meisten elektrischen Küchenmaschinen – und zwar mit Mahlsteinen (System Schnitzer)

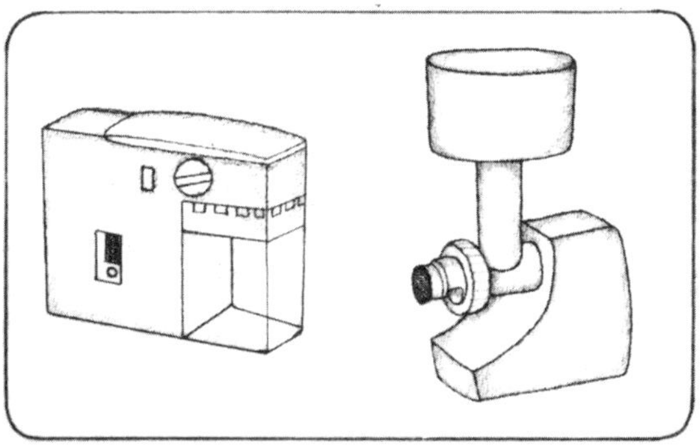

Informieren Sie sich vor dem Kauf einer Getreidemühle oder eines Mahlwerkvorsatzes (siehe Seite 128).

oder mit Stahlkegel-Mahlwerk (System Messerschmidt). Mahlleistung je nach Modell zwischen 30 und 120 g feinem Vollkornmehl pro Minute.

Getreidemühlen gibt es in einigen Reformhäusern und in Elektrofachgeschäften. Weitere Bezugsquellen siehe Seite 128 (die hier genannten Mühlenhersteller und -lieferanten senden Ihnen gern Informationsmaterial).

## Nützliche Hinweise zu den Rezepten

Die Zubereitungszeiten für die einzelnen Gerichte sollen nur ein Anhaltspunkt für Sie sein, denn die Ausstattung jeder Küche mit arbeits- und zeitsparenden Geräten ist verschieden.

Bei einigen Rezepten muß das Gegarte noch einige Zeit quellen, was beim Elektroherd auf der ausgeschalteten Herdplatte geschieht. Wenn Sie mit Gas kochen, schalten Sie dann die Flamme auf die kleinste Einstellung zurück und legen eventuell noch eine Asbestplatte unter den Topf.

Beim Backen mit Vollkorn kommt es besonders auf die richtige Konsistenz des Teiges an. Wiegen oder messen Sie also alle Zutaten (auch die Flüssigkeiten) genau ab. Leider sind die meisten Meßbecher sehr ungenau. Stellen Sie deshalb bitte Ihren Meßbecher auf die Waage und prüfen Sie durch Zugießen von Wasser nach, ob die auf dem Meßgefäß markierte Gramm- oder ccm-Einteilung mit der tatsächlichen Wassermenge übereinstimmt (1 l Wasser = 1000 ccm = 1000 g).

Sind bei den Rezepten die Mengen in Teelöffeln oder Eßlöffeln angegeben, so ist stets ein gestrichener Löffel gemeint.

**Einige Maße und Gewichte:**

| | |
|---|---|
| 1/2 Eßl. Butter oder Reformmargarine | = 10 g |
| 1 Eßl. Butter oder Reformmargarine | = 20 g |
| 1 gestrichener Eßl. Getreidekörner | = 20 g |
| 1 gehäufter Eßl. Getreidekörner | = 25 g |
| 1 gehäufter Eßl. Vollkornmehl | = 25 g |
| 1 gestrichener Eßl. geriebene Nüsse | = 20 g |
| 1 Eßl. Honig | = 30 g |
| 2 gestrichene Eßl. Reibkäse | = 10 g |
| 1 Tasse Reibkäse | = 40 g |

*Alle Rezepte sind für 4 Personen berechnet, wenn nichts anderes vermerkt ist. Es gibt natürlich Leute mit recht unterschiedlichem Appetit; doch Sie werden schnell herausfinden, ob die angegebenen Mengen für Ihre Familie richtig sind.*

# Menüs für das ganze Jahr

Bei einem Menü sollen sich die Speisen sowohl für Auge und Gaumen als auch in ihren Wertstoffen harmonisch ergänzen. Um Ihnen Anregungen zu geben, habe ich für jede Saison und für festliche Anlässe einige Menüs zusammengestellt. Bald werden Sie selbst Spaß daran finden, die Vorschläge zu variieren oder eigene Menüs zu kombinieren. Bei den Rezepten werden weitere passende Beilagen genannt.

Die Rezepte für meine Vorschläge finden Sie in diesem Buch auf den nach jedem Gericht angegebenen Seitenzahlen.

## Menüs im Frühling

Kopfsalat mit Radieschen
Allgäuer Spargelomelette (Seite 70)
Herzoginkartoffeln (Seite 52)
Fruchtkaltschale (Seite 100)

Kopfsalat
Kartoffeln vom Blech (Seite 48)
mit Kräuter-Sahne-Creme (Seite 108)
Apfeldessert mit Kirschen (Seite 100)

Wildkräutersalat (Seite 34)
Pariser Kartoffelgratin (Seite 50)
und Blattspinat
Obstsalat im Frühling (Seite 101)

## Menüs im Sommer

Gazpacho (Seite 42)
Weinblätter auf griechische Art mit Joghurt (Seite 65)
Erdbeer-Eissavarin (Seite 102)

Grüner Salat
Dinkelsbühler Grünkernküchlein (Seite 59)
Ratatouille (Seite 74)
Ingwercreme Jamaica (Seite 101)

Eissalat mit Gurken und Tomaten (Seite 27)
Französische Kopfsalatsuppe mit Knoblauchcroûtons (Seite 45)
Wiener Kirschenstrudel (Seite 97)

## Menüs im Herbst

Endiviensalat
Chinesische Nudelkasserolle (Seite 66)
Frisches Obst

Möhren-Lauch-Salat (Seite 29)
Fränkische Zwetschgenpastete (Seite 96)

Zuckermaissalat Mexiko (Seite 35)
Zucchini indisch (Seite 74) mit
Sesamkartoffeln vom Blech (Seite 48)
Brombeerbecher (Seite 101)

## Menüs im Winter

Bunter Wintersalat (Seite 34)
Mexikanische Tortillas (Seite 53)
Exotischer Obstsalat (Seite 101)

Chicoréesalat
Kartoffelsavarin (Seite 49) und Rosenkohl
Ingwer-Bratäpfel (Seite 96)

Chinakohl mit Äpfeln (Seite 24)
Serbische Lauch-Pita (Seite 67)
Orangen

## Festliche Menüs

Spargelcocktail grün-weiß (Seite 32)
Reisbraten Cordon bleu (Seite 64) mit
Champignon-Zwiebel-Kasserolle (Seite 82)
Weinschaumcreme (Seite 102)

Feldsalat
Gemüsebouillon mit Eierblumen (Seite 38)
Kartoffelpastetchen mit Käsefüllung (Seite 51)
Grünkohl in Sahne (Seite 78)
Apfeldessert mit Kirschen (Seite 100)

Radicchiosalat in Nuß-Rahm-Sauce (Seite 36)
Arabischer Mandelreis (Seite 63) mit Zitronensauce (Seite 83)
Fencheltopf mit Möhren (Seite 76)
Jasmintee-Eis Sansibar (Seite 103)

# Rohkost gartenfrisch

Zu Beginn jeder Mahlzeit kommt bei uns eine große Schüssel Salat auf den Tisch, denn frische rohe Gemüse und Salate enthalten Fermente, die die Verdauungssäfte besonders leicht und reichlich fließen lassen. (In der erhitzten Kost sind diese Fermente »totgekocht«!) Frischkost bietet alle wichtigen Vitamine und Mineralstoffe in optimaler Form. Sie belebt und entschlackt, verbessert die Zellatmung und stärkt die Abwehrkräfte des Organismus. Ärzte und Ernährungswissenschaftler empfehlen deshalb einen täglichen Frischkostanteil von 30-50%.

Rohkostsalate müssen gleich nach der Zubereitung gegessen werden, denn Sauerstoff und Licht zerstören die Vitalstoffe sehr schnell, wenn das Gemüse zerkleinert ist. Frische Kräuter machen das »Salatvergnügen« erst vollkommen; und viele Salate schmecken noch pikanter, wenn Sie die Salatschüssel mit einer halbierten Knoblauchzehe ausreiben oder frisches, feingehacktes Knoblauchgrün unter den Salat mischen.

*Mein Tip: BIOSMON – ein biologisches Mineralsalzgemisch aus dem Reformhaus – macht Salate und Gemüse wieder frisch und knackig und wertet sie auf: einfach 1 Prise Biosmon ins Waschwasser geben und den Salat oder das Gemüse 10-20 Minuten darin liegen lassen!*

## Bindesalat oder römischer Salat

Schon die Römer schätzten diesen frischen Sommersalat, und bereits im Mittelalter wurde er häufig in den Kloster- und Bauerngärten angebaut. Bei uns ist er leider noch kaum bekannt. Bindesalat wächst in jedem guten Gartenboden. Er bildet keine festen Köpfe, sondern aufrecht wachsende Stauden. Man bereitet ihn wie Kopfsalat oder Endivien zu. Auch mit Tomaten, Gurken oder Radieschen schmeckt der Salat gut.

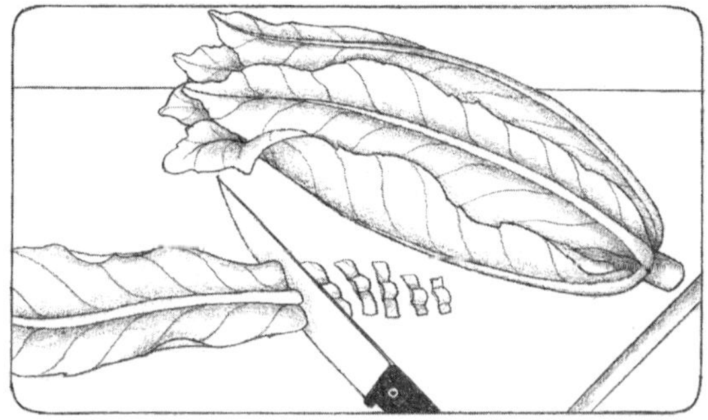

Vom herzhaften Bindesalat oder römischen Salat schneidet man die Blätter meist in breite Streifen.

Kurz bevor die Salatstaude schießt, kann man die Stengel ernten und wie Spargel zubereiten.

2–3 Stauden Bindesalat • 250 g Tomaten • ½ Paprikaschote • Provenzalische Salatsauce (Rezept Seite 36)
Pro Person etwa 630 Joule/155 Kalorien

- Zubereitungszeit: 20 Minuten

So wird's gemacht: Die Salatblätter vom Strunk lösen, waschen, trockenschleudern und in 5 cm breite Streifen schneiden. Die Tomaten grob würfeln, die Paprikaschote fein würfeln. • Die Salatsauce darübergießen und alles locker mischen.

## Brüsseler Champignonsalat

150 g gekeimte Sojabohnen (siehe Seite 19) • 150 g feste, kleine Champignons • 1 mittelgroße Zwiebel • 1–2 Gewürzgurken • 150 g Chicorée
Für die Marinade: Salatmayonnaise (Rezept Seite 37) • 2 Eßl. Joghurt • 1½ Eßl. Tomatenketchup • je 2 Messerspitzen Curry, Edelsüßpaprika, Muskatblüte und Selleriesalz
Zum Bestreuen: 2 Eßl. feingehackte Petersilie
Pro Person etwa 915 Joule/220 Kalorien

- Zubereitungszeit: 20 Minuten

So wird's gemacht: Alle Zutaten für die Marinade verrühren und pikant abschmecken. • Die Sojabohnen auf einem Sieb mit kaltem Wasser überbrausen und abtropfen lassen. Die Champignons putzen, waschen und in Scheiben schneiden. Die Zwiebel schälen und feinhacken, die Gurken würfeln. Alles mit der Marinade mischen. • Den Chicorée waschen, in breite Streifen schneiden (einige Spitzen zum Garnieren zurücklassen) und locker unterheben. Den Salat mit der Petersilie bestreuen und mit den Chicoréespitzen garnieren. Gleich servieren.

# Chicorée mit Orangensauce

Der zartbittere Geschmack des Chicorée gibt diesem fruchtigen Salat die besondere Note. Die Bitterstoffe regen darüber hinaus den Appetit und die Verdauungstätigkeit an. Entfernen Sie deshalb nach Möglichkeit den manchmal etwas bitteren Keil am unteren Ende der Chicoréestaude nicht!

350 g Chicorée • 1 Eßl. feingehackte Zitronenmelisse • Orangensauce (Rezept Seite 37) • 2 Eßl. Mandelstifte
Pro Person etwa 490 Joule/115 Kalorien

• Zubereitungszeit: 15 Minuten

So wird's gemacht: Die Chicoréestauden waschen. Die Blätter vom Strunk lösen und in größere Stücke zerpflücken oder längs in schmale Streifen teilen. Die Zitronenmelisse und die Orangensauce unterheben. • Die Mandelstifte in der Pfanne rösten. Den Salat damit bestreuen und sofort servieren.

**Varianten**
Auch ein säuerlicher Apfel oder einige Stengel Bleichsellerie, in feine Streifen geschnitten, passen gut in diesen Salat.

# Chinakohl mit Äpfeln

Für die Marinade: 1 Tasse saure Sahne • 2 Eßl. Tomatenketchup • 2 Eßl. Obstessig • 1 Eßl. frisch geriebener Meerrettich • 2 Messerspitzen Rosenpaprikapulver • 1/4 Teel. Kräutersalz
350 g Chinakohl • 150 g Äpfel (roter Boskop)
Zum Garnieren: 10 halbe Walnußkerne
Pro Person etwa 370 Joule/90 Kalorien

• Zubereitungszeit: 15 Minuten

So wird's gemacht: Alle Zutaten für die Marinade verrühren. • Den Chinakohl putzen, waschen und in Streifen schneiden. Die Äpfel vierteln, vom Kernhaus befreien und in Scheibchen schneiden. Den Salat mit der Marinade mischen und mit den Nüssen garnieren.

# Erbsen-Kohlrabi-Rohkost

Junge Erbsen schmecken roh viel besser als gekocht. Auch alle wichtigen Inhaltsstoffe bleiben dabei erhalten.

300 g Kohlrabi • 300 g junge Erbsen (enthülst)
Für die Marinade: Salatmayonnaise (Rezept Seite 37) • 2 Eßl. Joghurt • 3 Eßl. feingehackte Kräuter (Petersilie, Schnittlauch, Dill, Borretsch, wenig Estragon)
Zum Garnieren: 1 Tomate
Pro Person etwa 905 Joule/215 Kalorien

• Zubereitungszeit: 25 Minuten

So wird's gemacht: Die Zutaten für die Marinade verrühren. • Die Kohlrabi schälen und grob raspeln. Zarte Kohlrabiblätter feinhacken und mitverwenden. Die Erbsen dazugeben und die Marinade untermischen. • Die Tomate in Achtel schneiden und den Salat damit garnieren.

**Variante**
1–2 geraspelte Möhren mit einmischen; die Tomate dann weglassen.

◁ Einmal täglich sollte es Rohkost geben, erfrischend und appetitanregend wie dieser Eissalat mit Gurken und Tomaten. Rezept unten

## Endivien und Tomaten

1 Kopf Endiviensalat • 250 g Tomaten • Französische Salatsauce mit Zwiebelwürfeln und Knoblauch (Rezept Seite 36)
Pro Person etwa 500 Joule/120 Kalorien

• Zubereitungszeit: 15 Minuten

So wird's gemacht: Den Endiviensalat putzen, die Blätter ablösen, gründlich waschen und gut abtropfen lassen oder trockenschleudern. Die Tomaten in Scheiben oder Würfel schneiden. • Die Sauce unterheben und den Salat sofort servieren.

**Varianten**
Zuckerhut-(Zichorien-)salat und Eissalat können ebenso zubereitet werden.

## Eissalat mit Gurken und Tomaten

Bild gegenüber

Für die Sauce: 1 kleine Knoblauchzehe • 4 Eßl. saure Sahne • 2 Eßl. Sonnenblumenöl • 2 Eßl. Obstessig • ½ Teel. Selleriesalz • 2 Eßl. feingehackte Kräuter (Schnittlauch, Petersilie, Dill, Borretsch, Estragon, Liebstöckel/Maggikraut)
1 Kopf Eissalat • 250 g Salatgurke • 300 g Tomaten
Pro Person etwa 405 Joule/95 Kalorien

• Zubereitungszeit: 20 Minuten

So wird's gemacht: Den Knoblauch schälen und pürieren. Die Zutaten für die Sauce verquirlen. • Den Eissalat putzen, die äußeren harten Blätter entfernen. Den Salatkopf gründlich waschen, dann vierteln und in 2 cm breite Streifen schneiden oder in Stückchen reißen. Die Gurke hobeln, die Tomaten halbieren und in Scheiben schneiden. • Alles locker mischen. Die Sauce darübergießen und erst am Tisch unterheben.

## Gurken in Kräuterrahm

Schon in der Antike schätzte man frischen Gurkensaft als wirkungsvolles Schönheitsmittel. Tatsächlich enthält die Gurke eine Reihe von Wirkstoffen, die die Nieren- und Darmtätigkeit anregen und die Durchblutung der Haut fördern.

1–2 Salatgurken (700 g)
Für die Marinade: 6 Eßl. saure Sahne • 2 Eßl. Sonnenblumenöl • 1 Teel. Apfelessig • ¼ Teel. Kräutersalz • frisch gemahlener Pfeffer • 3 Eßl. feingehackte Kräuter (Petersilie, Schnittlauch, Dill, Borretsch, Zitronenthymian, 3 Pfefferminzblättchen, wenig Estragon)
Zum Garnieren: 1 Tomate
Pro Person etwa 370 Joule/90 Kalorien

• Zubereitungszeit: 10 Minuten

So wird's gemacht: Die Gurken gründlich waschen und abtrocknen. • Alle Zutaten für die Marinade verquirlen, die Kräuter daruntermengen. • Die Gurken mit der Schale grob raspeln oder in nicht zu dünne Scheiben hobeln. Die Rahmsauce damit mischen. • Die Tomate in Scheiben schneiden und den Salat damit garnieren.

*Mein Tip: Gurken sind ohne Marinade bekömmlicher. Wer einen empfindlichen Magen hat, sollte die Gurkenscheiben mit Kräutern bestreut zum Butterbrot essen.*

## Kohlrabisalat Tessin

Die Kohlrabiblätter sind viel mineralstoffreicher als die Knollen. Nehmen Sie deshalb immer einige zarte Blätter mit zum Salat.

1–2 Kohlrabi • Provenzalische Salatsauce (Rezept Seite 36) oder Joghurtmayonnaise (Rezept

Seite 36) • 1 grüne Paprikaschote • 250 g Tomaten
Zum Bestreuen: zarte Kohlrabiblättchen
Pro Person etwa 560 Joule/135 Kalorien

• Zubereitungszeit: 15 Minuten

So wird's gemacht: Die Kohlrabi schälen und in die Salatsauce raspeln • Die Paprikaschote halbieren, die Kerne entfernen; die Schotenhälften waschen und in feine Streifen schneiden. Mit dem Kohlrabi mischen. Die Tomaten halbieren, in Scheiben schneiden und vorsichtig unterheben. • Einige zarte Kohlrabiblätter feinhacken und den Salat damit bestreuen.

## Winterliche Grünkohlrohkost

In Nord- und Westdeutschland wird der Grünkohl als typisches Wintergemüse sehr geschätzt. Die dunkelgrünen, leicht gewellten Blätter enthalten besonders viel Vitamin A und C. In der vitaminarmen Jahreszeit sollten deshalb die zarteren Blätter für Rohkostsalate verwendet werden. Der etwas strenge Geschmack wird gemildert, wenn man den Grünkohl mit anderen Gemüsesorten mischt.

100 g Knollensellerie • 100 g Möhren • Joghurtmayonnaise (Rezept Seite 36) • 1 kleine Zwiebel • 150 g Grünkohl • eventuell etwas Kräutersalz und Essig
Pro Person etwa 795 Joule/190 Kalorien

• Zubereitungszeit: 15 Minuten

So wird's gemacht: Den Sellerie waschen, in Stücke schneiden und dünn schälen. Die Möhren unter fließendem Wasser abbürsten. Beides in die Joghurtmayonnaise raspeln und untermischen. • Die Zwiebel schälen und feinhacken. Den Grünkohl einige Male gründlich waschen. Die Blätter von den dicken Mittelrippen abstreifen und möglichst fein schneiden. • Alles mischen. Eventuell mit Salz und Essig nachwürzen.

## Kohlsprossensalat

Kohlsprossen oder Sprossenkohl – das sind die zarten Frühlingstriebe der Grünkohlpflanzen. Sie ergeben einen ausgezeichneten, vitaminreichen Frühjahrssalat, den man noch mit Wildkräutern oder Rapünzchen oder geraspelten Möhren mischen kann.

350 g Kohlsprossen, abgestreift gewogen
Für die Marinade: je 3 Eßl. Joghurt, Apfelessig und Sonnenblumenöl • je 1/4 Teel. Kräutersalz und gemahlener Kümmel • 2 Eßl. feingeschnittener Schnittlauch (oder Französische Salatsauce, Rezept Seite 36)
Pro Person etwa 535 Joule/130 Kalorien

• Zubereitungszeit: 15 Minuten

So wird's gemacht: Die Kohlsprossen waschen und gut abtropfen lassen. Die harten Stielenden entfernen und die Blätter in Streifen schneiden. • Die Zutaten für die Marinade verquirlen und daruntermischen.

## Bunter Kopfsalat

Kopfsalat ist nur dann so richtig frisch und knakkig, wenn er vom Garten gleich auf den Tisch kommt. Muß er wirklich einmal aufbewahrt werden, dann hält er sich am besten, wenn man ihn in ein feuchtes Tuch einschlägt und ins Gemüsefach des Kühlschranks legt.

1 großer Kopf Salat • 100 g junge Spinatblätter • 1 Bund Radieschen • feingeschnittene Kräuter (1 Handvoll Zitronenmelisse, 1 kleines Bündel Schnittlauch oder Zwiebelrohr, Petersilie, Dill, Borretsch, wenig Estragon)
Für die Marinade: 6 Eßl. Joghurt • 6 Eßl. Sahne • 2 Eßl. Apfelessig
Pro Person etwa 430 Joule/100 Kalorien

• Zubereitungszeit: 20 Minuten

So wird's gemacht: Die Salatblätter vom Strunk lösen und rasch, aber gründlich waschen, dann ausschleudern und in Stücke zerteilen. Die Spinatblätter entstielen, waschen und ausschleudern. Die Radieschen in Scheiben schneiden, die Hälfte davon zum Salat geben, ebenso die frischen Kräuter. • Alle Zutaten für die Marinade verrühren und den Salat locker damit mischen. Die restlichen Radieschenscheiben darüberstreuen. Sofort servieren.

## Möhren-Apfel-Rohkost

300 g Möhren • 200 g Äpfel • Joghurtmayonnaise (Rezept Seite 36) oder Nuß-Rahm-Sauce (Rezept Seite 36)
Zum Garnieren: Kresse oder Feldsalat
Pro Person etwa 505 Joule/120 Kalorien

• Zubereitungszeit: 15 Minuten

So wird's gemacht: Die Möhren unter fließendem Wasser sauber bürsten. Die Äpfel vierteln und das Kernhaus herausschneiden. • Möhren und Äpfel in die Sauce raspeln und gleich untermischen. Mit Kresse oder Feldsalat garnieren.

## Möhren-Lauch-Salat mit Walnüssen

300 g Möhren • Joghurt-Kräuter-Sauce (Rezept Seite 36) • 150 g Lauch/Porree • 10 Walnußkerne
Pro Person etwa 545 Joule/130 Kalorien

• Zubereitungszeit: 15 Minuten

So wird's gemacht: Die Möhren unter fließendem Wasser sauber bürsten und in die Sauce raspeln. • Den Lauch putzen, längs halbieren, gründlich waschen und in feine Streifen schneiden (auch die zarten grünen Teile mitverwenden). Die Walnüsse vierteln und alles mischen.

## Radicchiosalat

Ursprünglich stammt der Radicchio aus Italien, er wächst aber auch bei uns ausgezeichnet. Mit seinen leuchtendroten Blattrosetten ist er sogar ein Schmuck für jedes Blumenbeet und eine hübsche Dekoration für viele Salatplatten. Da der Radicchiosalat im Winter und im Frühjahr im Freiland heranwächst, ist er viel vitaminreicher als die zu dieser Zeit erhältlichen Treibhaussalate.

2–4 feste Radicchioköpfe • Provenzalische Salatsauce (Rezept Seite 36) oder Nuß-Rahm-Sauce (Rezept Seite 36)
Pro Person etwa 485 Joule/115 Kalorien

• Zubereitungszeit: 15 Minuten

So wird's gemacht: Die Salatblätter waschen und gut abtropfen lassen oder ausschleudern. Dann in mundgerechte Stücke zerteilen oder in Streifen schneiden und mit der Salatsauce anmachen.

## Milder Rettichsalat

300 g weiße Rettiche • 200 g Äpfel
Für die Sauce: 8 Eßl. saure Sahne • 2 Eßl. Joghurt • 1/2 Eßl. Essig • 1/4 Teel. Kräutersalz
Pro Person etwa 305 Joule/75 Kalorien

• Zubereitungszeit: 10 Minuten

So wird's gemacht: Die Rettiche unter fließendem Wasser sauber bürsten. Die Äpfel vierteln und das Kernhaus herausschneiden. • Alle Zutaten für die Sauce verrühren. • Die Rettiche und die Äpfel grob reiben, mit der Sauce mischen und gleich servieren.

## Rote-Rüben-Rohkost mit Meerrettich

Die rote Rübe, auch rote Bete genannt, war schon vor mehr als 2000 Jahren als Gemüsepflanze bekannt. Damals galt sie bereits als wirksames Mittel gegen Bleichsucht bei Blutarmut. Ihre gesundheitsfördernde Wirkung bei Grippe, Stoffwechselstörungen und in der Krebsvorbeugung beruht vor allem auf dem roten Pflanzenfarbstoff »Betacyan« und einer Reihe von wichtigen Mineralstoffen, Spurenelementen und Vitaminen.

350 g rote Rüben · 150 g Äpfel
Für die Marinade: 200 g saure Sahne · 2 Eßl. Zitronensaft · 2 Teel. frisch geriebener Meerrettich (oder mehr, je nach Geschmack) · je 2 Messerspitzen Muskatblüte und geriebener Ingwer · 1/4 Teel. Kräutersalz
Pro Person etwa 510 Joule/120 Kalorien

- Zubereitungszeit: 15 Minuten

So wird's gemacht: Zuerst die Zutaten für die Sauce verrühren. • Die roten Rüben unter fließendem Wasser sauber bürsten, die Wurzel und den Blattansatz abschneiden. Die Rüben mit der Schale in die Sauce reiben und untermischen. • Die Äpfel vierteln, das Kernhaus herausschneiden, die Äpfel in die Sauce raspeln und alles mischen.

*Mein Tip: Mit reichlich Meerrettich zubereitet ist dieser Salat ein ausgezeichnetes Vorbeugungsmittel in Grippezeiten, denn der rohe Meerrettich enthält sehr wirksame pflanzliche Antibiotika, also natürliche Abwehrstoffe gegen Bakterien.*

## Rotkrautsalat

350 g Rotkraut · 1/2 Teel. Kräutersalz · 200 g Birnen oder Äpfel
Für die Marinade: 3 Eßl. saure Sahne · 2 Teel. Sanddorn (honiggesüßt) · 2 Eßl. Obstessig · 3 Eßl. Sonnenblumenöl · 1 Messerspitze frisch geriebener Ingwer
Pro Person etwa 555 Joule/130 Kalorien

- Zubereitungszeit: 20 Minuten

So wird's gemacht: Den Krautkopf vierteln und den Strunk herausschneiden. Das Kraut in feine Streifen hobeln, mit dem Salz bestreuen und mit dem Kartoffelstampfer einige Minuten stampfen, bis das Kraut geschmeidig wird. • Alle Zutaten für die Marinade verrühren und untermengen. • Die Birnen oder die Äpfel vierteln, das Kernhaus herausschneiden. Die Viertel in Würfel oder Streifen schneiden, unter den Salat mischen und gleich servieren.

*Mein Tip: Rotkraut und Weißkraut werden zarter und leichter verdaulich, wenn man sie nicht in Streifen hobelt, sondern mit der Küchenmaschine raspelt.*

## Sauerkrautfrischkost

Sauerkraut für Frischkostsalate sollte selbstverständlich roh – vom Faß oder aus dem Gärtopf – verwendet werden und nicht aus der Konservendose stammen, denn durch das Sterilisieren werden nicht nur die Vitamine, sondern auch die bei der Vergärung entstandenen Milchsäurebakterien zerstört.

400 g Sauerkraut · 2 rote Äpfel · 1–2 Gewürzgurken · 2 Eßl. Sonnenblumenöl
Pro Person etwa 515 Joule/125 Kalorien

- Zubereitungszeit: 10 Minuten

So wird's gemacht: Das Sauerkraut etwas kleinschneiden. Die Äpfel achteln, vom Kernhaus befreien und in Scheibchen hobeln. Die Gurken würfeln. • Alle Zutaten mischen und sofort servieren.

## Sauerkraut-Möhren-Rohkost

Im Reformhaus gibt es gelegentlich Datteln zu kaufen, die nicht mit Zuckerlösung konserviert wurden. Sie schmecken aromatischer und weniger süß – gerade richtig für Rohkostsalate.

350 g Sauerkraut • 150 g Möhren • 4 Eßl. saure Sahne
Zum Garnieren: 6 Datteln
Pro Person etwa 345 Joule/80 Kalorien

• Zubereitungszeit: 10 Minuten

So wird's gemacht: Das Sauerkraut etwas kleinschneiden. Die Möhren unter fließendem Wasser sauber bürsten, raspeln, dann mit dem Sauerkraut und der sauren Sahne vermengen. • Die Datteln entkernen, würfeln und den Salat damit bestreuen.

*Mein Tip: Sauerkraut und andere milchsauer vergorene Gemüse können Sie leicht selbst herstellen. Die dazu notwendigen Spezial-Gärtöpfe mit Deckel und Wasserrille sind bei den meisten im Bezugsquellen-Verzeichnis (Seite 128) genannten Firmen, manchmal auch in Haushaltsgeschäften, erhältlich. Auch Großmutters Steinguttöpfe können Sie dazu verwenden, für kleine Mengen sogar Einmachgläser oder Gläser mit »Twist-off«-Verschluß. Die genaue Anleitung zum Einlegen von milchsauren Gemüsen finden Sie in der Broschüre von M. Lingenfelder »Die Milchsäuregärung« (Bücherverzeichnis Seite 128).*

## Russischer Sauerkrautsalat

350 g Sauerkraut • 200 g rote Rüben
Für die Sauce: 1 Becher Sahnejoghurt (175 g) • Saft von ½ Zitrone • 1 Teel. Honig • 2 Teel. abgeriebene Orangenschale (unbehandelt)
Pro Person etwa 470 Joule/110 Kalorien

• Zubereitungszeit: 15 Minuten

So wird's gemacht: Das Sauerkraut etwas kleinschneiden. Die roten Rüben unter fließendem Wasser sauber bürsten, die Wurzel und den Blattansatz abschneiden. Die Rüben mit der Schale reiben. • Die Zutaten für die Sauce verrühren und den Sauerkrautsalat damit vermengen.

## Schwarzwurzelsalat

Nuß-Rahm-Sauce (Rezept Seite 36) • 500 g Schwarzwurzeln • 100 g Feldsalat • ½ Eßl. Zitronensaft
Pro Person etwa 1105 Joule/265 Kalorien

• Zubereitungszeit: 25 Minuten

So wird's gemacht: Zuerst die Sauce vorbereiten. • Die Schwarzwurzeln unter fließendem Wasser abschaben, jede einzelne sofort in die Sauce raspeln und untermischen, damit sie sich nicht verfärben. • Den Feldsalat putzen, gründlich waschen und ausschleudern. Mit dem Zitronensaft beträufeln und als Kranz um den Schwarzwurzelsalat legen.

**Variante – Schwarzwurzel-Möhren-Rohkost**
Je etwa 300 g geraspelte Schwarzwurzeln und Möhren mischen. Den Salat mit Joghurt-Kräuter-Sauce (Rezept Seite 36) oder Joghurtmayonnaise (Rezept Seite 36) anmachen und mit Kresse oder 3–4 Eßlöffeln gekeimten Sojabohnen bestreuen.

## Waldorfsalat

Bereits in der Antike wurde der Sellerie als Heilmittel gegen allerlei Krankheiten empfohlen, denn er ist ein sehr gesundes Gemüse. Er ist reich an Mineralstoffen (vor allem Kalium, Calcium, Magnesium, Phosphor und Schwefel), ätherischen Ölen und pflanzlichen Hormonen. Die Sellerieblätter sind mineralstoffreicher als die Knolle selbst – mischen Sie deshalb immer einige zarte Blätter unter den Salat.

400 g Knollensellerie · 250 g säuerliche Äpfel · Joghurtmayonnaise (Rezept Seite 36) · 60 g Walnüsse · 100 g Feldsalat
Pro Person etwa 780 Joule/185 Kalorien

- Zubereitungszeit: 25 Minuten

So wird's gemacht: Den Sellerie waschen und dünn schälen. Die Äpfel vierteln und das Kernhaus herausschneiden. Alles in die vorbereitete Salatsauce raspeln und sofort untermischen. • Einige Sellerieblättchen feinhacken und dazugeben. 6 Walnußkerne zum Garnieren zurücklassen, die übrigen grob hacken und unter den Salat mengen. • Den Feldsalat putzen, gründlich waschen und ausschleudern. Den Waldorfsalat mit dem Feldsalat umlegen und mit den Walnußkernen garnieren.

## Bleichsellerie Meran

Der Bleichsellerie, auch Staudensellerie genannt, hat sich erst in den letzten Jahren bei uns eingebürgert. Seine fleischigen, kräftigen Blattstiele werden für Rohkostsalate und als Beilage zur Käseplatte besonders geschätzt.

1–2 Stauden Bleichsellerie, je nach Größe · 250 g rotbackige Äpfel · 250 g blaue Weintrauben · Joghurt-Kräuter-Sauce (Rezept Seite 36) oder Nuß-Rahm-Sauce (Rezept Seite 36)
Pro Person etwa 705 Joule/170 Kalorien

- Zubereitungszeit: 20 Minuten

So wird's gemacht: Die Selleriestangen waschen und in schmale Streifen schneiden (einige Blätter zum Garnieren zurücklassen). Die Äpfel achteln, vom Kernhaus befreien und in feine Scheiben hobeln. Die Weintrauben waschen und abzupfen. • Alles unter die vorbereitete Sauce mischen. Die Sellerieblätter feinhacken und den Salat damit bestreuen.

## Spargelcocktail grün-weiß

Je 250 g grüner und weißer Spargel · Saft von 1 Zitrone · 1 Messerspitze schwarzer Pfeffer · ¼ Teel. Kräutersalz · einige zarte Kopfsalatblätter · Salatmayonnaise (Rezept Seite 37) · 2 Eßl. geschlagene Sahne · 1 Eßl. feingehackter Dill
Pro Person etwa 675 Joule/160 Kalorien

- Zubereitungszeit: 35 Minuten
- Kühlzeit: 20 Minuten

So wird's gemacht: Die Spargelstangen waschen, schälen und schräg in dünne Scheiben schneiden. Mit dem Zitronensaft, wenig Pfeffer und Kräutersalz marinieren. • Die Salatblätter waschen, gut abtropfen lassen, etwas zerpflükken und in vier Cocktailschalen verteilen. Den Spargel hineinfüllen. • Die Mayonnaise mit der Sahne und dem Dill verrühren, über den Spargelsalat geben und vor dem Servieren noch 20 Minuten im Kühlschrank durchziehen lassen.

## Tomatensalat Palermo
Bild auf dem Einband

500 g feste, reife Tomaten · 2 Fenchelknollen · Kräutersalz · Roquefortdressing (Rezept Seite 37)
Pro Person etwa 995 Joule/235 Kalorien

• Zubereitungszeit: 20 Minuten

So wird's gemacht: Die Tomaten waschen, abtrocknen und in dicke Scheiben schneiden. Die Fenchelknollen putzen (das Fenchelgrün aufheben) und längs in Scheiben schneiden. • Die Tomaten- und Fenchelscheiben leicht salzen und abwechselnd schuppenartig auf einer Platte anordnen. Den Salat mit dem feingehackten Fenchelgrün bestreuen und die Roquefortsauce zur Selbstbedienung dazu servieren.

## Gefüllte Tomaten auf Kopfsalat

Die gefüllten Tomaten sind ein Blickfang auf jedem Salatbuffet.

1 hartgekochtes Ei • 1 Gewürzgurke • 150 g junge Erbsen, enthülst gewogen • 3 Eßl. gehackte Kräuter (Petersilie, Schnittlauch, Zitronenmelisse, Zitronenthymian, Dill, wenig Estragon) • 200 g Hüttenkäse • 4 große Fleischtomaten • 1 Eßl. Sonnenblumenöl • 1 gestrichener Teel. Kräutersalz • 1/4 Teel. Schabziegerklee • 1 Prise Cayennepfeffer • 1/2 Kopf Salat • 2 Teel. Obstessig • 1 Eßl. Sonnenblumenöl
Pro Person etwa 660 Joule/155 Kalorien

• Zubereitungszeit: 25 Minuten

So wird's gemacht: Das Ei schälen und würfeln, die Gurke ebenfalls in Würfel schneiden. In einer Schüssel mit den Erbsen und den Kräutern mischen. Den Hüttenkäse leicht unterheben. • Die Tomaten waschen, einen Deckel abschneiden und die Früchte aushöhlen. Das herausgelöste Tomatenfleisch pürieren, 3 Eßlöffel davon mit dem Öl verrühren, mit dem Salz und den Gewürzen pikant abschmecken. • Die Sauce über den Erbsensalat geben. Die Tomatendeckel würfeln und alles vorsichtig mischen. Die Tomaten damit füllen und kalt stellen. • Kurz vor dem Servieren die Salatblätter waschen, gut abtropfen lassen, mit dem Essig und dem Öl marinieren. Vier Glasteller damit belegen und die Tomaten daraufsetzen.

Das paßt dazu: Vollkornbrot und Butter oder Knusprige Käsebrötchen (Rezept Seite 126).

**Variante – Sellerietomaten im Kressenest**
Die Tomaten mit Selleriecreme (Rezept Seite 108) füllen und in ein Nest aus grüner Kresse setzen.

## Badischer Krautsalat

Neben anderen Wirkstoffen enthält das Weißkraut reichlich Carotin, Eisen und Vitamin C. Es ist leichter verdaulich für uns, wenn es geraspelt oder fein gehobelt und kurz mit dem Kartoffelstampfer gestampft wird.

Auch Wirsing, Butterkohl (der zartere Verwandte des Wirsings) und Spitzkohl, die alle für Empfindliche besser verträglich sind als das Weißkraut, können nach diesem Rezept zubereitet werden.

400 g Weißkraut
Für die Sauce: 1/4 Gemüsebrühwürfel • 1/2 Tasse heißes Wasser • 1/2 Knoblauchzehe • 2 Teel. Senf • 2 Eßl. Apfelessig • 3 Eßl. Sonnenblumenöl • 1/2 Teel. gemahlener Kümmel • 2 Messerspitzen schwarzer Pfeffer • 2 Eßl. feingehackte Kräuter • 1 Eßl. feine Zwiebelwürfel
Pro Person etwa 395 Joule/95 Kalorien

• Zubereitungszeit: 15 Minuten

So wird's gemacht: Das Kraut putzen, waschen und den harten Strunk herausschneiden. Dann das Kraut in feine Streifen hobeln und kurz mit dem Kartoffelstampfer stampfen. • Den Brühwürfel in dem heißen Wasser auflösen. Die Knoblauchzehe fein zerdrücken. Alle übrigen Zutaten damit verrühren. Die Sauce über das Weißkraut gießen, untermischen und 10 Minuten ziehen lassen.

## Bunter Wintersalat

1 Fenchelknolle • 6 Stengel Bleichsellerie • 2 Köpfe Radicchiosalat
Für die Marinade: 100 g saure Sahne • 3 Eßl. Zitronensaft • 1 Eßl. trockener Weißwein • ½ Teel. Kräutersalz • 1 Teel. Senf • 2 Eßl. feingehackte Kräuter (Petersilie, Kerbel, Borretsch, Zitronenthymian, Fenchelgrün)
Pro Person etwa 335 Joule/80 Kalorien

• Zubereitungszeit: 20 Minuten

So wird's gemacht: Die Fenchelknolle putzen, waschen, vierteln und in feine Streifen schneiden. Den Sellerie putzen, waschen und ebenfalls in Streifen schneiden. Die Sellerieblättchen hakken (einige zum Garnieren aufheben). • Die Zutaten für die Marinade verrühren. Die Fenchel- und Selleriestreifen sowie die Sellerieblättchen mit der Marinade mischen. • Die Radicchioblätter waschen, gut ausschleudern, in Streifen schneiden und locker unter den Salat heben. Den bunten Salat mit den restlichen Sellerieblättchen garnieren.

## Wirsingrohkost mit Möhren

300 g Wirsing • 150 g Möhren • Joghurtmayonnaise (Rezept Seite 36) • 1 Messerspitze gemahlener Koriander
Pro Person etwa 780 Joule/185 Kalorien

• Zubereitungszeit: 20 Minuten

So wird's gemacht: Den Wirsing putzen und waschen, dann in Viertel teilen und den Strunk herausschneiden. Den Wirsing in feine Streifen hobeln. Die Möhren unter fließendem Wasser sauber bürsten und grob raspeln. • Die Joghurtmayonnaise unter den Salat mischen und alles mit dem Koriander abschmecken. Den Salat einige Minuten durchziehen lassen.

## Wildkräutersalat

Schon sehr zeitig im Frühjahr sollten Sie Wildkräuter sammeln, denn jung und zart schmecken die vitaminreichen Kräuter am besten. Löwenzahn, Sauerampfer, Schlüsselblumenblätter, Wegerich, Beinwell, Schafgarbe, Wiesenschaumkraut, Löffelkraut und Gänseblümchen (man verwendet meist die Blätter, aber auch die Blüten sind eßbar) eignen sich gut für appetitanregende Salate. Sehr wertvoll sind auch junge Brennesselblätter, doch sie müssen besonders fein zerkleinert werden, damit man sich beim Essen nicht »den Mund verbrennt«.

300 g Wildkräuter • 1 Bund Radieschen • 2 Eßl. feingeschnittener Schnittlauch • Französische Salatsauce (Rezept Seite 36) ohne Kräuter • ½ Knoblauchzehe
Pro Person etwa 795 Joule/190 Kalorien

• Zubereitungszeit: 25 Minuten

So wird's gemacht: Die Wildkräuter putzen, gründlich waschen und ausschleudern. Die Blätter je nach Größe ganz lassen oder grob zerschneiden. Die Radieschen in Scheiben schneiden (auch zarte Radieschenblätter können verwendet werden). Den Schnittlauch dazugeben, alles mischen. • Die Salatsauce mit der durchgepreßten Knoblauchzehe würzen, unter den Salat heben und sofort servieren.

**Varianten**
Da Wildkräuter sehr kräftig im Geschmack sind, können sie sehr gut mit anderen Blattsalaten gemischt werden – beispielsweise mit Feldsalat, Chicorée, frischen Spinatblättern oder jungen Grünkohlsprossen.

## Wildkräuter-Gurken-Salat

200 g Wildkräuter (wie nebenstehendes Rezept) • 1 Salatgurke (400 g) • 1 Bündel Schnittlauch
Für die Marinade: 200 g saure Sahne • 2 Eßl. Zitronensaft • ½ Teel. scharfer Senf • ¼ Teel. Kräutersalz • je 2 Messerspitzen Muskatblüte/Macis und frisch gemahlener schwarzer Pfeffer
Pro Person etwa 405 Joule/95 Kalorien

- Zubereitungszeit: 25 Minuten

So wird's gemacht: Die Wildkräuter putzen, gründlich waschen und ausschleudern. Die Blätter grob hacken. Die Gurke waschen und mit der Schale grob raspeln. Den Schnittlauch fein schneiden. • Die Zutaten für die Marinade verrühren. Alle Salatzutaten mit der Salatsauce mischen und sofort servieren.

## Zuckermaissalat Mexiko

3 Zuckermaiskolben (300–400 g ausgelöste Körner) • 400 g feste, reife Tomaten • Joghurtmayonnaise (Rezept Seite 36) • ½ Kopf Eissalat oder Endiviensalat
Pro Person etwa 885 Joule/210 Kalorien

- Zubereitungszeit: 30 Minuten

So wird's gemacht: Die Maiskörner mit einem spitzen Messer aus den Kolben herauslösen. Die Tomaten in Würfel schneiden. Beides mischen und die Joghurtmayonnaise vorsichtig unterheben. • Den Eissalat putzen, waschen und gut abtropfen lassen. Die Blätter in feine Streifen schneiden und als Kranz um den Maissalat legen.

**Variante**
Die Maiskörner mit Mayonnaise (Rezept Seite 37) anmachen und in die ausgehöhlten Tomaten füllen. Die Tomaten auf Kopfsalatblättern, mit Essig und Öl mariniert, servieren.

## Zucchini in Kräutermarinade

Für die Marinade: 1 Sommerzwiebel mit Grün (50 g) • 1 Knoblauchzehe • 35 g kleine Kapern • 3 Eßl. feingehackte Kräuter (Petersilie, Dill, Basilikum, Zitronenthymian, Bohnenkraut, wenig Estragon) • 2 Eßl. Olivenöl • 4 Eßl. Zitronensaft • 1 Eßl. Kapernessig aus dem Glas • je ¼ Teel. Kräutersalz und Schabziegerklee
500 g junge Zucchini
Zum Garnieren: 1 Tomate
Pro Person etwa 325 Joule/75 Kalorien

- Zubereitungszeit: 20 Minuten
- Kühlzeit: 1 Stunde

So wird's gemacht: Die Zwiebel und die Knoblauchzehe schälen und feinhacken. Die Kapern zerkleinern. Alles mit den Kräutern mischen. Das Olivenöl dazurühren, anschließend den Zitronensaft und den Kapernessig. Mit Kräutersalz und Schabziegerklee abschmecken. • Die Marinade 1 Stunde in den Kühlschrank stellen. Die Zucchini ebenfalls in den Kühlschrank legen. • Danach die Zucchini waschen, grob raspeln und die Marinade daruntermischen. Die Tomate in Scheiben schneiden und den Salat damit garnieren. Sofort servieren. (Bei längerem Stehen ziehen die Zucchini zuviel Saft und der Salat verliert an Aroma.)

**Variante – Zucchinisalat mit Möhren**
350 g Zucchini und 250 g Möhren raspeln, mit Joghurtmayonnaise (Rezept Seite 36) anmachen.

*Mein Tip: Was manche nicht wissen, Zucchini kann man sehr gut roh essen. Sie enthalten reichlich Vitamin C und Carotin, die dem Körper bei roher Zubereitung voll zugute kommen. Nehmen Sie, wenn möglich, kleine Zucchini, da sie zarter sind. Die kleinen Kürbisse heißen auch Courgettes. Man verwendet sie immer ungeschält.*

## Saucen und Dips für Rohkostsalate

In meinen Rezepten habe ich für jeden Salat die passende Sauce angegeben. Für Ihre eigenen Salatkreationen, für bunte Rohkostplatten und das Salatbuffet finden Sie hier Vorschläge für abwechslungsreiche Saucen. Die Zubereitung ist ganz einfach: Verrühren Sie alle Zutaten (am besten in einem Schraubglas) mit dem Elektroquirl und bewahren Sie die Salatsauce verschlossen im Kühlschrank auf. Geben Sie die frischen Kräuter erst kurz vor dem Anrichten dazu.

Die angegebenen Mengen reichen jeweils für etwa 4 Portionen Salat.

**1 – Französische Salatsauce**
4 Eßl. Sonnenblumenöl • 1–2 Eßl. Apfelessig oder Zitronensaft • 1 Eßl. saure Sahne oder Dickmilch oder Sauermilch • 1/4 Teel. Kräutersalz • 2 Eßl. feingehackte Kräuter (Petersilie, Kerbel, Schnittlauch, Dill, Borretsch, Zitronenmelisse, Zitronenthymian, Liebstöckel/Maggikraut, wenig Estragon) oder 1/2 Teel. Salatgewürz
Pro Portion etwa 380 Joule/90 Kalorien

Variieren Sie die Sauce mit: 2 Teel. sehr feinen Zwiebelwürfeln – Knoblauch – trockenem Weißwein statt Apfelessig.

**2 – Provenzalische Salatsauce**
4 Eßl. Olivenöl • 1–2 Eßl. Apfelessig • je 1 Prise Selleriesalz und frisch gemahlener schwarzer Pfeffer • 2 Eßl. feingehackte Kräuter (Basilikum, Thymian, Oregano, wenig Rosmarin und Estragon, Liebstöckel/Maggikraut, Fenchelgrün, Petersilie, Schnittlauch)
Pro Portion etwa 380 Joule/90 Kalorien

Variieren Sie die Sauce mit: feinen Zwiebelwürfeln – Knoblauch – gehackten schwarzen Oliven.

**3 – Joghurt-Kräuter-Sauce**
250 g Joghurt oder Dickmilch • 1 Eßl. Zitronensaft • 2 Eßl. Sonnenblumenöl • 1/2 Teel. scharfer Senf • 1/4 Teel. Kräutersalz • 3 Eßl. feingehackte Kräuter (Petersilie, Kerbel, Pimpinelle, Schnittlauch, Dill, Borretsch, Zitronenmelisse, Zitronenthymian, Liebstöckel/Maggikraut, wenig Estragon) oder 1/2 Teel. Salatgewürz
Pro Portion etwa 360 Joule/85 Kalorien

Variieren Sie die Sauce mit: 1–2 Eßl. feinen Tomaten- oder Gewürzgurkenwürfeln – 1–2 Teel. feingehackten Zwiebeln oder Lauch/Porree – 1 Eßl. feingeriebenem Sellerie – 1 Teel. frisch geriebenem Meerrettich – 1/4 Teel. Delikata.

**4 – Nuß-Rahm-Sauce**
250 g saure Sahne oder Sahnejoghurt oder Sahnedickmilch • 1–2 Eßl. Zitronensaft • je 1/4 Teel. Kräutersalz und Salatgewürz • 50 g gehackte Walnußkerne oder Haselnüsse • 2 Eßl. feingehackte Petersilie und Dill
Pro Portion etwa 670 Joule/160 Kalorien

**5 – Italienische Marinade**
6 Eßl. saure Sahne • 1 Eßl. Tomatenketchup • 1–2 Eßl. Apfelessig • 2 Eßl. Olivenöl • 1/2 durchgepreßte Knoblauchzehe • 1/4 Teel. Kräutersalz • 2 Eßl. feingeschnittener Schnittlauch • 1 Eßl. feingehackte Petersilie, Liebstöckel/Maggikraut und Estragon
Pro Portion etwa 295 Joule/70 Kalorien

**6 – Joghurtmayonnaise**
1 Eigelb • 2 Eßl. Zitronensaft oder Apfelessig • 1 Teel. scharfer Senf • 5 Eßl. Sonnenblumenöl • 150 g Joghurt • 1/4 Teel. Kräutersalz • frisch gemahlener schwarzer Pfeffer • 3 Eßl. feingehackte Kräuter (Petersilie oder Kerbel, Schnittlauch, Dill, Borretsch, Zitronenmelisse, Zitronenthymian, Liebstöckel/Maggikraut, wenig Estragon)
Pro Portion etwa 620 Joule/150 Kalorien

Variieren Sie die Sauce mit: Tomaten- oder Gewürzgurkenwürfeln oder Kapern – Knoblauch – Curry oder Rosenpaprikapulver.

**7 – Indonesische Salatsauce**
100 g saure Sahne • 100 g Joghurt • abgeriebene Schale von 1/2 Zitrone (unbehandelt) • 4 Eßl.

Zitronensaft • 4 Eßl. Mangosauce
Pro Portion etwa 335 Joule/80 Kalorien

**8 – Orangensauce**
75 g Sahne • 100 g Joghurt • 1 Teel. scharfer Senf • Saft von ½ Orange und ½ Zitrone • ¼ Teel. Kräutersalz
Pro Portion etwa 350 Joule/85 Kalorien

**9 – Roquefortdressing**
80 g Roquefort, fein püriert • 1 Becher Sahnejoghurt (175 g) • 2 Eßl. trockener Weißwein • 2 Eßl. Zitronensaft
Pro Portion etwa 730 Joule/175 Kalorien

**10 – Salatmayonnaise**
1 Eigelb • 2 Teel. Zitronensaft oder Apfelessig • 1 Teel. scharfer Senf • 5 Eßl. Sonnenblumenöl • ¼ Teel. Selleriesalz • schwarzer Pfeffer
Pro Portion etwa 490 Joule/115 Kalorien

**11 – Rote Cocktailsauce**
Salatmayonnaise (Rezept oben) • 2 Eßl. Tomatenketchup • 2 Eßl. trockener Weißwein
Pro Portion etwa 590 Joule/140 Kalorien

Variieren Sie die Sauce mit: ½ Eßl. kleingehackten Kapern – 2 Teel. eingelegtem grünem Pfeffer, abgespült und fein zerdrückt – 10 schwarzen Oliven, entsteint und kleingehackt, und 1 Prise Knoblauchpulver.

**12 – Mandelsauce für Obstsalate**
⅛ l Sahne, halbsteif geschlagen • 3 Eßl. Joghurt oder Dickmilch • 1 Teel. Honig • 50 g geschälte, gehackte Mandeln • 1 Prise Delifrut oder frischer geriebener Ingwer nach Geschmack
Pro Portion etwa 800 Joule/190 Kalorien

## Zu jedem Rohkostsalat die passende Sauce

Die passende Sauce ist sozusagen das kulinarische I-Tüpfelchen auf jedem Salat. Die folgende Übersicht soll Ihnen dabei helfen, die richtige Sauce für Ihre eigenen Salatvariationen auszuwählen.

| Es paßt zu: | Sauce Nr.: |
|---|---|
| Bindesalat | 1, 2, 3, 5, 11 |
| Blumenkohl | 4, 5, 6, 11 |
| Broccoli | 4, 5, 9, 11 |
| Champignons | 4, 6, 10 |
| Chicorée | 1, 3, 4, 5, 6, 7, 8, 11 |
| Chinakohl | 3, 5, 7, 8, 9, 11 |
| Eissalat | 1, 2, 5, 11 |
| Endivie | 1, 3, 5, 8 |
| Erbsen | 4, 6, 10 |
| Feldsalat | 1 |
| Fenchel | 2, 3, 4, 5, 6, 8, 11 |
| Grünkohl | 1, 3, 6 |
| Gurke | 1, 3, 5 |
| Kohlrabi | 1, 2, 3, 4, 6 |
| Kopfsalat | 1, 3 |
| Lauch / Porree | 3, 6, 11 |
| Möhren / Karotten | 3, 4, 6, 7, 8 |
| Obstsalat | 12 |
| Paprika | 2 |
| Radicchio | 1, 2, 3, 4 |
| Radieschen | 1 |
| Rettich | 1, 3 |
| Rosenkohl | 1, 3, 4, 6 |
| roten Rüben | 3, 4 |
| Rotkraut | 1, 3 |
| Sauerkraut | 6 |
| Schwarzwurzeln | 4, 6 |
| Sellerie | 3, 4, 6, 9, 11 |
| Sojasprossen | 6, 9, 10, 11 |
| Spargel | 4, 6, 10 |
| Spinat | 1, 3 |
| Spitzkohl | 1, 3, 5, 6 |
| Tomaten | 2, 9, 11 |
| Topinambur | 3, 5, 11 |
| Weißkraut | 1, 3, 5, 11 |
| Wildkräutern | 1, 3 |
| Wirsing | 1, 3, 5 |
| Zucchini | 2, 3, 5 |
| Zuckermais | 6 |
| Zuckerhut-(Zichorien-)salat | 1, 3, 5 |

Es gibt wohl kaum ein Gericht, das so variabel ist und zu jeder Gelegenheit paßt, wie die Suppe. Als Vorspeise serviere ich beispielsweise eine klare Gemüsebouillon mit Eierblumen, als sättigende Hauptmahlzeit eine Mailänder Minestrone, und an heißen Tagen ist eine gut gekühlte spanische Gazpacho eine herrliche Erfrischung.

Meine Suppen und Saucen bereite ich am liebsten mit einer selbstgekochten Gemüsebouillon zu: Alle Gemüseabfälle (auch Blätter, Strünke und Erbsenschoten) lasse ich mit einer Handvoll Kräuter etwa 20 Minuten in leise kochendem Wasser ziehen und siebe dann ab. Diese aromatische, mineralstoffreiche Bouillon schmeckt auch – mit einem Gemüsebrühwürfel gewürzt – ganz ausgezeichnet zu einer Scheibe herzhaftem Vollkornbrot.

## Gemüsebouillon mit Eierblumen

Besonders hübsch sieht es aus, wenn Sie die Möhren nach chinesischer Art einkerben und dann erst in Scheibchen schneiden!

Für die »Eierblumen«: 40 g Weizen, fein gemahlen • 2 Eigelb • 6 Eßl. kohlensäurereiches Mineralwasser • 70 g Allgäuer Emmentaler Käse • ¼ Teel. Kräutersalz • frisch geriebene Muskatnuß • 2 Eiweiß
Für die Bouillon: 1 l Gemüsebouillon • 2 Gemüsebrühwürfel • 100 g Möhren • 100 g junge Erbsen, enthülst gewogen • 2 Eßl. gehackte Petersilie
Pro Person etwa 685 Joule/170 Kalorien

• Zubereitungszeit: 40 Minuten

So wird's gemacht: Das Vollkornmehl mit den Eigelben und dem Mineralwasser verrühren. Den Käse reiben und untermischen. Mit dem Salz und Muskatnuß abschmecken. Den Teig 20 Minuten ruhen lassen. • Danach den Backofen auf 200° C vorheizen. Den Boden einer Springform (26 cm Ø) mit gefettetem Pergamentpapier auslegen. • Die Eiweiße steif schlagen und leicht unter den Teig rühren. Die Biskuitmasse in die Form füllen und glattstreichen. Auf der 2. Leiste von unten backen, bis die Oberfläche goldgelb ist und sich fest anfühlt. • Den Springformrand lösen, das Biskuit auf ein Kuchengitter stürzen und das Pergamentpapier vorsichtig abziehen (eventuell auf der Rückseite mit einem Pinsel

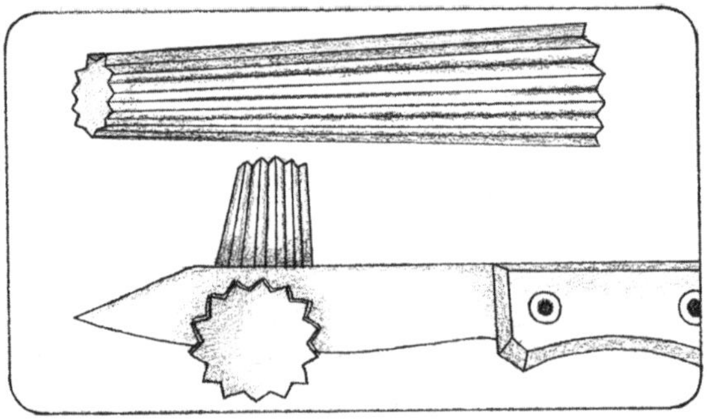

Wenn man die geputzten Möhren rundherum der Länge nach einkerbt, sehen die Scheiben aus wie Blumen.

etwas anfeuchten, damit sich das Papier leichter ablösen läßt). Das Biskuit abkühlen lassen. Dann auf ein Brett legen und mit einer kleinen Ausstechform Blüten ausstechen. • Die Gemüsebouillon mit den Brühwürfeln zum Kochen bringen. Inzwischen die Möhren putzen und der Länge nach rundherum einkerben (siehe Zeichnung). Dann in Scheiben schneiden und in der Bouillon etwa 15 Minuten garen. Die Erbsen zum Schluß 2–3 Minuten mitziehen lassen. • Die Hälfte der Petersilie in der Suppe verrühren. Die Bouillon auf vier Suppenteller verteilen, die »Eierblumen« darauflegen und mit etwas Petersilie bestreuen.

**Variante**
Im Winter kann man die frischen Erbsen sehr gut durch würflig geschnittene Wurzelpetersilie oder Knollensellerie ersetzen.

## Frühlingssuppe mit Wildkräutern

Brennesseln sind besonders vitamin- und mineralstoffreich. Sie entschlacken und lassen die Frühjahrsmüdigkeit gar nicht erst aufkommen. Damit sie beim Essen nicht mehr brennen, muß man sie sehr fein zerkleinern, am besten mit dem Feinhacker oder der Moulinette; es geht aber auch mit dem Wiegemesser.

100 g Lauch/Porree • 2 Eßl. Sonnenblumenöl • 1 Eßl. Wasser • 4 Eßl. Hefeflocken • 1 l Wasser • 2 Gemüsebrühwürfel • 3 Scheiben Vollkornbrot • 10 g Butter • 200 g Wildkräuter (Brennesselspitzen, Sauerampfer, Löwenzahn, Schafgarbe, Scharbockskraut, eventuell mit Spinat oder Küchenkräutern gemischt) • 1/8 l saure Sahne
Pro Person etwa 905 Joule/215 Kalorien

- Zubereitungszeit: 30 Minuten

So wird's gemacht: Den Lauch putzen und in feine Streifen schneiden (auch das Lauchgrün verwenden). In dem Öl und 1 Eßlöffel Wasser 2–3 Minuten dünsten. Dann die Hefeflocken zufügen und kurz anrösten. • 1 l Wasser und die Brühwürfel zugeben und 15 Minuten kochen lassen. • Inzwischen das Brot würfeln und in der Butter knusprig rösten. • Die Wildkräuter putzen, gründlich waschen, gut abtropfen lassen und feinhacken. In die heiße Suppe geben, aber nicht mehr kochen. Die Sahne unterziehen und die Brotwürfel kurz vor dem Essen über die Suppe streuen.

## Grünkernklößchensuppe

Für die Klößchen: 60 g weiche Butter oder Reformmargarine • 2 kleine Eier • 1 Eßl. Gemüsebouillon • 1 gestrichener Teel. Kräutersalz • 40 g Reibkäse • 140 g Grünkern, fein gemahlen
Für die Suppe: 1 1/4 l Gemüsebouillon (oder Wasser) • 2 Gemüsebrühwürfel • feingeschnittene Petersilie oder Schnittlauch
Pro Person etwa 1190 Joule/295 Kalorien

- Zubereitungszeit: 15 Minuten
- Quellzeit: 30 Minuten
- Garzeit: 20 Minuten

So wird's gemacht: Die Butter oder die Margarine mit den Eiern, der Gemüsebouillon und dem Salz verrühren. Den Käse und das Grünkernmehl unterrühren. 30 Minuten bei Raumtemperatur quellen lassen (nicht im Kühlschrank, sonst wird der Teig zu fest). • Die Gemüsebouillon mit den Brühwürfeln zum Kochen bringen. Mit einem nassen Teelöffel Klößchen von der Grünkernmasse abstechen und in der siedenden Brühe 20 Minuten ziehen lassen. • Die Suppe mit Petersilie oder Schnittlauch bestreut servieren.

## Zitronen-Reis-Suppe mit jungen Erbsen

600 g junge Erbsen in der Schote • 2 Stengel Liebstöckel/Maggikraut • 1 l Wasser • 150 g Naturreis • 2 Gemüsebrühwürfel • 2 Eigelb • 2 Eßl. Zitronensaft • 4 Eßl. Sahne • 1/4 Teel. Delikata • 20 g Butter • 2 Eßl. feingehackte Kräuter (Petersilie, Dill, Zitronenmelisse und -thymian)
Pro Person etwa 1190 Joule/285 Kalorien

- Zubereitungszeit: 30 Minuten
- Garzeit insgesamt: 65 Minuten

So wird's gemacht: Die Erbsenschoten gründlich waschen und die Erbsen herauslösen. Die Erbsenschoten und die Liebstöckelstengel, mit dem Wasser bedeckt, 20 Minuten kochen. Dann die Gemüsebrühe abgießen und mit Wasser wieder auf 1 l ergänzen. • Den Reis unter fließendem Wasser waschen, in der Gemüsebrühe mit den Brühwürfeln 45 Minuten leise kochen lassen. • Die Erbsen in der heißen Suppe 10 Minuten ziehen lassen, aber nicht mehr kochen. • Die

Eigelbe mit dem Zitronensaft, der Sahne und dem Delikata verquirlen. In die Suppe rühren und die Butter darin schmelzen lassen. Die Zitronen-Reis-Suppe mit den frischen Kräutern bestreut servieren.

Für die schlanke Linie: Die Butter weglassen (= 155 Joule weniger pro Person).

## Kartoffelsuppe mit rohem Gemüse

»Potage de santé« – Gesundheitssuppe – nennen die Franzosen eine solche Suppe, denn von allen Gemüsesorten büßt die Kartoffel beim Kochen am wenigsten Vitamine und Mineralstoffe ein. Und weil das Gemüse für diese schmackhafte Suppe nicht gekocht wird, bleiben auch hier alle Vitalstoffe erhalten.

500 g Kartoffeln • 1 l Wasser • 1 Teel. Vitam-Steinpilzbrühe • ½ Gemüsebrühwürfel • je ½ Teel. Majoran und Basilikum, gerebelt • 50 g Goudakäse • 250 g gemischtes Gemüse (Erbsen, Möhren/Karotten, Kohlrabi, Blumenkohl, Broccoli, Rosenkohl, Lauch, Sellerie, Petersilienwurzel) • Kräutersalz • 2 Eßl. feingehackte Petersilie
Pro Person etwa 720 Joule/170 Kalorien

- Zubereitungszeit: 30 Minuten
- Garzeit: 40 Minuten

So wird's gemacht: Die Kartoffeln unter fließendem Wasser sauber bürsten und im Dämpfeinsatz weich kochen. Dann schälen und durchpressen. • Inzwischen das Wasser mit der Steinpilzbrühe, dem Brühwürfel, dem Majoran und dem Basilikum aufkochen. Die Kartoffeln in die Brühe geben, nicht mehr kochen. • Den Käse reiben. Das Gemüse fein zerkleinern (Erbsen ganz lassen) und alles in der heißen Suppe 5 Minuten ziehen lassen. Mit Kräutersalz abschmekken und mit der Petersilie bestreuen.

## Zwiebelsuppe Taiwan

150 g Zwiebeln • 1 Knoblauchzehe • 100 g Naturreis • 2 Eßl. Sonnenblumenöl • 2 gestrichene Teel. Curry • ¾ l Wasser • 2 Gemüsebrühwürfel • 3 Eßl. Mandelblättchen • 10 g Butter • 1 Banane (180 g) • 100 g saure Sahne • 2 Eßl. trockener Weißwein • 2 Eßl. Mangosauce (Fertigprodukt) • abgeriebene Schale von ½ Zitrone (unbehandelt) • 2–3 Teel. Zitronensaft
Pro Person etwa 1220 Joule/290 Kalorien

- Zubereitungszeit: 20 Minuten
- Garzeit: 45 Minuten

So wird's gemacht: Die Zwiebeln schälen und würfeln, den Knoblauch schälen und feinhakken. Den Reis unter fließendem Wasser abspülen. • Alles unter Umrühren in dem Öl glasig braten. Zum Schluß den Curry kurz mitrösten. Das Wasser und die Brühwürfel dazugeben und alles etwa 45 Minuten leise kochen lassen. • Inzwischen die Mandeln in der Butter goldgelb rösten. • Die Banane pürieren, die Sahne, den Wein, die Mangosauce, die abgeriebene Zitronenschale und den Zitronensaft dazugeben. • Die Suppe vom Herd nehmen und die Bananenmischung unterrühren. Mit den gerösteten Mandeln bestreut servieren.

## Andalusische Tomatensuppe

Diese Suppe schmeckt im Sommer mit sonnengereiften Tomaten ganz besonders gut. Und weil die Tomaten nicht gekocht werden, bleiben alle Vitamine und Mineralstoffe erhalten.

800 g reife Tomaten • 100 g Zwiebeln • 2 Eßl. Sonnenblumenöl • 1 Eßl. Wasser • 4 Eßl. Hefeflocken • 100 g Wasser • 2 Eßl. Rotwein • 1 Gemüsebrühwürfel • 1 Eßl. Butter • 10 gehackte Rosmarinnadeln • 1 Eßl. feingehacktes Fenchelkraut oder Dill • 1 Eßl. feingehackter Thy-

mian, Zitronenthymian und Basilikum • 1 Knoblauchzehe • 1/4 Teel. Selleriesalz • 1 Prise Picata • 100 g Zucchini oder Salatgurke • 4 Eßl. Schlagsahne
Pro Person etwa 775 Joule/185 Kalorien

• Zubereitungszeit: 30 Minuten

So wird's gemacht: Die Tomaten kurz ins kochende Wasser tauchen, dann die Haut abziehen. • Die Zwiebeln schälen und würfeln. In dem Öl mit 1 Eßlöffel Wasser glasig braten. Zum Schluß die Hefeflocken kurz mitrösten. • Den Topf vom Herd nehmen. 100 g Wasser und die Tomaten dazugeben und mit dem Schneidstab des Handmixers pürieren. Den Rotwein, den Brühwürfel, die Butter und alle Kräuter hinzufügen, ebenso die geschälte, durchgepreßte Knoblauchzehe. • Die Suppe erwärmen, aber nicht mehr kochen. Mit dem Selleriesalz und dem Picata pikant abschmecken. • Die Zucchini oder das Gurkenstück waschen und in Streifen schneiden. Die Suppe in die Teller füllen, die Zucchini- oder Gurkenstreifen darüber verteilen und auf jede Portion 1 Eßlöffel Schlagsahne setzen.

## Mailänder Minestrone

Je nach Lust und Laune können Sie für diese nahrhafte italienische Gemüsesuppe alles miteinander kombinieren, was Sie gerade im Garten oder auf dem Markt finden – nur möglichst bunt sollte die Mischung sein, dann schmeckt die Minestrone am besten.

200 g Demeter-Naturreis • 1 Lorbeerblat • 1 l Wasser/Gemüsebouillon • 1 große Zwiebel • 150 g Lauch/Porree • 150 g Wirsing • 150 g Möhren • 150 g Knollensellerie • 3 Eßl. Sonnenblumenöl • 1 Eßl. Wasser • 2 Gemüsebrühwürfel • 150 g Tomaten • 1 Teel. gehackter Thymian • 1 Teel. Vitam-Steinpilzbrühe • 3/4 Teel. Schabziegerklee • 1/2 Teel. gehacktes Basilikum • 3 Eßl. gehackte Petersilie

Zum Bestreuen: 100 g frisch geriebener Parmesan- oder Emmentaler Käse
Pro Person etwa 1755 Joule/420 Kalorien

• Zubereitungszeit: 1 Stunde

So wird's gemacht: Den Reis in einem Sieb unter fließendem Wasser abspülen. Mit dem Lorbeerblatt in dem Wasser oder der Bouillon 20 Minuten bei milder Hitze kochen. Das Lorbeerblatt herausnehmen. • Die Zwiebel schälen und feinwürfeln. Das Gemüse putzen. Den Lauch (auch die grünen Stengel) und den Wirsing in Streifen schneiden, die Möhren und den Sellerie grob raspeln. • Das Öl mit 1 Eßlöffel Wasser erhitzen, die Zwiebelwürfel darin glasig braten. Das Gemüse zugeben und unter Rühren 3 Minuten mitbraten. Dann unter den Reis mischen und etwa 15 Minuten leise kochen lassen. • Die Tomaten in Würfel schneiden und mit dem Thymian noch 5 Minuten in der Minestrone ziehen lassen. • Die Suppe mit der Steinpilzbrühe, dem Schabziegerklee und den Kräutern abschmecken. Den Käse gesondert dazu servieren.

Für die schlanke Linie: Nehmen Sie nur die Hälfte vom Reis – diese »schlanke« Gemüsesuppe schmeckt ebensogut und hat 370 Joule weniger pro Person.

**Variante**
In Italien wird die Minestrone manchmal auch mit Teigwaren statt mit Reis zubereitet: Kochen Sie in diesem Fall am besten kleingebrochene Vollkornspaghetti (aus dem Reformhaus) mit dem Gemüse zusammen. • Noch feiner schmeckt die Minestrone, wenn Sie zum Schluß ein Stückchen Butter unterziehen. (Kein Tip für Leute, die unbedingt abnehmen wollen!)

*Mein Tip: Im Winter verwende ich tiefgefrorenes Tomatenpüree statt frischer Tomaten. Es ist sicher vitamin- und mineralstoffreicher als die unter künstlichen Bedingungen gezogenen Treibhaustomaten.*

Schon die alten Römer aßen gerne Hülsenfruchtgerichte. Auch heute schmeckt der Bohnentopf nach Römerart. Rezept unten. ▷

## Bohnensuppe nach Römerart

Bild gegenüber

Die Idee für dieses Rezept stammt aus der antiken römischen Küche, genauer dem berühmten Kochbuch des Feinschmeckers Apicius. Dieser Zeitgenosse des Kaisers Tiberius wird allgemein als der Verfasser des ältesten erhaltenen Kochbuches bezeichnet. Er schätzte, wie viele Köche des Altertums, die Hülsenfrüchte. Auch wir sollten sie wegen ihres hohen Gehaltes an pflanzlichem Eiweiß beachten.

150 g getrocknete weiße Bohnenkerne • 1–1¼ l Wasser oder Gemüsebrühe • 1 Lorbeerblatt • je 100 g Lauch, Wirsing und Möhren • 3 Eßl. Olivenöl • 1 Eßl. Wasser • 8 Korianderkörner • 1 Teel. getrockneter Majoran • 1 Gemüsebrühwürfel • 1 Teel. Vitam-Steinpilzbrühe • 2 Eßl. trockener Weißwein • 4 Eßl. feingehackte Kräuter (Petersilie, Liebstöckel/Maggikraut, Basilikum, Thymian, Fenchelkraut oder Dill)
Pro Person etwa 980 Joule/235 Kalorien

- Quellzeit: 10–12 Stunden
- Garzeit: 45 Minuten
- Zubereitungszeit: 30 Minuten

So wird's gemacht: Die Bohnen in ¾ l Wasser oder Gemüsebrühe über Nacht einweichen. • Am nächsten Tag die Bohnen mit dem Lorbeerblatt in etwa 40–45 Minuten weich kochen, dann das Lorbeerblatt herausnehmen. • Inzwischen das Gemüse putzen, den Lauch in dünne Ringe, den Wirsing in feine Streifen schneiden, die Möhren grob raspeln. Alles in dem Öl mit 1 Eßlöffel Wasser kurz durchbraten. ¼ l Wasser oder Gemüsebrühe, die Korianderkörner und den Majoran dazugeben und das Gemüse in etwa 15 Minuten garen. • Die Bohnenbrühe und 4 Eßlöffel Bohnen zum Gemüse geben. Die restlichen Bohnen durch ein Sieb passieren oder im Mixer pürieren und die Suppe damit binden. Den Brühwürfel, die Steinpilzbrühe und eventuell noch etwas Wasser oder Brühe dazugeben. • Zuletzt den Wein einrühren und die Suppe mit den Kräutern bestreuen.

## Scharfe Mitternachtssuppe

100 g getrocknete rote Bohnenkerne • ¾ l Wasser • 1 Lorbeerblatt • 1½ Gemüsebrühwürfel • 30 g Mais, fein gemahlen • 1 kleine Zwiebel (60 g) • 1–2 Knoblauchzehen • 2 Eßl. Sonnenblumenöl • 1 scharfe mexikanische Peperoni (aus dem Glas) • 150 g Tomaten • 2 Eßl. trockener Weißwein • 30 g Butter
Pro Person etwa 1275 Joule/305 Kalorien

- Quellzeit: 8–10 Stunden
- Zubereitungszeit: 25 Minuten
- Garzeit: 45–60 Minuten

So wird's gemacht: Die Bohnen 8-10 Stunden in ½ l Wasser quellen lassen. • Danach im Einweichwasser mit dem Lorbeerblatt weich kochen. • Das Lorbeerblatt herausnehmen und die Bohnen mit dem Handmixer im Kochtopf zerkleinern. • Das restliche Wasser, die Brühwürfel und den Mais dazugeben. Die Suppe unter Umrühren 5 Minuten kochen, dann auf der ausgeschalteten Platte noch 10 Minuten ziehen lassen. • Die Zwiebel und die Knoblauchzehen schälen und feinhacken, dann in dem Öl goldgelb braten. Die Peperonischote von den Kernen befreien und sehr fein zerkleinern. Die Tomaten brühen, häuten und pürieren. • Alles unter die Bohnensuppe mischen und vorsichtig erwärmen. Den Weißwein unterrühren. Die Suppe mit Butterflöckchen bestreuen.

## Gazpacho

Diese kalte spanische Spezialität ist ein wahres Labsal an heißen Sommertagen. Damit die Suppe auch bei Tisch kalt bleibt, stellen Sie die Terrine am besten in eine größere Schüssel mit Eiswürfeln.

2 kleine grüne Paprikaschoten • 700 g Tomaten • 1 Salatgurke • 2 Zwiebeln (100 g) • 2 Knoblauchzehen • 2 Scheiben Vollkornknäkkebrot • 1 Eßl. Apfelessig • 2 Eßl. Oliven- oder

◁ Niemand wird Fleisch vermissen, wenn Sie Ihrer Familie die schmackhafte Wirsingpastete auf den Tisch bringen. Rezept Seite 55

Sonnenblumenöl • 2 Becher Joghurt (350 g) • $^1/_8$ l saure Sahne • 1 Eßl. feingehackter Dill, Petersilie und Basilikum • Cayennepfeffer • Kräutersalz • 3 Scheiben Vollkornbrot • 15 g Butter
Pro Person etwa 1305 Joule/310 Kalorien

- Zubereitungszeit: 30 Minuten
- Kühlzeit: 2 Stunden

So wird's gemacht: Die Paprikaschoten halbieren, von den Kernen befreien und waschen. Von den Paprikaschoten, den Tomaten und der Gurke jeweils $^1/_3$ in den Kühlschrank legen. • Die Zwiebeln und die Knoblauchzehen schälen, mit den restlichen $^2/_3$ der Paprikaschoten, Tomaten und der Gurke grob zerkleinern; dann mit dem Knäckebrot im Mixer pürieren. • Den Essig, das Öl, den Joghurt und die Sahne hineinrühren. Mit den Kräutern und Gewürzen abschmecken. Die Suppe zugedeckt 2 Stunden in den Kühlschrank stellen. • Rechtzeitig vor dem Essen das Brot würfeln und in der Butter knusprig rösten. Die zurückgestellten Zutaten in Würfel schneiden und, ebenso wie die Brotwürfel, als Beilagen zur Suppe servieren.

## Französische Kopfsalatsuppe mit Knoblauchcroûtons

Zugegeben – eine große Schüssel voll knackigfrischem Kopfsalat ist der beste Auftakt für eine sommerliche Mahlzeit. Doch wenn im Frühsommer auf dem Markt eine Salatschwemme herrscht oder der Salat im Garten zu schießen beginnt, dann sollten Sie das folgende Rezept probieren. Gut gekühlt ist diese Suppe eine herrliche Erfrischung an heißen Tagen, doch auch warm schmeckt sie sehr gut.

Für die Suppe: 2 Köpfe Salat (geputzt etwa 450 g) • 1 Stange Lauch oder 2–3 Frühlingszwiebeln (75 g) • 1 Eßl. feingehackter Liebstökkel/Maggikraut • 2 Eßl. Sonnenblumenöl • reichlich $^1/_2$ l Wasser • $1^1/_2$ Gemüsebrühwürfel • 50 g Champignon-Schmelzkäse • 100 g Sahne • Pfeffer • geriebene Muskatnuß • 1 Eßl. feingehackter Dill und Petersilie • 3 Tomaten
Für die Knoblauchcroûtons: 3 Scheiben Vollkornbrot • 1 Knoblauchzehe • 10 g Butter
Pro Person etwa 1130 Joule/285 Kalorien

- Zubereitungszeit: 25 Minuten

So wird's gemacht: Den Salat putzen, waschen und grob zerschneiden. Den Lauch oder die Zwiebeln putzen, waschen und in feine Streifen schneiden. Salat und Lauch oder Zwiebeln zusammen mit dem Liebstöckel in dem Öl und 2 Eßlöffeln Wasser 5 Minuten dünsten. • Das restliche Wasser und die Brühwürfel dazugeben und bei geringer Hitze etwa 5 Minuten garen lassen. Den Käse zerkleinern und dazugeben und alles mit dem Schneidstab des Handmixers pürieren. • Die Suppe im kalten Wasserbad abkühlen lassen und 1 Stunde in den Kühlschrank stellen. • Dann die Sahne unterrühren und mit wenig Pfeffer und Muskatnuß abschmecken. Zum Schluß die Kräuter darüberstreuen. Die Tomaten halbieren, das weiche Innere herausnehmen (anderweitig verwenden) und das Tomatenfleisch würfeln. • Die Brotscheiben mit etwas durchgepreßtem Knoblauchsaft bestreichen. In Würfel schneiden und in der Butter knusprig braten. Die Knoblauchcroûtons und die Tomatenwürfel zur Suppe servieren.

**Variante – Spinatsuppe**
Statt Kopfsalat können Sie auch Spinat verwenden und die Suppe warm servieren.

# Die vielseitige Kartoffel

Schon vor 2000 Jahren wurde die Kartoffel von den Indianern in den Hochtälern der Kordilleren angebaut. Spanische Eroberer brachten sie aus Peru und Bolivien 1526 mit nach Europa, wo sie zunächst wegen ihrer hübschen blauen Blüten als Zierpflanze viel bewundert wurde. Doch es sollte noch über 200 Jahre dauern, bis sich die braune Knolle endgültig ihren Platz in den europäischen Küchen erobert hatte.

Die Kartoffel ist übrigens eine ganz besonders gesunde Delikatesse: Schon etwa 400 g Kartoffeln genügen, um unseren Tagesbedarf an Vitamin C zu decken. Auch die Vitamine A, B1, B2 und Niacin sowie alle wichtigen Mineralstoffe und Spurenelemente sind reichlich vorhanden. Diese wertvollen Inhaltsstoffe bleiben am besten erhalten, wenn man die Kartoffeln mit der Schale in einem Topf mit Dämpfeinsatz gart. Die Kartoffelschalen enthalten außerdem Fluor, ein Spurenelement, das Karies verhüten hilft. Deshalb sollten wir Kartoffeln möglichst oft mit der Schale essen.

Hier ein Vergleich, wie Vitamine und Mineralstoffe beim Kochen von Kartoffeln verlorengehen:

| | ungeschält | geschält |
|---|---|---|
| Vitamin B1 | 9% | 15% |
| Vitamin C | 11% | 32% |
| Kalium | 0,4% | 20% |
| Eisen | 2% | 26% |

## Pellkartoffel-Schlemmereien

Frisch gekochte Pellkartoffeln sind eine ganz besondere und dazu noch sehr billige Delikatesse. So lange wie möglich essen wir die Kartoffeln natürlich mit der Schale. Sie schmecken dann besonders kräftig – vor allem, wenn man sie vor dem Kochen mit Kümmel (ganz oder grob gemahlen) bestreut oder zum Garen einige kleine Thymian- oder Rosmarinzweige dazwischenlegt. Nur alte Kartoffeln mit verschrumpelter Schale werden nach dem Garen abgezogen.

Haben Sie schon einmal probiert, wie gut die einfachen Schalenkartoffeln schmecken, wenn man sie nach dem Kochen in zerlassener Butter schwenkt und frische Kräuter, Nüsse oder Gewürze daruntermischt? Mit gedünstetem Gemüse oder einer Nußsauce (Rezept Seite 84) serviert, sind sie dann eine wirkliche Schlemmerei.

Vorschläge für »Schlemmer-Kartoffeln«:
Die gekochten Kartoffeln je nach Größe halbieren oder vierteln und in zerlassener Butter schwenken, eventuell mit etwas Kräutersalz bestreuen,

- reichlich feingehackte Petersilie oder Kerbel oder Salbei (wie in Italien) oder Thymian oder Basilikum unter die Kartoffeln mischen und einige Minuten ziehen lassen
- oder 1–2 pürierte Knoblauchzehen in die Butter geben und die Kartoffeln darin schwenken
- oder die Butterkartoffeln mit geriebenem Käse bestreuen
- oder die Butterkartoffeln mit Delikata würzen
- oder 2 Eßlöffel Hefeflocken und ½ Teelöffel Delikata zwischen die Butterkartoffeln streuen und alles leicht rösten
- oder grob geriebene Nüsse oder Sesam, nach Geschmack auch etwas Delikata, unter die Butterkartoffeln mischen und kurz rösten.

Was sonst noch zu Pellkartoffeln paßt:
Frankfurter Grüne Sauce (Rezept Seite 85), Genueser Basilikumsauce – Pesto (Rezept Seite 84), Knoblauchsauce – Aioli (Rezept Seite 84), Kräuter-Sahne-Creme (Rezept Seite 108), Pikanter Camembertquark (Rezept Seite 108), Selleriecreme (Rezept Seite 108), Joghurt-Kräuter-Sauce (Rezept Seite 36) mit Varianten.

## Kartoffelpüree mit Mandeln

1 kg Kartoffeln • 60 g Mandelstifte • 30 g Butter • ⅛ l Sahne • ⅛ l Milch • ¼ Teel. Kräutersalz • frisch geriebene Muskatnuß
Pro Person etwa 1880 Joule/450 Kalorien

- Zubereitungszeit: 25 Minuten
- Garzeit: 40–50 Minuten

So wird's gemacht: Die Kartoffeln im Dämpfeinsatz weich kochen. • Inzwischen die Mandeln in der Butter hellbraun rösten. • Die Kartoffeln heiß schälen, gleichzeitig die Sahne und die Milch erwärmen (nicht über 40° C) und die Kartoffeln direkt hineinpressen. Mit dem Handmixer schaumig schlagen. • Das Püree mit dem Salz und Muskatnuß abrunden und mit den gerösteten Mandeln bestreuen.

Das paßt dazu: Champignons oder feine Gemüse wie Rosenkohl oder Schwarzwurzeln.

## Schmorkartoffeln mit Kräuter-Sahne-Creme

1 kg neue, möglichst kleine Kartoffeln · 4 Eßl. Gemüsebouillon (oder Wasser) · 1 Eßl. Butter · je ½ Teel. gemahlener Kümmel und Koriander · Kräuter-Sahne-Creme (Rezept Seite 108)
Pro Person etwa 1615 Joule/385 Kalorien

- Zubereitungszeit (einschließlich Sahnecreme): 35 Minuten

So wird's gemacht: Die Kartoffeln unter fließendem Wasser sauber bürsten. Kleine Kartoffeln ganz lassen, größere halbieren oder vierteln. • Die Gemüsebouillon mit der Butter in einem breiten Topf erhitzen, die Kartoffeln hineingeben, mit den Gewürzen bestreuen. Bei fest geschlossenem Deckel etwa 35 Minuten bei kleiner Hitze garen, zwischendurch den Topf kräftig schütteln. • Inzwischen die Kräuter-Sahne-Creme zubereiten und gut gekühlt dazu servieren.

Das paßt dazu: viel grüner Salat oder Gemüserohkost.

*Mein Tip: Mit selbstgemachtem Quark und Joghurt (siehe Seite 104) schmeckt die Kräuter-Sahne-Creme natürlich besonders gut.*

## Bouillonkartoffeln

1 kg Kartoffeln · 100 g Zwiebeln · 1 Eßl. Butter · 1 Eßl. Wasser · je ½ Teel. gemahlener Kümmel und Koriander · etwa ½ l Wasser · 1 Gemüsebrühwürfel · 1 Lorbeerblatt · 2 Eßl. feingehackte Petersilie oder Kerbel
Pro Person etwa 985 Joule/235 Kalorien

- Zubereitungszeit: 20 Minuten
- Garzeit: 20 Minuten

So wird's gemacht: Die Kartoffeln unter fließendem Wasser sauber bürsten (nur alte Kartoffeln schälen) und in etwa 7 mm dicke Scheiben schneiden. • Die Zwiebeln schälen, würfeln und in der Butter mit 1 Eßlöffel Wasser glasig braten. Die Gewürze zum Schluß kurz mitrösten. Etwa ½ l Wasser, den Brühwürfel und das Lorbeerblatt beifügen und alles aufkochen. • Die Kartoffelscheiben hineinlegen. (Die Brühe soll die Kartoffeln nur knapp bedecken.) Etwa 20 Minuten bei geringer Hitze kochen, bis die Kartoffeln gar, aber noch bißfest sind. Bitte rechtzeitig nachschauen, denn die Kartoffeln dürfen auf keinen Fall zerkochen! • Das Lorbeerblatt herausnehmen und die Kartoffeln mit den Kräutern bestreuen.

Das paßt dazu: Mit viel grünem Salat oder einer großen Rohkostplatte sind die Bouillonkartoffeln für die schlanke Linie sehr zu empfehlen. Auch zu Weißkraut nach Winzerart (Rezept Seite 81) oder zu Rosenkohl passen sie ausgezeichnet.

**Varianten**
Statt mit Kümmel und Koriander kann man die Kartoffeln mit 1 Teelöffel getrocknetem Majoran würzen. Nach Belieben kann die restliche Kochbrühe mit etwas pflanzlicher Pastete oder geriebenen Nüssen oder Schmelzkäse gebunden werden.

## Kartoffeln vom Blech

Ein einfaches, aber sehr schmackhaftes Essen, zu dem man auch nicht mehr ganz »jugendfrische« Kartoffeln verwenden kann. Die Kartoffeln schmecken besser, wenn man das Blech mit Butter oder Reformmargarine einfettet – kein Öl verwenden, es beeinträchtigt den Geschmack!

Butter oder Margarine für das Blech · etwa 1200 g große Kartoffeln (so viel, wie auf ein Backblech passen) · 1 Eßl. Butter
Zum Bestreuen: Kräutersalz sowie Kümmelkörner, Delikata, Endoferm, gemahlener Koriander, Reibkäse, gerösteter Sesam oder nur Selleriesalz oder Grillgewürz
Pro Person etwa 1060 Joule/255 Kalorien

- Zubereitungszeit: 15 Minuten
- Backzeit: 25–30 Minuten

So wird's gemacht: Das Backblech mit Butter oder Margarine einfetten. Den Backofen auf 200° C vorheizen. • Die Kartoffeln unter fließendem Wasser sauber bürsten. Nur alte Kartoffeln schälen. Die Kartoffeln von der breiten Seite aus in 1 cm dicke Scheiben schneiden und dicht nebeneinander aufs Blech legen. Auf der mittleren Leiste in den Backofen schieben. • Nach 15 Minuten ein Eckchen kalte Butter auf eine Gabel spießen und damit über die Kartoffelscheiben streichen. Jede Scheibe mit Kräutersalz und – je nach Geschmack – mit den übrigen Würzzutaten bestreuen oder nur Selleriesalz oder Grillgewürz verwenden. Noch 10–15 Minuten backen, bis die Kartoffeln goldgelb und knusprig sind. Gleich servieren!

Das paßt dazu: Gemüserohkost oder grüner Salat und Kräuter-Sahne-Creme (Rezept Seite 108) oder Selleriequark (Rezept Seite 108) oder Kräuterquark.

Für die schlanke Linie: Die Backkartoffeln nur mit grünem Salat verspeisen – schmeckt sehr gut und hält schlank!

*Mein Tip für Liebhaber von Knoblauch:*
*Die Kartoffeln mit einem Hauch Knoblauchpulver bestreuen oder 2–3 ungeschälte Knoblauchzehen mit aufs Blech legen – gibt ein sehr feines Aroma!*

**Variante – Appenzeller Backkartoffeln**
Die Kartoffeln 15 Minuten bei 200° C backen. Dann salzen, mit Käsecreme bestreichen und mit Grillgewürz bestreuen. Noch 15 Minuten auf der mittleren Leiste backen, bis die Kartoffeln goldbraun sind. • Für die Käsecreme 200 g Appenzeller Käse reiben, mit 2 Eiern, 4 Eßlöffeln Sahne und 1 geschälten, durchgepreßten Knoblauchzehe verrühren. Mit 2 Eßlöffeln feingehackter Petersilie und Schnittlauch, 1/2 Teelöffel Pastetengewürz und 1/4 Teelöffel Kräutersalz abschmecken.

## Köstliche Käsekartoffeln

Die Käsekartoffeln schmecken zu allen gedünsteten Gemüsen ausgezeichnet. Aber auch nur mit einer großen Schüssel Kopfsalat oder Eissalat sind sie ein vollständiges Essen.

1 kg Kartoffeln · 1 Teel. Kümmel · 200 g mittelalter Gouda- oder Tilsiter Käse oder ein anderer würziger halbfester Schnittkäse · 30 g Butterflöckchen · 2 Eßl. feingehackte Petersilie
Pro Person etwa 1795 Joule/430 Kalorien

- Zubereitungszeit: 25 Minuten
- Garzeit: 25–30 Minuten

So wird's gemacht: Die Kartoffeln unter fließendem Wasser sauber bürsten. Im Dämpfeinsatz, mit dem Kümmel bestreut, nicht zu weich kochen. • Inzwischen den Käse raspeln oder kleinhacken. • Die Kartoffeln heiß schälen und in eine vorgewärmte Schüssel raspeln. Dabei gleich den Käse und die Butterflöckchen dazwischengeben. Zum Schluß die Petersilie darüberstreuen.

Für die schlanke Linie: Die Butter weglassen (= 235 Joule weniger pro Person).

Das paßt dazu: viel grüner Salat und Sommergemüse für Feinschmecker (Rezept Seite 71).

**Varianten**
Reichlich frische, feingehackte Kräuter (Petersilie, Schnittlauch, Majoran, Thymian, Liebstökkel/Maggikraut) dazwischenstreuen. • Oder mit Grillgewürz oder Endoferm oder Delikata oder frisch geriebener Muskatnuß würzen. • Oder statt Käse 3–4 Eßlöffel leicht geröstete Hefeflokken und 1 Teelöffel Delikata dazwischenstreuen.

## Kartoffelsavarin mit Kräutern

In einer Reisrandform gebacken und nach dem Stürzen mit Gemüse gefüllt, sieht der goldgelbe Kartoffelsavarin besonders appetitanregend aus. Sie können den Auflauf aber auch in jeder anderen feuerfesten Form backen und gleich in der Form auf den Tisch bringen.

1 kg Kartoffeln · Butter für die Form · 60 g Allgäuer Emmentaler Käse · 1¼ Teel. Selleriesalz · 1 gestrichener Teel. Grillgewürz · 1 Knoblauchzehe · 1 Tasse feingeschnittene frische oder tiefgefrorene Kräuter (reichlich Schnittlauch sowie Petersilie, Liebstöckel/Maggikraut, Majoran, Thymian) · 3 Eier · 2 Eßl. saure Sahne
Pro Person etwa 1295 Joule/310 Kalorien

- Zubereitungszeit: 50 Minuten
- Backzeit: 35–40 Minuten

So wird's gemacht: Die Kartoffeln waschen und halbweich dämpfen (etwa 20 Minuten). Mit kaltem Wasser abschrecken und schälen. In spaghettidicke Streifen raspeln. • Den Backofen auf 200° C vorheizen. • Eine Reisrandform sorgfältig mit Butter einfetten. Den Käse fein reiben, die Form mit Käse ausstreuen. Den restlichen Käse mit 1 Teelöffel Selleriesalz und dem Grillgewürz mischen. Den Knoblauch schälen, feinhacken und unter die Kräuter mischen. • Die Kartoffelraspeln schichtweise in die Gratinform füllen und jede Schicht mit Käsemischung und Kräutern bestreuen. Die Kartoffelmasse etwas zusammendrücken. • Die Eier mit der Sahne und ¼ Teelöffel Selleriesalz verquirlen und über den Auflauf gießen. Die Form auf der zweiten Leiste von unten in den Backofen schieben. Etwa 35–40 Minuten backen. • Den Auflauf aus dem Ofen nehmen, 5 Minuten auf einem Kuchengitter abkühlen lassen, dann vorsichtig auf eine vorgewärmte Platte stürzen und mit Gemüse füllen.

Das paßt dazu: Budapester Krautgulasch (Rezept Seite 81) oder Schwarzwurzeln in Nußsauce (Rezept Seite 84) oder Rosenkohl oder Pilze.

*Mein Tip: Wenn sich Ihre Gäste verspäten, können Sie den gestürzten Kartoffelsavarin im Backofen noch einige Zeit warm halten.*

## Kartoffelomelette Gouda

Diese saftige Zwiebel-Kartoffelomelette ist eines unserer Lieblingsessen. Die Nüsse und der Käse geben ihr einen besonders kräftigen Geschmack. Sie ist eine gute Ergänzung zu Rohkostsalaten oder gedünstetem Gemüse.

600 g Kartoffeln · 1 Teel. Kümmel · 2 große Zwiebeln (200 g) · 100 g Walnußkerne oder Haselnüsse · je 1 gestrichener Teel. Kräutersalz, Delikata und Majoran · 50 g Butter oder Reformmargarine · 100 g mittelalter Goudakäse · 1–2 Eßl. feingehackte Petersilie
Pro Person etwa 1850 Joule/440 Kalorien

- Garzeit: 20–25 Minuten
- Zubereitungszeit: 40 Minuten

So wird's gemacht: Die Kartoffeln unter fließendem Wasser bürsten und mit dem Kümmel bestreut im Dämpfeinsatz halbgar kochen (etwa 20 Minuten). • Inzwischen die Zwiebeln schälen, vierteln und in feine Streifen schneiden. Die Nüsse grob reiben. • Die Kartoffeln schälen, in spaghettidicke Streifen raspeln, dann mit den Zwiebeln, den Nüssen, dem Salz und den Gewürzen mischen. Die Butter oder die Margarine in zwei großen Pfannen erhitzen. Jeweils die Hälfte der Kartoffelmasse hineingeben und unter häufigem Wenden goldgelb braten. • Den Käse grob reiben, daruntermischen und noch 10 Minuten ziehen lassen. Mit Petersilie bestreut servieren.

Das paßt dazu: eine große Platte Gemüserohkost oder Endiviensalat und Zuckermais natur (Rezept Seite 76) oder Rosenkohl oder Wirsinggemüse.

## Walnuß-Kartoffel-Plätzchen

Mit älteren Kartoffeln gelingt das Rezept besonders gut. »Neue« enthalten zuviel Wasser, das macht die Kartoffelplätzchen feucht und schwer.

1 kg Kartoffeln · 150 g Walnußkerne · 100 g Zwiebeln · 100 g Grünkern, fein gemahlen · 2 Eier · 1 Knoblauchzehe · 4 Eßl. feingehackte Kräuter (Petersilie, Sellerieblatt) · je 2 gestrichene Teel. Kräutersalz, Schabziegerklee und getrockneter Majoran · 1 gestrichener Teel. frisch geriebene Muskatnuß · ½ Teel. frisch gemahlener Pfeffer · 4 Eßl. Vollkornbrösel
Zum Ausbacken: Reformmargarine oder Butter
Pro Person etwa 2510 Joule/600 Kalorien

- Zubereitungszeit: 50 Minuten
- Garzeit: 30–35 Minuten

So wird's gemacht: Die Kartoffeln waschen und im Dampf garen. Etwas abkühlen lassen, schälen und durch die Kartoffelpresse drücken. • Die Walnüsse reiben. Die Zwiebeln schälen, fein würfeln und mit dem Grünkernmehl sowie den Nüssen unter die Kartoffeln mischen. Die Eier verquirlen und darunterrühren. Die Kräuter und die durchgepreßte Knoblauchzehe beifügen und mit den Gewürzen kräftig abschmecken. 20 Minuten ruhen lassen. • Aus dem Kartoffelteig flache Plätzchen formen, in den Vollkornbröseln panieren. • Margarine oder Butter in einer beschichteten Pfanne erhitzen, die Küchlein hineinlegen, etwas breit drücken und auf beiden Seiten langsam goldgelb braten.

Das paßt dazu: eine große Platte mit verschiedenen Rohkostsalaten oder Grünkohl oder Wirsinggemüse.

## Pariser Kartoffelgratin

Bild Seite 61

1 kg Kartoffeln · 30 g Butter · 2 Eigelb · 3 Eßl. Sahne · 80 g Reibkäse · 1 gestrichener Teel. Kräutersalz · frisch geriebene Muskatnuß · frisch gemahlener Pfeffer · 2 Eiweiß · 4 Eier · Kräutersalz · 2 Eßl. Reibkäse · 1 Eßl. Vollkornbrösel · 20 g Butterflöckchen
Pro Person etwa 2120 Joule/505 Kalorien

- Garzeit: 50 Minuten
- Zubereitungszeit: 30 Minuten
- Backzeit: 20 Minuten

So wird's gemacht: Die Kartoffeln im Dämpfeinsatz weich kochen. Danach schälen und durchpressen. Die Butter, die Eigelbe, die Sahne und den Käse darunterrühren. Mit dem Salz und den Gewürzen abschmecken. • Den Backofen auf 200° C vorheizen. • Die Eiweiße steif schlagen und unterheben. Die Masse in eine gefettete große Auflaufform füllen. Mit einem nassen Eßlöffel vier Vertiefungen hineindrücken und in jede 1 rohes Ei schlagen, leicht salzen. Den Käse mit den Vollkornbröseln mischen und darüberstreuen (die Eigelbe frei lassen). Die Butterflöckchen darüber verteilen. • Die Form auf der 2. Leiste von unten in den Backofen schieben und etwa 20 Minuten backen, bis das Eiweiß fest ist (das Eigelb soll weich bleiben). • Den Auflauf sofort servieren.

Das paßt dazu: grüner Salat und Butterspargel oder Zuckermais oder Blattspinat.

**Variante – Kartoffelring**
Die Kartoffelmasse in eine gut gefettete Reisrandform füllen und 20 Minuten bei 200° C backen. Auf eine vorgewärmte Platte stürzen.

## Kartoffelpastetchen mit Käsefüllung

Zutaten für etwa 12 Pastetchen:
Kartoffelmasse wie im Rezept auf Seite 52 · 150 g Greyerzer oder Emmentaler Käse · 1 Ei · 1 Eigelb · 2 Eßl. Sahne · 1 Knoblauchzehe · je 1/4 Teel. Kräutersalz, Pfeffer, Delikata und getrockneter Majoran · Butter und Mehl für das Blech
Zum Bestreichen/Bestreuen: 1 Ei · Grillgewürz
Pro Stück etwa 2620 Joule/625 Kalorien

- Zubereitungszeit: 40 Minuten
- Garzeit: 35 Minuten
- Backzeit: 30 Minuten

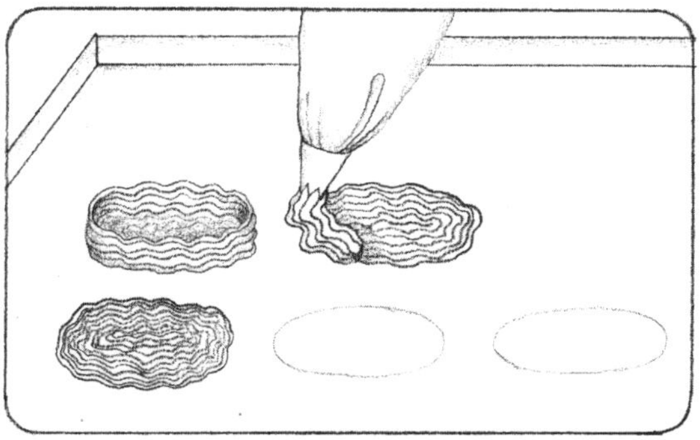

Aus dem Kartoffelteig mit großer Spritztülle erst die Böden, dann ringsum einen Rand aufs Blech spritzen.

So wird's gemacht: Die Kartoffelmasse zubereiten. • Den Knoblauch schälen. Den Käse reiben und mit dem Ei, dem Eigelb, der Sahne und dem durchgepreßten Knoblauch verrühren. Die Käsecreme mit den Gewürzen pikant abschmecken. • Das Backblech mit Butter einfetten und mit Mehl bestreuen. Mit einer runden Ausstechform oder mit einem Glas Kreise von 8 cm Ø auf dem Blech markieren. Den Backofen auf 200° C vorheizen. • Die Kartoffelmasse in einen Spritzbeutel füllen. Zuerst runde Böden auf das Blech spritzen, dann auf jeden Boden einen Rand aus Kartoffelteig aufspritzen. • Jedes Pastetchen außen mit verquirltem Ei bestreichen. 1–2 Teelöffel Käsecreme hineinfüllen und mit dem Grillgewürz bestreuen. • Die Kartoffelpastetchen auf der mittleren Leiste in etwa 30 Minuten goldgelb backen.

Das paßt dazu: eine große Rohkostplatte oder gedünsteter Fenchel oder Wirsing oder eine würzige Champignon-Zwiebel-Kasserolle (Rezept Seite 82).

**Variante**
Man kann die Pastetchen auch leer backen und anschließend mit gekochtem Gemüse oder mit Pilzen füllen.

## Lauch-Kartoffel-Auflauf

Dieser Auflauf ist ein feines Winteressen, zu dem Sie auch ältere Kartoffeln gut verwenden können.

300 g Lauch/Porree · 600 g Kartoffeln · Butter für die Form · 100 g Reibkäse · 2 Eßl. gehackte Kräuter (Petersilie, Liebstöckel/Maggikraut oder Selleriekraut) · je 2 gestrichene Teel. Kräutersalz und Curry · 2 Messerspitzen Picata · 100 g saure Sahne · 2 Eier · je 1/2 Teel. frisch geriebene Muskatnuß und Kräutersalz
Zum Bestreuen: 2 Eßl. grob gehackte Haselnüsse · 2 Eßl. Reibkäse · 30 g Butterflöckchen
Pro Person etwa 1415 Joule/335 Kalorien

- Zubereitungszeit: 25 Minuten
- Backzeit: 50 Minuten

So wird's gemacht: Den Lauch putzen, waschen und in 1 cm dicke Ringe schneiden. Die Kartoffeln unter fließendem Wasser sauber bürsten (nur alte Kartoffeln schälen) und in spaghettidicke Streifen raspeln. • Den Backofen auf 200° C vorheizen. Eine feuerfeste Form mit Butter ausstreichen. • Den Käse, die Kräuter, das Salz und die Gewürze mit den Lauchringen und den Kartoffelstreifen mischen. Die Masse in die Form füllen. • Die Sahne mit den Eiern, der Muskatnuß und dem Salz verquirlen und über den Auflauf gießen. Die Nüsse und den Käse mischen und über den Auflauf streuen. Die Butterflöckchen darüber verteilen. • Die Form zudecken (eventuell mit Alufolie verschließen). Auf der 2. Leiste von unten 30 Minuten zugedeckt backen, dann weitere 20 Minuten offen backen, bis der Auflauf innen fest ist.

Für die schlanke Linie: Auf die Nüsse und die Butterflöckchen verzichten (= 275 Joule weniger pro Person).

Das paßt dazu: Feldsalat oder Endiviensalat oder Rohkost aus Möhren oder roten Rüben.

## Herzoginkartoffeln

Eine sehr dekorative Beilage zu allen feinen Gemüsen.

1 kg Kartoffeln · 100 g Butter · 2 Eigelb · 1 Ei · 1 gestrichener Teel. Kräutersalz · je 1/4 Teel. Delikata und frisch geriebene Muskatnuß
Pro Person etwa 1760 Joule/420 Kalorien

- Zubereitungszeit: 35 Minuten
- Garzeit: 35 Minuten
- Backzeit: 20–25 Minuten

So wird's gemacht: Die Kartoffeln unter fließendem Wasser sauber bürsten und im Dämpfeinsatz weich kochen. • Die Kartoffeln schälen und durch die Kartoffelpresse drücken. Die Butter und ein Eigelb nach dem andern mit der Kartoffelmasse verrühren. Das Ei verquirlen, 2/3 davon unter den Kartoffelteig rühren (den Rest zum Bestreichen zurücklassen), mit Salz und den Gewürzen kräftig abschmecken. • Den Backofen auf 200° C vorheizen. Das Backblech mit Butter einfetten. • Die Kartoffelmasse in einen Spritzbeutel mit großer Sterntülle füllen. Kleine Häufchen auf das Backblech spritzen und vorsichtig mit Ei bestreichen. Die Herzoginkartoffeln auf der mittleren Leiste in 20–25 Minuten goldgelb backen.

Das paßt dazu: Rosenkohl, Broccoli, Wirsinggemüse oder Champignons.

**Variante – Duchesse-Kartoffelhäufchen**
Von der Kartoffelmasse mit zwei Teelöffeln kleine Häufchen aufs Backblech setzen. Vorsichtig mit verquirltem Ei bestreichen und mit gerösteten Sesamsamen bestreuen. Jedes Kartoffelhäufchen mit einem 1/2-cm-dicken Streifen Emmentaler Käse belegen und wie oben bakken. • Grünkohl oder Blattspinat schmecken gut dazu!

*Mein Tip: Wenn Sie Gäste erwarten, können Sie die Herzoginkartoffeln (und auch die Kartoffelpastetchen) schon einige Stunden vorher zubereiten und kurz vor dem Essen backen.*

Das volle keimfähige Getreidekorn liefert alle für uns lebensnotwendigen Nähr- und Vitalstoffe in einer idealen Zusammensetzung. Die Randschichten und der Keim enthalten die wichtigen Vitamine der B-Gruppe, vor allem Vitamin B1, Mineralstoffe und Spurenelemente. Das Herz- und Kreislaufvitamin E findet sich hauptsächlich im Getreidekeim. Milde, weich quellende Ballaststoffe, die für eine problemlose Verdauung sorgen, sind in den Randschichten vorhanden.

Doch gemahlenes Getreide ist nicht lange haltbar, denn sofort nach dem Mahlen beginnen die hochempfindlichen Vitalstoffe zu oxydieren. Deshalb werden bei den handelsüblichen Auszugsmehlen nahezu alle gesundheitlich wertvollen Bestandteile des Getreidekorns entfernt, übrig bleibt nur die reine Stärke, ein nacktes, totes Kohlenhydrat. Die fehlenden Stoffe können auch nicht dadurch ersetzt werden, daß man der üblichen Kost Weizenkeime und Kleie zusetzt. Die natürliche Ausgewogenheit des ganzen Getreidekorns fehlt bei einer solchen »Zusatzkost«; ganz abgesehen davon, daß handelsübliche Kleie und Weizenkeime durch Erhitzen haltbar gemacht werden müssen und dadurch ebenfalls an Wert verlieren.

Wie groß der Verlust an wichtigen Wirkstoffen beim Ausmahlen des Getreides ist, zeigt die folgende Tabelle:

| Wirkstoffe | Vollkornmehl 1 kg | Weißmehl 1 kg | Verlust in % |
|---|---|---|---|
| Vitamin B1 | 5,1 mg | 0,7 mg | 86% |
| Vitamin B 2 | 1,3 mg | 0,4 mg | 69% |
| Vitamin B6 | 4,4 mg | 2,2 mg | 50% |
| Niacin | 57 mg | 7,7 mg | 86% |
| Vitamin E | 24 mg | 0 mg | 100% |
| Eisen | 44 mg | 7 mg | 84% |
| Kupfer | 6 mg | 1,5 mg | 75% |
| Magnesium | 250 mg | 120 mg | 52% |
| Mangan | 70 mg | 20 mg | 72% |
| Kalium | 4730 mg | 1150 mg | 77% |

(Aus: Anemueller, Iß dich gesund)

Was Sie beim Einkaufen von Vollgetreide und bei der Anschaffung einer Getreidemühle wissen sollten, finden Sie auf Seite 13 und 20.

Wenn Sie die folgenden Rezepte ausprobieren, werden Sie schnell bemerken, daß die verschiedenen Getreidearten ganz neue Variationsmöglichkeiten bieten. Nehmen wir noch Gemüse, Gewürze und Kräuter hinzu, so ergibt dies die abwechslungsreichste Küche, die man sich vorstellen kann.

## Mexikanische Tortillas

Die dünnen, goldgelb gerösteten Maisfladen waren schon zur Zeit der Azteken das »tägliche Brot« der Bewohner Mexikos. Auch heute noch ißt man sie dort in unglaublichen Mengen als Beilage zu Gemüsen oder mit brennend-scharfer Chilisauce und einem Püree aus roten Bohnenkernen bestrichen oder als »Enchiladas« mit den verschiedensten scharf gewürzten Füllungen. Aus frisch gemahlenem Maismehl zubereitet schmecken die Tortillas am besten.

Man braucht etwas Übung und Geduld, bis es gelingt, knusprige goldgelbe Maisfladen perfekt zu backen. Aber die Mühe lohnt sich, denn die Tortillas sind wirklich ein Hochgenuß. Zweierlei ist bei der Zubereitung wichtig: Der Teig muß ziemlich dünn, etwa von suppenartiger Konsistenz, sein, so daß er in der Pfanne fast von alleine verläuft. Außerdem sollten Sie nach Möglichkeit eine gußeiserne Pfanne benützen, damit der Teig nicht anklebt; aber auch in einer beschichteten Pfanne kann man die Tortillas ohne weiteres backen.

Zutaten für etwa 20 Tortillas:
250 g Mais, fein gemahlen • 50 g Weizen, fein gemahlen • 600 g Wasser • 3 Eßl. Sonnenblumenöl • 1/2 Teel. gemahlener Koriander • 1 Messerspitze Meersalz • Öl zum Backen
Pro Stück etwa 275 Joule/65 Kalorien

- Zubereitungszeit: 40 Minuten
- Quellzeit: 2 Stunden

So wird's gemacht: Alle Zutaten verrühren und den Teig zugedeckt 2 Stunden quellen lassen. • Danach etwas Öl in einer Pfanne erhitzen, 1 Eßlöffel Teig hineingeben. Die Pfanne leicht schräg halten, so daß der Teig zu einem dünnen Fladen verläuft. (In einer großen Pfanne kann man mehrere kleine Fladen zu gleicher Zeit backen.) Bei ziemlich starker Hitze die Tortillas so lange backen, bis die Oberfläche etwas fest wird und sie sich leicht vom Pfannenboden lösen lassen. Dann umdrehen und auf der anderen Seite ebenfalls goldbraun backen. • Frisch aus der Pfanne essen oder im Backofen warm halten, bis alle Tortillas gebacken sind.

Das paßt dazu: Mangoldgratin (Rezept Seite 77) oder beliebiges Gemüse etwa wie bei der Chinesischen Nudelkasserolle (Rezept Seite 66). Sie können die Tortillas auch mit frischer Butter bestrichen warm aus der Pfanne essen oder mit geraspeltem Käse und frischen Kräutern oder knusprig gerösteten Zwiebeln bestreuen und mit Delikata oder Cayennepfeffer würzen. (Weniger begeistern konnten wir uns beim »Probeessen« für das rote Bohnenpüree und die brennendscharfe Chilisauce – diese scharfen Zutaten nahmen den Tortillas den ganzen würzigen Maisgeschmack.) Auch mit Apfel- oder Zwetschgenmus schmecken die Tortillas ausgezeichnet.

**Variante – Maisschmarrn**

Den Teig nur mit ½ l Wasser anrühren. In zwei großen Pfannen je 20 g Butter erhitzen. Jeweils die Hälfte der Maismasse hineingeben. In der zugedeckten Pfanne etwa 8–10 Minuten langsam backen. Den Maispfannkuchen wenden und die andere Seite offen 5 Minuten backen. Danach in kleine Stücke zerreißen und unter dauerndem Wenden wie einen Kaiserschmarrn fertigbacken. Mit geriebenem Käse und Delikata bestreuen.

Das paßt dazu: Peperonata (Rezept Seite 73) oder Mangold oder Lauchgemüse.

## Enchiladas

Maistortillas wie im vorhergehenden Rezept
Für die Füllung: 500 g grüne Paprikaschoten • 2 kleine scharfe Pfefferschoten • 3 große Zwiebeln (300 g) • 3 Knoblauchzehen • 4 Eßl. Sonnenblumenöl • ½ Teel. gemahlener Koriander • 2 Tomaten • 3 Eßl. gehackte Kräuter (Petersilie, Thymian, Liebstöckel/Maggikraut) • Kräutersalz • Cayennepfeffer
Zum Bestreuen: 100 g grob geriebener Emmentaler Käse
Pro Person etwa 1230 Joule/295 Kalorien

• Zubereitungszeit: 70 Minuten

So wird's gemacht: Zuerst den Teig für die Tortillas anrühren und 2 Stunden quellen lassen. • Die Paprikaschoten und die Pfefferschoten aufschneiden und die Kerne sorgfältig entfernen. Die Paprikaschoten in Streifen schneiden, die Pfefferschoten feinhacken. Die Zwiebeln schälen und würfeln, die Knoblauchzehen schälen und feinhacken. • Das Öl in einem Topf erhitzen, die Zwiebeln und den Knoblauch darin glasig braten. Die Paprikastreifen, die Pfefferschoten und den Koriander kurz mitbraten lassen. • Die Tomaten würfeln, zum Gemüse geben, umrühren und bei milder Hitze etwa 15 Minuten dünsten. • Während das Gemüse gart, die Tortillas backen und warm stellen. • Die Kräuter unter das Gemüse mischen und mit Salz und Pfeffer abschmecken. • Das Gemüse zwischen je 2 Maispfannkuchen füllen und die Enchiladas auf eine vorgewärmte Platte legen. Mit dem Käse bestreuen und sofort servieren.

Das paßt dazu: alle grünen Blattsalate.

**Variante – Käse-Enchiladas**

Eine Scheibe französischen Butterkäse (oder anderen würzigen Käse nach Wahl) zwischen zwei Tortillas legen und nochmals kurz in die Pfanne geben, bis der Käse geschmolzen ist (eine Delikatesse!). Tomaten und viel grüner Salat passen gut dazu. • Oder aus je 1 Teelöffel Teig viele kleine Tortillas backen, mit Käse füllen und heiß zu Bier oder Wein servieren. (Sie können die Tortillas schon einige Zeit vorher bakken, kurz vor dem Eintreffen Ihrer Gäste mit Käse belegen und in der Pfanne bei milder Hitze aufbacken.)

## Maispizza mit Zucchini

Zucchini, die länglichen grünen Speisekürbisse mit dem zarten Nußaroma, gedeihen nicht nur im Mittelmeerraum. Sie wachsen auch bei uns ganz ausgezeichnet, wenn man die Pflanzen im Frühjahr vorkultiviert. Für das folgende Rezept können Sie auch größere Zucchini verwenden. Wichtig ist, daß man sie kräftig würzt, denn sie haben – wie alle Kürbisarten – nur wenig Eigenaroma.

400 g Mais, fein gemahlen · 800 g Gemüsebouillon (oder Wasser) · 2 Gemüsebrühwürfel · Butter für die Form · 4 Eier · 2 gestrichene Teel. Curry · 60 g Butter · je 2 gestrichene Teel. Grillgewürz und Delikata · 1½ Teel. Kräutersalz · 750 g Zucchini · 150 g würziger Käse (Appenzeller oder alter Gouda oder Tilsiter) · 1 Knoblauchzehe · reichlich frische Kräuter (Schnittlauch, Petersilie, Liebstöckel/Maggikraut, Fenchelkraut, Basilikum, Thymian, wenig Rosmarin)
Pro Person etwa 3865 Joule/920 Kalorien

- Zubereitungszeit: 45 Minuten
- Quellzeit: 30 Minuten
- Backzeit: 25 Minuten

So wird's gemacht: Den Mais in der Gemüsebouillon 30 Minuten quellen lassen. • Danach die Brühwürfel dazugeben und alles 5 Minuten unter Umrühren kochen. Noch 10 Minuten auf der ausgeschalteten Platte ziehen lassen. • Eine große Auflaufform mit Butter einfetten. Die Eier und den Curry unter den Maisbrei rühren und den Brei 1 cm dick in die Auflaufform füllen. Mit einem nassen Löffel glattstreichen. Den Backofen auf 200° C vorheizen. • Die Butter zerlassen, die Gewürze und das Salz hineinrühren. Die Zucchini waschen, abtrocknen, in 1 cm dicke Scheiben schneiden, in der Buttermischung wenden und den Mais dicht damit belegen. Auch die Zwischenräume mit Zucchinistücken ausfüllen. Die Pizza auf der untersten Leiste 15 Minuten backen. • Inzwischen den Käse, die geschälte Knoblauchzehe und die Kräuter feinhacken und mischen. Die Mischung über die Zucchini verteilen und weitere 10 Minuten backen, bis der Käse zerlaufen ist.

Das paßt dazu: Tomatensalat.

## Wirsingpastete

Bild Seite 44

700 g Wirsing · ¾ l Wasser · 2 Gemüsebrühwürfel · 300 g Mais, fein geschrotet · 2 Eier · 70 g Butter · 1 Knoblauchzehe · 3 Eßl. feingeschnittenes Lauchgrün · 3 Eßl. feingehackte Kräuter (Petersilie, Kerbel, Liebstöckel/Maggikraut) · 125 g geriebener Käse · 1 gestrichener Teel. Delikata · ½ Teel. schwarzer Pfeffer · Butter für die Form · Kräutersalz · frisch geriebene Muskatnuß
Pro Person etwa 2660 Joule/635 Kalorien

- Zubereitungszeit: 1 Stunde
- Backzeit: 25 Minuten

So wird's gemacht: Den Wirsingkopf rings um den Strunk mit einem spitzen Messer einschneiden. Die Blätter so weit wie möglich ablösen und waschen. • Das Wasser mit ½ Brühwürfel aufkochen und den Rest vom Wirsingkopf darin so lange kochen, bis sich die Blätter ablösen lassen. Die dicken Blattrippen flachschneiden und alle Blätter in der Brühe fast weich kochen. Mit dem Schaumlöffel herausnehmen und abtropfen lassen. • Den geschroteten Mais mit 400 g Wirsingbrühe verrühren und die übrigen Brühwürfel dazugeben. Unter Umrühren zu einem dicken Brei kochen und 10 Minuten auf der ausgeschalteten Platte ziehen lassen. • Die Eier und 30 g

Butter unter den Mais rühren. Den Knoblauch schälen, durchpressen und mit dem Lauch, den Kräutern und dem Käse (3 Eßlöffel zum Bestreuen zurücklassen) zum Maisbrei geben. Mit Delikata und Pfeffer abschmecken. • Den Backofen auf 200° C vorheizen. Die restlichen 40 g Butter zerlassen. Eine tiefe, rechteckige Auflaufform einfetten. • Den Boden der Form mit Wirsingblättern so auslegen, daß sie sich überlappen. Dabei die Blätter leicht salzen, mit Muskatnuß würzen und mit Butter beträufeln. Einen Teil der Maisfüllung darüber verteilen. Die Schichten wiederholen, bis alles aufgebraucht ist. Mit Wirsingblättern abschließen. • Die Form zudecken (eventuell Alufolie verwenden). Die Pastete auf der untersten Leiste 20 Minuten backen. Den Deckel abnehmen, den restlichen Käse darüberstreuen. Noch 5–10 Minuten auf der obersten Leiste in den Backofen schieben, bis der Käse goldgelb ist.

Das paßt dazu: Möhrensalat mit Bleichsellerie oder Chicorée.

## Pikanter Hirseauflauf

Bild Seite 62

350 g Hirse • 600 g Wasser • 2 Gemüsebrühwürfel • 1 gehäufter Teel. Delikata • 50 g Butter • 3 Eßl. feingehackte Kräuter (Petersilie, Schnittlauch, Liebstöckel/Maggikraut, Dill) • 100 g geriebener Allgäuer Emmentaler • 4 Eier
Pro Person etwa 2190 Joule/520 Kalorien

- Zubereitungszeit: 25 Minuten
- Garzeit: 15 Minuten
- Backzeit: 20–25 Minuten

So wird's gemacht: Die Hirse ins Wasser schütten und mit den Brühwürfeln und dem Delikata aufkochen. Bei kleinster Hitzeeinstellung etwa 15 Minuten ziehen lassen, bis alle Flüssigkeit aufgesogen ist. • Die Butter, die Kräuter und die Hälfte des Käses untermischen. • Die Masse in 4 gefettete feuerfeste Förmchen füllen und mit dem restlichen Käse bestreuen. Die Eier verquirlen und über den Auflauf gießen. • Die Förmchen auf der zweiten Leiste von unten in den kalten Backofen schieben. Bei 200° C etwa 20–25 Minuten backen, bis die Masse fest ist.

Das paßt dazu: Zucchini indisch (Rezept Seite 74) oder Peperonata (Rezept Seite 73) oder Pilze.

## Mangoldrollen mit Hirsefüllung

Mangold und Hirse passen für unseren Geschmack besonders gut zusammen. Und die vielen frischen Kräuter sowie der Knoblauch geben diesem Sommeressen das richtige Aroma.

800 g Mangold (verlesen etwa 500–600 g Mangoldblätter) • ½ l Wasser • ¼ Teel. Kräutersalz • 3 Eßl. Olivenöl
Für die Füllung: 250 g Hirse • 2 Gemüsebrühwürfel • ½ l Wasser • 2 Eßl. Olivenöl • 2 Eier • 4 Eßl. Hefeflocken • 2 große Knoblauchzehen • 2 Tassen feingehackte Kräuter (Petersilie, Schnittlauch, Majoran, Liebstöckel/Maggikraut, etwas Kerbel) • 1 Teel. Schabziegerklee • Kräutersalz
Zum Bestreuen: 40 g Reibkäse
Pro Person etwa 2210 Joule/525 Kalorien

- Zubereitungszeit: 1 Stunde
- Garzeit: 25–30 Minuten

So wird's gemacht: Für die Füllung die Hirse und die Brühwürfel ins Wasser geben. Einmal aufkochen und auf der ausgeschalteten Platte 15 Minuten quellen lassen. • Inzwischen den Mangold waschen, die Stiele abschneiden. Das Wasser mit dem Salz aufkochen und die Mangoldblätter in kleinen Portionen jeweils 1 Minute darin blanchieren. Mit dem Schaumlöffel herausnehmen und abtropfen lassen. • 2 Eßlöffel Öl, die verquirlten Eier und die Hefeflocken mit der Hirse vermengen. Den Knoblauch schälen und durchpressen und mit den Kräutern daruntermischen. Mit Schabziegerklee und Kräutersalz abschmekken. • 2–3 Mangoldblätter aufeinanderlegen, knapp 1 Eßlöffel Füllung daraufgeben, zusammenrollen und die Rollen dicht nebeneinander in eine große Bratpfanne legen. Knapp fingerhoch Blanchierbrühe hineinfüllen. Die Mangoldrollen leicht salzen und 3 Eßlöffel Öl darüberträufeln. In der geschlossenen Pfanne 25–30 Minuten dünsten. • Dann mit dem Käse bestreuen und noch 5–10 Minuten zugedeckt stehen lassen, bis er geschmolzen ist.

Das paßt dazu: Endiviensalat mit Tomaten.

## Gratinierte Lauchrollen

Für den Teig: 230 g Weizen, fein gemahlen • 3 Eßl. Hefeflocken • ½ Teel. Delikata • ½ Teel. Kräutersalz • 3 Eier • 175 g Milch oder Joghurt • ⅛ l kaltes kohlensäurereiches Mineralwasser • Reformmargarine oder Butter zum Ausbacken und für die Form
Für die Füllung: 8 mittelstarke Stangen Lauch/Porree • knapp ¼ l Wasser • ½ Gemüsebrühwürfel • 1 Tasse gehackte Kräuter (Petersilie, Majoran, Liebstöckel/Maggikraut) • 40 g Butter • 2 Eßl. Crème fraîche • ½ Teel. Kräutersalz • 1½ Teel. Pastetengewürz
Für die Sauce: 1 Knoblauchzehe • 1 Döschen Tomatenmark (70 g) • ½ Tasse Lauchbrühe • 3 Eßl. Crème fraîche • 1 Eßl. trockener Weißwein • ½ Teel. Edelsüßpaprikapulver • ¼ Teel. Picata • ½ Teel. Kräutersalz
Zum Bestreuen: 4 Eßl. frisch geriebener Emmentaler oder Appenzeller Käse • 1 Eßl. feingehackte Petersilie
Pro Person etwa 2175 Joule/520 Kalorien

- Zubereitungszeit: 1 Stunde und 30 Minuten
- Backzeit: 10 Minuten

So wird's gemacht: Alle Zutaten für den Teig verrühren und quellen lassen, bis der Lauch im Kochtopf ist. • Die Lauchstangen dem Kochtopf entsprechend abschneiden (18–20 cm) und gründlich waschen. Vom Lauchgrün 200 g in schmale Streifen schneiden. Das Wasser mit dem Brühwürfel aufkochen, die Lauchstreifen hineingeben, die Stangen darauflegen. 15–20 Minuten bei geringer Hitze garen, bis der Lauch weich ist. • Inzwischen aus dem Teig 8 dünne, goldgelbe Pfannkuchen backen. • Die Lauchstangen aus dem Kochtopf nehmen, die Brühe abgießen und aufbewahren. Die Kräuter, die Butter und die Crème fraîche unter die Lauchstreifen mischen. Mit dem Salz und dem Pastetengewürz kräftig abschmecken. • Die Pfannkuchen mit dieser Farce bestreichen. Die Lauchstangen darauflegen und einrollen. Die Lauchrollen dicht nebeneinander in eine gefettete Auflaufform legen. Den Backofen auf 200° C vorheizen. • Für die Sauce den Knoblauch schälen und fein zerdrücken. Mit allen übrigen Saucenzutaten verrühren, über die Lauchrollen gießen und mit dem Käse bestreuen. • Auf der zweitobersten Leiste etwa 10 Minuten gratinieren, bis der Käse geschmolzen ist. (Oder die Form 6–8 Minuten in den Grill stellen.) Mit Petersilie bestreut servieren.

Das paßt dazu: alle grünen Salate.

**Variante – Pikante Spinatrollen**
Blattspinat kurz dünsten, pikant abschmecken und eine Handvoll grob gehackte Nüsse daruntermischen. Die Pfannkuchen damit füllen und wie oben überbacken.

*Mein Tip: Wenn keine Crème fraîche im Hause ist, verrühre ich ein paar Löffel Sahne mit etwas Quark zu einer glatten, nicht zu dünnen Sauce. Das schmeckt genausogut und ist viel billiger!*

## Kohlrouladen

Ob 8 Kohlrouladen – auch als Krautwickel bekannt – für 4 Personen reichen, müssen Sie selbst ausprobieren. Meinem Mann schmecken sie so gut, daß er jedesmal die Hälfte davon alleine ißt.

Zutaten für 8 Kohlrouladen:
1 Kopf Weißkraut (etwa 1200 g) · Kräutersalz · 2 Eßl. Sonnenblumenöl · 2 Tomaten (oder tiefgefrorenes Tomatenpüree oder 2 Teel. Tomatenmark und 100 g Kohlbrühe) · ½ Teel. gekörnte Gemüsebrühe · 1 Eßl. feingehackte Petersilie
Für die Füllung: 100 g Sojavita · 80 g Grünkern, mittelfein geschrotet · ¼ l Kohlbrühe · 1 mittelgroße Zwiebel (70 g) · 1 Gemüsebrühwürfel · 30 g Butter · 2 Eßl. gehackte Petersilie · 1 Teel. getrockneter Majoran · ½ Teel. frisch geriebene Muskatnuß · frisch gemahlener Pfeffer
Pro Kohlroulade etwa 765 Joule/180 Kalorien

- Zubereitungszeit: 50 Minuten
- Garzeit: 30 Minuten

So wird's gemacht: Den Kohlkopf putzen und in reichlich kochendem Wasser in 15 Minuten halbweich kochen. Abtropfen lassen, ringsum den Strunk mit einem spitzen Messer einschneiden und die Blätter ablösen. Die dicken Blattrippen flachschneiden. • Das Sojavita mit ⅔ vom Grünkernschrot mischen. ¼ l heiße Kohlbrühe damit verrühren und 15 Minuten quellen lassen. • Die Zwiebel schälen, feinhacken und mit dem Brühwürfel zur Grünkernmasse geben. Unter ständigem Rühren zu einem dicken Brei kochen. Den Topf vom Herd nehmen, das restliche Grünkernschrot, die Butter und die Petersilie untermengen. Mit dem Majoran, der Muskatnuß und Pfeffer herzhaft abschmecken. • Die Kohlblätter leicht salzen, ein kleines Blatt auf ein großes legen und die Grünkernfüllung darauf verteilen. Die Blätter auf beiden Seiten etwas einschlagen, zusammenrollen und mit festem Baumwollgarn zusammenbinden. • Das Öl mit 1 Eßlöffel Kohlbrühe in 1 oder 2 Pfannen erhitzen, die Kohlrouladen darin ringsum anbraten. (Die Pfanne dabei zudecken.) Die Tomaten würfeln, unter die Rouladen schieben und die gekörnte Brühe hineinrühren. Die Rouladen zugedeckt etwa 30 Minuten schmoren lassen, zwischendurch einmal wenden. • Vor dem Servieren die Fäden entfernen und die Rouladen mit der Petersilie bestreuen.

Für die schlanke Linie: Die Kohlrouladen schmecken auch gut, wenn Sie die Butter in der Füllung weglassen (= 40 Joule weniger pro Stück).

Das paßt dazu: Feldsalat oder Endiviensalat oder Möhren-Apfel-Rohkost (Rezept Seite 29).

*Mein Tip: Aus der pikanten Grünkernmasse können Sie auch kleine, flache Frikadellen formen und in der Pfanne goldbraun braten – sehr gut zu Gemüse!*

## Zucchini, pikant gefüllt

Für die Füllung: 300 g Grünkern, grob geschrotet · ¼ l Wasser · 1½ Gemüsebrühwürfel · 2 Zwiebeln (150 g) · 1 Knoblauchzehe · 60 g Butter · 1 Eßl. Wasser · 100 g Räucherkäse · 2 Eier · 1 Teel. Vitam-Steinpilzbrühe · 4 Eßl. gehackte Kräuter (Petersilie, Majoran, Thymian, Liebstöckel/Maggikraut, wenig Rosmarin) · 1 gestrichener Teel. Rosenpaprikapulver
1500 g Zucchini · Kräutersalz · Grillgewürz · 100 g grüne Paprikaschoten · 300 g Tomaten · 1 Messerspitze Picata · Butter für die Form · gehackte Petersilie
Pro Person etwa 3710 Joule/885 Kalorien

- Zubereitungszeit: 1 Stunde
- Garzeit: 40 Minuten

So wird's gemacht: Das Grünkernschrot im Wasser 30 Minuten quellen lassen. Dann die Brühwürfel dazugeben, unter Umrühren aufkochen und 10 Minuten auf der ausgeschalteten Platte ziehen lassen. • Inzwischen die Zwiebeln schälen und fein würfeln, den Knoblauch schälen und feinhacken. Beides in 20 g Butter und 1 Eßlöffel Wasser glasig braten. Den Käse fein zerkleinern. • Unter die Grünkernmasse die Eier, die Zwiebeln, den Käse, die Steinpilzbrühe, die Kräuter und das Paprikapulver rühren. • Die Zucchini längs halbieren und etwas aushöhlen. Die Zucchinihälften mit dem Kräutersalz und dem Grillgewürz bestreuen und mit 20 g Butter in Flöckchen belegen. Die Grünkernmasse hoch hineinfüllen. • Die Paprikaschoten aufschneiden, von den Kernen befreien, waschen und in kleine Würfel schneiden. Das ausgehöhlte Zucchinifleisch und die Tomaten ebenfalls würfeln. Alles mischen und mit 1 Teelöffel Kräutersalz und Picata kräftig abschmecken. Diese Masse in eine große gefettete Auflaufform füllen und die Zucchini hineinsetzen. • Zugedeckt (mit Alufolie) auf der untersten Leiste in den kalten Backofen schieben und bei 220° C etwa 30 Minuten und weitere 10 Minuten in der offenen Form backen. Zwischendurch mit einem spitzen Messer probieren, ob die Zucchini weich sind. • Zuletzt die restliche Butter in der Sauce schmelzen lassen. Mit Petersilie bestreut servieren.

Das paßt dazu: Kopfsalat oder Eissalat.

*Mein Tip: Sie können die Zucchini auch auf der Kochplatte zubereiten. Die Tomatenmischung in 1–2 tiefen Pfannen verteilen und die Zucchini hineinsetzen. Zugedeckt etwa 15 Minuten schmoren, bis die Zucchini fast weich sind. Dann in der offenen Pfanne etwa 10 Minuten garen, bis der Saft eingedampft ist. • Auch kalt schmekken die Zucchini sehr gut – fein fürs Picknick!*

## Selleriekroketten

150 g trockener Magerquark • 3 Eier • 1/8 l kohlensäurereiches Mineralwasser • 1 1/2 Eßl. Sojamehl (fettarm) • 2 gestrichene Teel. Selleriesalz • 3 gestrichene Teel. Curry • reichlich frisch geriebene Muskatnuß • abgeriebene Schale von 1/2 Zitrone (unbehandelt) • 1 1/2 Eßl. Zitronensaft • 75 g Reibkäse • 150 g Weizen, fein geschrotet • 375 g Knollensellerie • 2 Äpfel (150 g) • 2 Bündel Schnittlauch • 1 Sträußchen Petersilie • 4 Eßl. geriebene Haselnüsse • Reformmargarine zum Braten
Pro Person etwa 1825 Joule/435 Kalorien

• Zubereitungszeit: 1 Stunde

So wird's gemacht: Den Quark mit den Eiern verrühren. Dann die übrigen Zutaten von Mineralwasser bis Weizenschrot nach und nach beifügen. Den Teig 20–30 Minuten quellen lassen. • Den Sellerie und die Äpfel waschen und schälen (das Kernhaus ausschneiden), beides reiben. Die Kräuter waschen, feinschneiden und dazugeben. • Aus der Masse flache Küchlein formen, in den Nüssen wenden und die Panade etwas andrücken. • Etwas Margarine in einer beschichteten Pfanne zerlassen, die Kroketten hineinlegen, zudecken, bei milder Hitze goldbraun braten. Dann die Selleriekroketten wenden und ohne Deckel fertigbraten.

Das paßt dazu: grüner Salat und Tomatensauce.

## Dinkelsbühler Grünkernküchlein

Grünkern ist das unreif geerntete, leicht geröstete Korn des Dinkels oder Spelzweizens, der in unserer Gegend früher weit verbreitet war. Das Wappen der Stadt Dinkelsbühl in Mittelfranken zeigt heute noch drei aufrecht stehende Dinkelähren. Leider ist der Grünkern heute fast in Vergessenheit geraten – dabei schmecken mit

Pariser Kartoffelgratin, Rezept Seite 50 ▷
Zum Bild auf Seite 62: Pikanter Hirseauflauf, Rezept Seite 56

Grünkern zubereitete Gerichte besonders würzig – schon aus diesem Grund sollten wir ihn wieder häufiger in der Küche verwenden.

Zutaten für etwa 20 Stück (1 Backblech):
350 g Grünkern, mittelfein geschrotet • 400 g kaltes kohlensäurereiches Mineralwasser • 2 Eier • 3 Eßl. Sonnenblumenöl • ½ Teel. Kräutersalz • 1 gestrichener Teel. Grillgewürz • 1 gestrichener Teel. Delikata • Butter und Mehl für das Blech • 100 g Räucherkäse (oder eine andere kräftige Sorte)
Pro Stück etwa 440 Joule/105 Kalorien

- Zubereitungszeit: 20 Minuten
- Quellzeit: 2 Stunden
- Backzeit: 15–20 Minuten

So wird's gemacht: Alle Zutaten von Grünkernschrot bis Delikata miteinander verrühren. Den Teig zugedeckt 2 Stunden quellen lassen. • Inzwischen das Blech sorgfältig einfetten und mit Mehl bestreuen. Den Käse in 1 cm dicke Würfel schneiden. • Aus dem Teig flache Küchlein aufs Blech setzen. Die Käsewürfel darauf verteilen und etwas hineindrücken. • Das Blech auf der mittleren Leiste in den kalten Backofen schieben und die Küchlein bei 200° C etwa 15–20 Minuten backen.

Das paßt dazu: grüner Salat und Ratatouille (Rezept Seite 74) oder Budapester Krautgulasch (Rezept Seite 81).

**Variante**
Man kann den Teig auch wie Pfannkuchen in der Pfanne backen. Doch die erste Methode ist sicher gesünder, spart Fett und macht weniger Arbeit.

*Mein Tip: Grünkern enthält sehr viel Eiweiß und Mineralstoffe und er hat ein besonders kräftiges würziges Aroma. Man kann ihn auch zu Suppen und Klößchen sehr gut verwenden.*

## Mangoldpfannkuchen auf italienische Art

Für den Pfannkuchenteig: 350 g Weizen, fein gemahlen (¼ l Milch) • 4 Eigelb • 350 g kohlensäurereiches Mineralwasser • 70 g Reibkäse • ¼ Teel. Delikata • 4 Eiweiß • 40 g Reformmargarine zum Ausbacken
Für die Füllung: 500 g Mangold • 100 g Zwiebeln • 3 Eßl. Sonnenblumenöl • 2–3 Eßl. Wasser • 1 Eßl. Butter • 1 gestrichener Teel. gekörnte Gemüsebrühe • 2 Eßl. gehackte Petersilie • 1 Knoblauchzehe • ½ Teel. Delikata • frisch geriebene Muskatnuß
Für die Sauce: 100 g saure Sahne • 2 Döschen Tomatenmark zu je 70 g • knapp 1 Teel. Grillgewürz • 1 Eßl. feingehackte Basilikumblätter
Zum Bestreuen: 3 Eßl. Reibkäse
Pro Person etwa 2740 Joule / 655 Kalorien

- Zubereitungszeit: 1 Stunde und 15 Minuten

So wird's gemacht: Das Vollkornmehl mit der Milch, den Eigelben, dem Mineralwasser, dem Käse und dem Delikata zu einem Teig verrühren. Mindestens 30 Minuten quellen lassen. • Den Mangold waschen und mit den Stielen in Streifen schneiden. Die Zwiebeln schälen, würfeln, im Öl und 1 Eßlöffel Wasser glasig braten. Den Mangold und das restliche Wasser dazugeben. Zugedeckt bei milder Hitze 20 Minuten garen. • Vom Herd nehmen. Die Butter und die gekörnte Brühe unterrühren. Die Petersilie und die geschälte, durchgepreßte Knoblauchzehe dazugeben und mit den Gewürzen abschmecken. • Alle Zutaten für die Sauce verrühren. • Die Eiweiße steif schlagen und unter den Pfannkuchenteig heben. In etwas Margarine 12 Pfannkuchen backen. • Jeweils zwei Pfannkuchen mit dem Mangoldgemüse füllen. Einen dritten Pfannkuchen darauflegen und mit der Sauce bestreichen. Mit etwas Käse bestreuen. Unter dem Grill oder im vorgeheizten Backofen bei 200° C noch etwa 8–10 Minuten überbacken.

Das paßt dazu: grüner Salat.

Wer gesundheitsbewußt leben will, kauft Naturreis, der noch das wertvolle Silberhäutchen und den Keim enthält. Die Kochzeit ist zwar länger (etwa 40–45 Minuten), aber dafür bleiben alle wertvollen Stoffe voll erhalten, und der naturbelassene Reis schmeckt viel herzhafter als der polierte weiße Reis. Am besten wird dieser Naturreis aufgeschlossen, wenn man ihn – wie alle ganzen Getreidekörner – 6–10 Stunden in Wasser einweicht und anschließend (etwa 20 Minuten lang) darin kocht. Naturreis gibt es in 3 Sorten zu kaufen: Naturreis Langkorn und Demeter-Naturreis für pikante Gerichte, Naturreis Rundkorn für süße Reisspeisen.

Meine Nudeln mache ich am liebsten selbst. Mit frisch gemahlenem Vollkornmehl schmekken sie besonders kräftig, und mit einer modernen Küchenmaschine ist der Nudelteig wirklich im Nu geknetet. Wer es aber eilig hat, der kann Vollkornnudeln in sehr guter Qualität auch im Reformhaus kaufen.

Unter den pflanzlichen Lebensmitteln haben die getrockneten Hülsenfrüchte den höchsten Eiweißgehalt. Sie enthalten außerdem reichlich Kohlenhydrate, Mineral- und Ballaststoffe. Hülsenfrüchte werden schneller gar, wenn man sie über Nacht in Wasser einweicht und erst nach dem Kochen mit Salz oder Gemüsebrühwürfeln würzt.

## Reis nach Mailänder Art

Zaubern Sie ein bißchen Ferienstimmung in den Alltag und servieren Sie den Reis auf italienische Art, mit Wein gekocht und mit Parmesankäse gewürzt – eine Delikatesse, die kaum Arbeit macht!

1 Zwiebel (80 g) · 50 g Butter · 1 Eßl. Wasser · 450 g Wasser · 200 g trockener Weißwein · 2 Gemüsebrühwürfel · 400 g Demeter-Naturreis · 100 g frisch geriebener Parmesankäse · 1/4 Teel. Delikata
Pro Person etwa 2585 Joule/615 Kalorien

- Zubereitungszeit: 15 Minuten
- Garzeit: 40 Minuten

So wird's gemacht: Die Zwiebeln schälen und fein würfeln, in 20 g Butter und 1 Eßlöffel Wasser glasig braten. 450 g Wasser, den Wein und die Brühwürfel dazugeben und aufkochen. • Den Reis in einem Sieb unter fließendem Wasser abspülen, in die Brühe schütten und etwa 35–40 Minuten leise kochen lassen. • Die restliche Butter, den Käse und Delikata daruntermischen. Heiß servieren.

Das paßt dazu: Allgäuer Spargelomelette (Rezept Seite 70) oder Champignon-Zwiebel-Kasserolle (Rezept Seite 82) oder Fencheltopf mit Möhren (Rezept Seite 76).

## Arabischer Mandelreis

Das Rezept für dieses aparte Gericht stammt von unseren arabischen Freunden aus Djidda am Roten Meer.

2 Eßl. dunkle kalifornische Rosinen (ungeschwefelt) · 2 Eßl. trockener Weißwein · 50 g Zwiebeln · 1 1/2 Eßl. Butter · je 1/4 Teel. Zimt, gemahlene Nelken, Kardamom und Kurkuma · 1/2 Teel. frisch gemahlener schwarzer Pfeffer · 1/2 l Wasser · 1 Gemüsebrühwürfel · 300 g Demeter-Naturreis · 125 g Mandelstifte · abgeriebene Schale von 1/2 Zitrone (unbehandelt) · Meersalz
Pro Person etwa 2190 Joule/520 Kalorien

- Zubereitungszeit: 20 Minuten
- Garzeit: 40–45 Minuten

So wird's gemacht: Die Rosinen mit dem Wein übergießen und zugedeckt ziehen lassen. • Die Zwiebeln schälen, hacken und in 1/2 Eßlöffel Butter glasig braten. Die Gewürze zum Schluß 1 Minute mitrösten. • Das Wasser und den Brühwürfel dazugeben und aufkochen. Den Reis unter fließendem Wasser abspülen, in die Brühe schütten und etwa 40 Minuten bei geringer Hitze kochen lassen. • Die Mandelstifte in der restlichen Butter unter Umrühren goldgelb rösten. Die Mandeln, die Rosinen und die Zitronenschale unter den Reis mischen. Das arabische Reisgericht eventuell noch mit etwas Meersalz, Pfeffer und Kardamom nachwürzen.

Das paßt dazu: Fencheltopf mit Möhren (Rezept Seite 76) und Griechische Zitronensauce (Rezept Seite 83).

*Mein Tip: Die exotischen Gewürze für dieses Gericht sind in Gewürzspezialgeschäften und im Reformhaus erhältlich.*

## Pikante Reiskroketten

1 mittelgroße Zwiebel • ½ Eßl. Butter • 1 Eßl. Wasser • 300 g Demeter-Naturreis • ½ l Wasser • 1½ Gemüsebrühwürfel • 1 Lorbeerblatt • 2 Eier • 100 g Knollensellerie • 100 g Walnußkerne oder Haselnüsse • 1 Knoblauchzehe • 1 Eßl. feingehackter frischer Majoran (oder 1 Teel. getrockneter) • 4 Eßl. feingehackte Kräuter (Petersilie, Schnittlauch, Sellerieblatt, Kerbel) • 1 gestrichener Teel. Delikata • ½ Teel. Curry • 1 Prise Cayennepfeffer • Kräutersalz • Butter zum Ausbacken
Pro Person etwa 2205 Joule/525 Kalorien

- Zubereitungszeit: 30 Minuten
- Garzeit: 45 Minuten

So wird's gemacht: Die Zwiebel schälen, feinhacken und in ½ Eßlöffel Butter und 1 Eßlöffel Wasser glasig braten. • Den Reis in einem Sieb unter fließendem Wasser abspülen. Mit ½ l Wasser, den Brühwürfeln und dem Lorbeerblatt zu den Zwiebeln geben. 10 Minuten kochen lassen, dann das Lorbeerblatt herausnehmen. • Noch etwa 35 Minuten bei geringer Hitze garen, bis der Reis die ganze Flüssigkeit aufgenommen hat.• Die Eier verquirlen und unter den Reis mischen. Den Sellerie waschen, in Stücke schneiden, dünn schälen und fein reiben, ebenso die Nüsse. Alles mit dem Reis vermengen. Die Knoblauchzehe schälen, durchpressen. Den Reis mit dem Knoblauch, den Kräutern, den Gewürzen und eventuell noch mit Kräutersalz pikant abschmecken. • In einer Pfanne etwas Butter erhitzen, jeweils 1 Eßlöffel Reismasse hineingeben und flache Küchlein daraus formen. Die Kroketten auf beiden Seiten langsam goldgelb backen.

Das paßt dazu: eine große Rohkostplatte oder viel grüner Salat und Champignons oder gedünstetes Gemüse.

**Variante – Reisbraten Cordon bleu**
Bild Seite 79
Zwischen zwei fertige Kroketten 1 Scheibe Butterkäse oder Räucherkäse legen. Die Kroketten noch einige Minuten in der zugedeckten Pfanne ziehen lassen, bis der Käse zu schmelzen beginnt. (Eventuell den Reis sparsamer salzen, weil der Käse meistens ziemlich salzig ist.) • Tomatensauce und Feldsalat oder roher Rosenkohlsalat schmecken gut dazu.

## Gemüserisotto

Naturreis wird – wie schon gesagt – schneller weich, wenn man ihn über Nacht quellen läßt. Am nächsten Tag braucht er nur noch etwa 20 Minuten gekocht zu werden und in dieser Zeit ist auch das Gemüse gar.

300 g Demeter-Naturreis • ½ l Wasser • 150 g Wirsing • 200 g Möhren • 2 Gemüsebrühwürfel • ¾ Teel. getrockneter Majoran • 50 g Knollensellerie • 3 Eßl. feingehackte Kräuter (Petersilie, Sellerieblatt oder Liebstöckel/Maggikraut, Kerbel) • 30 g Butter • ½ Teel. Delikata • Kräutersalz
Zum Bestreuen: 150 g geriebener mittelalter Gouda- oder Emmentaler Käse
Pro Person etwa 2110 Joule/500 Kalorien

- Quellzeit: 10–12 Stunden
- Zubereitungszeit: 25 Minuten
- Garzeit: 20–25 Minuten

So wird's gemacht: Den Reis in einem Sieb abspülen und über Nacht in dem Wasser quellen lassen. • Am nächsten Tag den Wirsing in Streifen schneiden und die Möhren grob raspeln. • Den Reis 5 Minuten kochen. Dann das Gemüse daruntermischen und im gut verschlossenen Topf 15 Minuten garen, zwischendurch einmal umrühren. • Die Brühwürfel und den Majoran dazugeben, noch 5 Minuten ziehen lassen. • Den Sellerie dünn schälen und fein reiben. Mit den Kräutern und der Butter unter den Risotto mischen. Das Reisgericht mit Delikata und Kräutersalz abschmecken und den Käse dazu servieren.

Das paßt dazu: Endivien- oder Endivien-Tomaten-Salat (Rezept Seite 27) oder Feldsalat.

## Gefüllte Weinblätter auf griechische Art

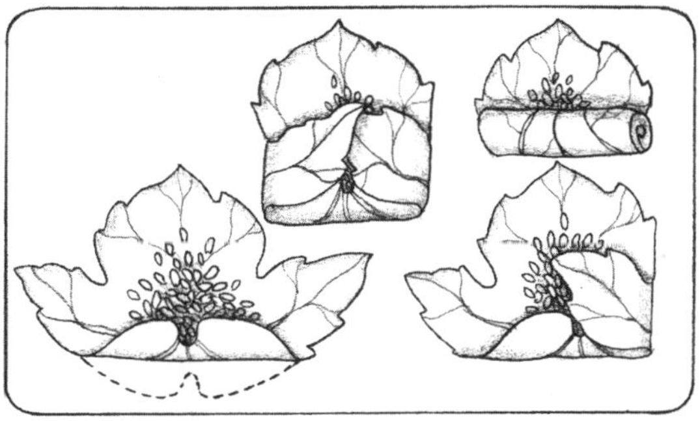

Große Weinblätter können Sie auch wie gezeigt einzeln füllen; die glatte Seite kommt immer nach unten.

Es müssen nicht immer Rebhühner sein, die man mit Weinblättern umhüllt. Auch mit Reis gefüllt und mit einer Zitronensauce serviert, sind die Weinblätter ein köstliches Essen. Natürlich dürfen sie nicht mit chemischen Pflanzenschutzmitteln in Berührung gekommen sein. Es lohnt sich also, einen Weinstock an einer warmen Hauswand selbst zu ziehen, auch wenn die Trauben nicht ganz so groß und süß werden wie in Griechenland oder Italien. Doch Sie können die Weinblätter auch in Dosen kaufen. Oder probieren Sie das Rezept zur Abwechslung mit Mangold- oder Wirsingblättern.

Zutaten für etwa 20 Röllchen:
Für die Füllung: ½ l Wasser • 1 Gemüsebrühwürfel • 1 kleine Zwiebel (50 g) • 2 Eßl. Sonnenblumenöl • 300 g Demeter-Naturreis • 1 gestrichener Teel. Curry • 50 g Pinienkerne (oder Haselnüsse) • 20 g Butter • 2 Eßl. gehackte Kräuter (Petersilie, Thymian, Oregano, Ysop, Basilikum, Bohnenkraut, wenig Weinraute, Salbei, Pfefferminze) • 2 Eßl. Chutneysauce (Fertigprodukt) • abgeriebene Schale von 1 Zitrone (unbehandelt)
½ l Wasser • ½ Gemüsebrühwürfel • 60 frische Weinblätter ohne Stiel • Kräutersalz • Saft von ½ Zitrone • etwa ½ Tasse Kochbrühe von den Weinblättern • 30 g Butter in Flöckchen
Pro Röllchen etwa 265 Joule/65 Kalorien

- Zubereitungszeit: 1 Stunde
- Garzeit für den Reis: 40 Minuten
- Garzeit für die Weinblätter: 40 Minuten

So wird's gemacht: Für die Füllung das Wasser mit dem Brühwürfel erhitzen. Die Zwiebel schälen, fein würfeln und in dem Öl goldgelb schmoren. Den Reis dazugeben und glasig rösten. Zum Schluß den Curry kurz mitrösten. Die heiße Brühe hinzufügen und umrühren. Bei schwacher Hitze etwa 40 Minuten garen, bis der Reis gerade eben weich ist. • Die Pinienkerne oder die Nüsse grob hacken und in der Butter etwas rösten. Die Nüsse, die Kräuter, die Chutneysauce und die Zitronenschale unter den Reis mischen. • ½ l Wasser mit ½ Brühwürfel aufkochen. Die Weinblätter in kleinen Portionen jeweils 2 Minuten darin blanchieren. Mit dem Schaumlöffel herausnehmen und abtropfen lassen. • Immer 2 Blätter mit der glänzenden Seite nach unten aufeinanderlegen. Knapp 1 Eßlöffel Reis daraufgeben, mit einem dritten Blatt zudecken und zusammenrollen. • Die Weinblattrouladen dicht nebeneinander in einen breiten Topf legen, mit etwas Kräutersalz bestreuen. Den Zitronensaft und so viel Brühe zugießen, daß die Weinblattröllchen knapp bedeckt sind. Die Butterflöckchen darüber verteilen. Zudecken und bei geringer Hitze etwa 40 Minuten garen.

Das paßt dazu: Griechische Zitronensauce (Rezept Seite 83). Auch kalt schmecken die gefüllten Weinblätter ausgezeichnet. In Griechenland serviert man Joghurt dazu.

## Chinesische Nudelkasserolle

Hier müssen Sie etwas vorausplanen, denn Sie brauchen dazu gekeimte Mungobohnen und Lunjasprossen (siehe Seite 19) oder wenigstens eine von beiden Sorten. Selbstgemachte Nudeln machen übrigens weniger Arbeit, als man sich vorstellt. Sie können schon am Vortag so weit vorbereitet werden, daß man sie am nächsten Tag nur noch kochen muß. Wenn es eilt, nehmen Sie einfach Vollkornnudeln aus dem Reformhaus.

Nudelteig wie im folgenden Rezept oder 300 g Vollkornnudeln
150 g Lauch/Porree · 150 g Wirsing · 150 g Möhren · 3 Eßl. Sonnenblumenöl · 100 g Wasser · 1 Knoblauchzehe · 1 Gemüsebrühwürfel · 1½ Teel. Vitam-Steinpilzbrühe · 60 g Butter · 3 Eßl. Sahne · je 1½ Tassen gekeimte Mungobohnen und Lunjasprossen · 1 gestrichener Teel. Chinagewürz · ½ Teel. Delikata · Kräutersalz
Pro Person etwa 4660 Joule/1110 Kalorien

- Zubereitungszeit: 30 Minuten (Nudeln)
  30 Minuten (Gemüse)
- Garzeit: 10–20 Minuten (Nudeln)
  10–15 Minuten (Gemüse)

So wird's gemacht: Den vorbereiteten Nudelteig 30 Minuten unter einem angewärmten Topf ruhen lassen. • Danach den Teig in 2 Hälften teilen und jede möglichst dünn ausrollen. Die Teigplatten auf einem Tuch 1–3 Stunden (je nach Temperatur) so weit trocknen lassen, daß sie beim Schneiden nicht mehr zusammenkleben; zwischendurch einmal wenden. • Die Teigplatten aufeinanderlegen und in 5 cm breite Streifen schneiden. Die Streifen zu einem Paket zusammenlegen und daraus 1 cm breite Nudeln schneiden. • Das Gemüse waschen und putzen. Den Lauch und den Wirsing in feine Streifen schneiden, die Möhren grob raspeln. • Das Öl mit dem Wasser in einer Kasserolle erhitzen und das Gemüse darin 10–15 Minuten knapp weich dünsten. • Während das Gemüse kocht, die Nudeln in 1¼ l kochendem Wasser garziehen lassen (Garzeit bei frischen Nudeln etwa 10 Minuten, bei getrockneten 20-25 Minuten). • Danach die Kochbrühe abgießen und für eine Suppe verwenden. Die Nudeln nicht mit kaltem Wasser abschrecken! • Den Gemüsetopf vom Herd nehmen. Die Knoblauchzehe schälen. Den zerkleinerten Brühwürfel, den durchgepreßten Knoblauch, die Steinpilzbrühe, die Butter und die Sahne unterrühren. Die Keimsprossen mit dem Gemüse mischen. Mit dem Chinagewürz und dem Delikata kräftig abschmecken. • Das Gemüse vorsichtig unter die heißen Nudeln heben und, falls notwendig, noch etwas nachwürzen.

Das paßt dazu: alle grünen Blattsalate oder Chicorée.

*Mein Tip: Das Gemüse ist auch eine feine Beilage zu Reis oder einem einfachen Kartoffelgericht oder als Füllung für pikante Pfannkuchen. Je nach Gemüseangebot kann man den Wirsing durch Rosenkohl ersetzen oder statt Keimsprossen frische junge Erbsen nehmen.*

## Gemüse-Lasagne

Es ist gar nicht schwierig, aus dem frisch gemahlenen Vollkornmehl einen geschmeidigen Nudelteig zu kneten, wenn man einen kleinen Teil der Kleie absiebt. Den Lasagneteig können Sie auch für Band- und Suppennudeln, Ravioli, Cannelloni und andere Nudelspezialitäten verwenden.

Für den Teig: 280 g Weizen, fein gemahlen · 2 große Eier · 2 Eßl. Sonnenblumenöl · 1 Eßl. handwarmes Wasser (bei kleinen Eiern 2 Eßl. Wasser) · 1 Teel. Kräutersalz · 1 Messerspitze Delikata
Für die Füllung: 100 g Lauch/Porree · 150 g Möhren · 100 g Knollensellerie · 100 g Rosenkohl · 150 g frische Champignons · 1 mittelgroße Zwiebel · 1 Knoblauchzehe · 50 g Butter · 1½ Gemüsebrühwürfel · 1 Teel. Vitam-Steinpilzbrühe · 2 Eßl. feingehackte Petersilie und Selleriekraut · frisch geriebene Muskatnuß · 180 g mittelalter Goudakäse
Für den Guß: 1 Ei · 5 Eßl. saure Sahne · Kräutersalz · Muskatnuß
Pro Person etwa 5595 Joule/1390 Kalorien

- Zubereitungszeit: 1 Stunde und 20 Minuten
- Backzeit: 25 Minuten

So wird's gemacht: Vom frisch gemahlenen Vollkornmehl 30 g Kleie absieben. Das Mehl in eine Schüssel füllen, in die Mitte eine Vertiefung drücken und die übrigen Zutaten hineingeben. Alles gründlich zu einem glatten, elastischen Teig verkneten. • Eine Kugel daraus rollen und dünn mit Öl bestreichen, damit die Oberfläche nicht austrocknet. Den Teig unter einem angewärmten Topf 30 Minuten ruhen lassen. • Inzwischen das Gemüse und die Champignons putzen und waschen. Den Lauch (auch die grünen Teile) in feine Streifen schneiden, die Möhren und den Sellerie raspeln. Den Rosenkohl und die Champignons in Scheiben schneiden. • Die Zwiebel schälen und hacken, mit der geschälten, durchgepreßten Knoblauchzehe in 1 Eßlöffel Butter glasig braten. Die restliche Butter, 2–3 Eßlöffel Wasser, das Gemüse und zuletzt die Champignons dazugeben. Im geschlossenen Topf 5–8 Minuten dünsten. • Die Brühwürfel, die Steinpilzbrühe und die Kräuter unterrühren, mit geriebener Muskatnuß abschmecken. Den Käse raspeln. • Den Teig dünn ausrollen. In 8 × 8 cm große Quadrate schneiden und in 3–4 Portionen in kochendem Salzwasser 4 Minuten garen. Mit dem Schaumlöffel herausheben. • Den Backofen auf 200° C vorheizen. • Den Boden einer tiefen feuerfesten Form mit einer Schicht Teigblätter auslegen. Die Lasagne mit Käse bestreuen und einen Teil vom Gemüse darüberfüllen. Die Schichten wiederholen, bis alles verbraucht ist. Mit Teigblättern abschließen und den restlichen Käse darüberstreuen. • Das Ei mit der Sahne verrühren, mit Salz und Muskatnuß abschmecken und über die Lasagne gießen. (Alle Nudelblätter müssen mit der Eisahne befeuchtet sein, sonst trocknen sie aus.) • Den Nudelauflauf auf der untersten Leiste 20–25 Minuten backen, bis der Käse goldgelb ist.

Das paßt dazu: eine große Schüssel grüner Salat.

**Varianten**
Statt Rosenkohl kann man auch Broccoli oder Wirsing oder junge Mangoldblätter verwenden.

## Serbische Lauch-Pita

Der Teig für diese serbische Spezialität ist unserem Strudelteig sehr ähnlich. In Serbien kann man, ebenso wie in Griechenland, die Teigblätter auch fertig kaufen. Wenn man den Teig aus frisch gemahlenem Vollkornmehl zubereitet, empfiehlt es sich, die grobe Kleie etwas auszusieben (siehe Rezept); dann ist der Teig geschmeidiger und läßt sich besser verarbeiten. Die ausgesiebte Kleie fürs Müsli oder für Vollkornpfannkuchen verwenden, sie werden besonders locker damit.

Für den Teig: 500 g Weizen, fein gemahlen • 170 g handwarmes Wasser • 4 Eßl. Sonnenblumenöl • 1 gestrichener Teel. Kräutersalz • 1/4 Teel. Delikata
Für die Füllung: 300 g Lauch/Porree • 1 Eßl. Wasser und 1 Eßl. Sonnenblumenöl • 250 g würziger fetter Käse (Tilsiter, Pfefferkäse oder verschiedene Sorten gemischt) • 150 g dicke saure Sahne (30% Fettgehalt) oder Sahnejoghurt • 4 Eier • 1 Knoblauchzehe • 1 Teel. Schabziegerklee • 1 gestrichener Teel. Rosenpaprikapulver • 1 gestrichener Teel. Kräutersalz
Für die Form und zum Bestreichen: Butter
Pro Person etwa 3535 Joule/840 Kalorien

- Zubereitungszeit: 1 Stunde
- Backzeit: 1 Stunde

So wird's gemacht: Vom frisch gemahlenen Vollkornmehl 100 g Kleie absieben. Das restliche Mehl in eine Schüssel schütten. In die Mitte eine Vertiefung drücken, die übrigen Teigzutaten hineingeben und alles zu einem festen, aber elastischen Teig verarbeiten. 10–15 Minuten kräftig durchkneten. Eine glatte Kugel formen und dünn mit Öl bestreichen, damit der Teig nicht austrocknet. Unter einem angewärmten Topf 30–60 Minuten ruhen lassen. • Inzwischen den Lauch putzen, waschen und in feine Streifen schneiden, auch das Lauchgrün mitverwenden. Die Lauchstreifen in dem Wasser und dem Öl 10 Minuten dünsten. • Den Käse raspeln oder fein würfeln. Die Sahne oder den Joghurt mit den Eiern verquirlen, mit dem Käse und dem Lauch mischen (2 Eßlöffel von der Eisahne zum Bestreichen zurücklassen). Die Knoblauchzehe schälen. Die Lauchmischung recht kräftig mit dem durchgepreßten Knoblauch, den Gewürzen und dem Salz abschmecken. • Eine große feuerfeste Form mit etwas Butter einfetten. Den Backofen auf 200° C vorheizen. • Aus dem Teig 6 Blätter etwa in Größe der Auflaufform ausrollen. (Wenn sie nicht genau passen, macht es nichts, sie können über der Füllung in Falten liegen, nur das oberste Blatt sollte den Auflauf glatt bedecken.) Den Boden der Form mit einem Teigblatt auslegen, etwa 3 Eßlöffel Füllung darauf verteilen, mit Teig bedecken und so fortfahren, bis alles aufgebraucht ist. 1/2 Eßlöffel Butter zerlassen, das oberste Teigblatt zuerst mit der Butter, dann mit der Eisahne bestreichen. • Die Form auf der 2. Leiste von unten in den Backofen schieben. Die Lauch-Pita etwa 1 Stunde backen und warm servieren.

Das paßt dazu: Endivien- oder Feldsalat oder Tomatensalat.

**Varianten**
Statt Lauch kann man auch gemischte gedünstete Pilze, mit Vitam-Steinpilzbrühe abgeschmeckt, oder Gemüsereste nehmen, mit reichlich frischen Kräutern gewürzt.

## Linseneintopf Bauernart

Ein kräftiger Eintopf für kalte Wintertage. Mein Mann meint, er müsse bei uns viel häufiger auf den Tisch kommen.

400 g Linsen • 600 g Wasser • 400 g gemischtes Gemüse (Lauch/Porree, Sellerie, Möhren) • 1 mittelgroße Zwiebel • 2 Teel. Tomatenmark • 1 Gemüsebrühwürfel • 2 Teel. getrockneter Majoran • 1 Eßl. gehackter Thymian • 1 Knoblauchzehe • 50 g Butter • 2 Eßl. Rotwein • 1/2 Teel. Rosenpaprikapulver • Kräutersalz • 2 Eßl. gehackte Petersilie • 1 Eßl. feingehacktes Selleriekraut
Pro Person etwa 2085 Joule/495 Kalorien

- Quellzeit: 10 Stunden
- Zubereitungszeit: 30 Minuten
- Garzeit: 20 Minuten

So wird's gemacht: Die Linsen über Nacht in dem Wasser quellen lassen. • Das Gemüse waschen und putzen; Lauch in feine Streifen schneiden, Sellerie und Möhren grob raspeln. Die Zwiebel schälen und feinhacken. • Die Linsen aufkochen, das Gemüse und das Tomatenmark daruntermengen. Etwa 15 Minuten kochen lassen. • Die Brühwürfel, den Majoran und den Thymian dazugeben und noch einige Minuten ziehen lassen. • Den Knoblauch schälen, fein zerdrücken und mit der Butter und dem Rotwein unter das Linsengemüse mischen. Mit Paprika und Kräutersalz pikant abschmecken und die Kräuter darüberstreuen.

## Bretonischer Bohnentopf

Getrocknete Bohnen und alle anderen Hülsenfrüchte werden schneller gar, wenn man sie in weichem Wasser einweichen kann. Sie sollten auch erst nach dem Kochen gesalzen werden.

400 g getrocknete weiße Bohnenkerne · 700 g Wasser · 150 g Lauch/Porree · 200 g Möhren · 1 Eßl. feingehackte Kräuter (Thymian, Bohnenkraut, 4–5 Rosmarinnadeln) · 2 ½ Gemüsebrühwürfel · etwa 1 Eßl. Mais, fein geschrotet · 1 Teel. Schabziegerklee · 50 g Butter · 400 g frische Champignons · 1 große Zwiebel (100 g) · 1 Teel. Vitam-Steinpilzbrühe · frisch gemahlener Pfeffer · 2 Eßl. feingehackte Petersilie
Pro Person etwa 2270 Joule/540 Kalorien

- Quellzeit: 10–12 Stunden
- Zubereitungszeit: 30 Minuten
- Garzeit: 40 Minuten

So wird's gemacht: Die Bohnen über Nacht in dem Wasser einweichen. • Am nächsten Tag die Bohnen 20 Minuten bei geringer Hitze kochen. • Inzwischen das Gemüse vorbereiten. Den Lauch putzen, gründlich waschen und in Streifen schneiden (auch das Lauchgrün verwenden). Die Möhren unter fließendem Wasser sauber bürsten und würfeln. Das Gemüse und die Kräuter unter die Bohnen mischen. Noch etwa 15 Minuten garen, bis das Gemüse fast weich ist. • Die Brühwürfel beifügen. Die Kochbrühe mit etwas Maisschrot binden, noch 5 Minuten weiterkochen lassen. Mit dem Schabziegerklee abschmecken und die Hälfte der Butter unterziehen. • Die Champignons putzen, waschen und halbieren oder vierteln. Die Zwiebel schälen, hacken und in der restlichen Butter glasig braten. Die Champignons dazugeben und zugedeckt 10 Minuten dünsten. • Mit der Steinpilzbrühe und dem Pfeffer würzen und unter die Bohnen mischen. Zum Schluß die Petersilie darüberstreuen.

Ob Spargel, Broccoli oder Kraut, ob Auberginen, Schwarzwurzeln oder Sellerie – das ganze Jahr über ist unser Tisch mit Gemüse reich gedeckt. Gemüse läßt sich so vielseitig und schmackhaft zubereiten, daß auch der verwöhnteste Feinschmecker auf seine Kosten kommt. Verwenden Sie das Gemüse möglichst frisch und garen Sie es nur kurz in wenig Wasser mit etwas Pflanzenöl. So bewahrt es seinen Eigengeschmack am besten. Meistens genügen schon ein Stückchen frische Butter, eine Handvoll Kräuter und das eine oder andere Gewürz, damit aus einem einfachen Gemüsegericht eine ganz besondere Delikatesse wird.

## Allgäuer Spargelomelette

Der Spargel, das »königliche Gemüse«, ist relativ teuer, weil die Spargelkultur viel Handarbeit erfordert. Trotzdem sollte man ihn während der kurzen Saison öfters genießen, denn er ist das beste Entschlackungsmittel und ideal für die schlanke Linie: 100 g Spargel haben nur etwa 80 Joule! Dabei ist Spargel reich an Vitaminen und Mineralstoffen. Grünspargel hat ein kräftigeres Aroma und mehr Vitamin C als der weiße. Die grünen Spargelstangen sind meistens zarter, man muß sie nur im unteren Drittel schälen.

750 g Spargel · etwa ½ l Wasser · ½ Gemüsebrühwürfel · 60 g Butter · ¼ Teel. Kräutersalz · 50 g Allgäuer Emmentaler Käse · 8 große Eier · 4 Eßl. Sahne · ¼ Teel. Kräutersalz
Zum Garnieren: Kräuselpetersilie
Pro Person etwa 1640 Joule/390 Kalorien

• Zubereitungszeit: 80 Minuten

So wird's gemacht: Die Spargelstangen unter fließendem Wasser sauber bürsten, dann von den Spitzen ausgehend schälen. Die unteren Enden abschneiden, falls sie holzig sind. Die Schalen und die Abfallstücke, knapp mit Wasser bedeckt, 15 Minuten auskochen. • Den Schalensud durch ein Sieb in den Kochtopf gießen. Den Brühwürfel und 10 g Butter zugeben und die Spargelstangen etwa 20 Minuten bei milder Hitze darin garen. • Die Spargel mit dem Schaumlöffel herausnehmen, warm stellen, etwas salzen und mit 20 g zerlassener Butter übergießen. • In der Zwischenzeit den Käse reiben. Die Eier mit der Sahne und dem Salz verquirlen. Etwas Butter in einer großen Pfanne zerlassen, ¼ der Eimasse hineingeben, 1 Eßlöffel Käse darüberstreuen. Zudecken und bei geringer Hitze etwa 10 Minuten backen, bis die Omelette fest ist (nicht wenden). Warm stellen, bis alle Omeletten gebacken sind. • Die Omeletten mit dem Spargel füllen, zusammenklappen und mit der Petersilie garnieren.

Das paßt dazu: Kopfsalat und Herzoginkartoffeln (Rezept Seite 52) oder Haselnußkartoffeln (siehe Seite 46).

*Mein Tip: Die aromatische Spargelbrühe etwas nachwürzen und als Trinkbrühe dazu servieren.*

## Gurkentopf nach Schlemmerart

Die Gurke ist ein »Gesundheitsgemüse« ersten Ranges, denn sie enthält viele wichtige Mineralstoffe und Vitamine und ist gut für die schlanke Linie – 100 g rohe Gurken haben nur etwa 54 Joule (13 Kalorien)! Auf Stoffwechsel- und Verdauungsstörungen hat die Gurke einen besonders günstigen Einfluß, und schon die Griechen und Römer schätzten den frischen Gurkensaft als vorzügliches Schönheitsmittel. Gurken sind sehr vielseitig zu verwenden, nicht nur als erfrischender Salat, auch als Gemüse schmecken sie ausgezeichnet. Dazu kann man – wie im folgenden Rezept – auch die großen, dicken Freilandgurken nehmen, die sich zum Salat nicht mehr so gut eignen.

1 große Zwiebel (100 g) · 1 kg Gurken · 6 Eßl. Sonnenblumenöl · 4 Eßl. Hefeflocken · 80 g saure Sahne · 100 g mittelalter Goudakäse · reichlich frische Kräuter (Petersilie, Kerbel, Basilikum, Dill) · gut je ½ Teel. Kräutersalz, Koriander, Edelsüßpaprikapulver · ¼ Teel. Piment · frisch gemahlener Pfeffer
Pro Person etwa 1275 Joule/305 Kalorien

- Zubereitungszeit: 40 Minuten
- Garzeit: 20 Minuten

So wird's gemacht: Die Zwiebel schälen und würfeln. Die Gurken schälen, der Länge nach halbieren und die Kerne, eventuell auch etwas vom Gurkenfleisch, mit einem Löffel herauskratzen und aufheben. Die Gurken quer in fingerdicke Streifen schneiden. • Etwas Öl in einer großen Pfanne erhitzen, die Zwiebelwürfel und die Gurkenstreifen (in 3–4 Portionen) hineingeben, mit Hefeflocken überstreuen und goldgelb braten. Das Gemüse in einen Topf füllen. Das Gurkeninnere in der Bratpfanne etwas einkochen lassen, zu den Gurken geben und das Gemüse etwa 15–20 Minuten zugedeckt schmoren. Die Gurken sollen nicht zu weich werden, sondern noch etwas knackig sein. • Den Topf vom Herd nehmen. Die Sahne dazugeben. Den Käse mit den Kräutern zusammen in der Moulinette feinhacken und unterziehen. Das Gurkengemüse mit dem Kräutersalz und den Gewürzen pikant abschmecken.

Das paßt dazu: Pellkartoffeln oder körniger Naturreis oder ein pikanter Hirseauflauf (Rezept Seite 56) oder Dinkelsbühler Grünkernküchlein (Rezept Seite 59).

**Varianten**
Statt Käse 1–2 Teelöffel Tomatenmark in die Sauce rühren. • Zur Abwechslung kann man das Gurkengemüse auch nur mit Curry oder Delikata würzen.

## Sommergemüse für Feinschmecker

400 g Möhren/Karotten · 400 g junge Zucchini · 250 g junge Erbsen, enthülst gewogen · 70 g Butter · 6 Eßl. Gemüsebouillon · 80 g Haselnüsse · 1 gestrichener Teel. gekörnte Gemüsebrühe · ½ Tasse Sahne · 2 Eßl. feingehackte Petersilie · Kräutersalz · Schabziegerklee
Pro Person etwa 1715 Joule/410 Kalorien

- Zubereitungszeit: 45 Minuten

So wird's gemacht: Die Möhren unter fließendem Wasser sauber bürsten und in Scheiben schneiden. Die Zucchini in Würfel schneiden, die Erbsen enthülsen. • Die Zucchini in 20 g Butter goldgelb braten, dann die Möhren und die Gemüsebouillon zufügen. Zugedeckt etwa 15 Minuten garen. • Die Erbsen zum Schluß hinzufügen, aber nicht mehr kochen. • Die Nüsse grob hakken, in der restlichen Butter leicht rösten und unter das Gemüse mischen. Die gekörnte Brühe, die Sahne und die Petersilie darunterrühren. Mit Kräutersalz und Schabziegerklee abschmecken.

Für die schlanke Linie: Auch ohne Nüsse und Sahne schmeckt das Gemüse sehr gut (= 680 Joule weniger pro Person).

Das paßt dazu: Kopfsalat und Pellkartoffeln.

## Bohnen-Gemüse-Ragout

Pilze, die zum Leidwesen mancher Gartenbesitzer auf dem Rasen wachsen, sollte man nicht gleich mit Gift ausrotten, sondern erst mal ein Pilzbuch zu Rate ziehen. Häufig sind sie eßbar wie zum Beispiel die aromatischen Feld- oder Nelkenschwindlinge. Schon eine Handvoll davon gibt Suppen, Saucen oder Gemüsegerichten die besondere Würze. Natürlich darf der Rasen nicht mit Kunstdünger oder Unkrautvertilgungsmitteln »behandelt« worden sein, sonst bringt man das Gift mit den Pilzen in den Kochtopf! – Bitte kochen Sie das Gemüse im folgenden Rezept nicht zu lange, es sollte noch etwas knackig sein. Bohnen werden übrigens schneller weich, wenn man sie ohne Salz kocht und erst nachher entsprechend würzt.

600 g Stangenbohnen · 1 Sträußchen Bohnenkraut · knapp ½ l Wasser · 1 große Zwiebel (100 g) · 100 g grüne Paprikaschoten · 500 g Squash (Speisekürbisse) oder Zucchini · 200 g junge feste Mischpilze · 60 g Butter · 1 Gemüsebrühwürfel · 1 Teel. Vitam-R · 300 g Tomaten · reichlich gehackte Kräuter (vor allem Petersilie, außerdem Liebstöckel/Maggikraut, Oregano, Thymian, Basilikum, Bohnenkraut) · ½–1 Teel. Kräutersalz
Zum Garnieren: Kräuselpetersilie
Pro Person etwa 1040 Joule/250 Kalorien

- Zubereitungszeit: 45 Minuten

So wird's gemacht: Die Bohnen waschen, Spitzen und Stielansätze entfernen, eventuell Fäden abziehen. Die geputzten Bohnen in Stücke brechen oder schneiden und mit dem Bohnenkraut in wenig Wasser (knapp bedeckt) etwa 15 Minuten garen. • Inzwischen die Zwiebel schälen und in Streifen schneiden. Die Paprikaschote aufschneiden, von den Kernen befreien, waschen und kleinwürfeln. Die Kürbisse oder die Zucchini in fingerdicke Streifen schneiden. Die Pilze putzen, kurz waschen und feinschneiden. • Die Zwiebelstreifen in einer großen Pfanne in etwas Butter glasig braten. Die abgetropften Bohnen dazugeben und kurze Zeit mitbraten. Alles in eine feuerfeste Form geben und warm halten. • Die Paprikawürfel und die Kürbisstreifen in etwas Butter in der Pfanne braten, bis die Kürbisstreifen goldgelb sind, die Pilze hinzufügen. Zugedeckt einige Minuten schmoren. • Den Pfanneninhalt zu den Bohnen geben. Den Brühwürfel zerkleinern, mit dem Vitam-R und der restlichen Butter unter das Gemüse mischen, nicht mehr kochen. • Die Tomaten in Würfel schneiden und im Gemüseragout heiß werden lassen (nicht kochen). Die Kräuter unterheben und das Gemüseragout mit dem Salz abschmecken. Mit der Petersilie garnieren.

Das paßt dazu: Pellkartoffeln, in größere Würfel geschnitten, in ein wenig Butter geschwenkt und mit Delikata oder Endoferm bestreut. Oder Dinkelsbühler Grünkernküchlein (Rezept Seite 59).

**Variante**
Auch ohne Pilze schmeckt das Gemüseragout sehr kräftig, wenn Sie es mit Vitam-Steinpilzbrühe würzen. Den Gemüsebrühwürfel sollten Sie dann natürlich weglassen.

## Ungarisches Bohnengulasch

2 große Zwiebeln (200 g) · 800 g Stangenbohnen · je 200 g grüne und gelbe Paprikaschoten · 4 Eßl. Sonnenblumenöl · etwa ½ Tasse Wasser · 2 Eßl. frisches abgestreiftes Bohnenkraut · 3 gestrichene Teel. Edelsüßpaprikapulver · 1 gestrichener Teel. Rosenpaprikapulver · 3 gestrichene Teel. gekörnte Gemüsebrühe · 250 g Tomaten · 2 Eßl. feingehackte Kräuter (Petersilie und wenig Liebstöckel/Maggikraut)
Pro Person etwa 830 Joule/200 Kalorien

- Zubereitungszeit: 25 Minuten
- Garzeit: 30–40 Minuten

So wird's gemacht: Die Zwiebeln schälen, je nach Größe halbieren oder vierteln und in Streifen schneiden. Die Bohnen waschen, putzen und in halbfingerlange Stücke brechen. Die Paprikaschoten halbieren, von den Kernen befreien und in Stücke schneiden. • Die Zwiebeln in 2 Eßlöffeln Öl und 1 Eßlöffel Wasser glasig braten. Fingerhoch Wasser angießen. Die Bohnen und die Paprikaschoten hinzufügen. Das Bohnenkraut, das Paprikapulver und die gekörnte Brühe dazwischenstreuen. 2 Eßlöffel Öl darüberträufeln. Das Gemüse 30–40 Minuten kochen, zwischendurch zweimal wenden. • Die Tomaten achteln und mit den Kräutern unterheben. Das Bohnengulasch noch 5 Minuten ziehen lassen, aber nicht mehr kochen.

Das paßt dazu: Köstliche Käsekartoffeln (Rezept Seite 48) oder Pellkartoffeln.

## Kräuterbohnen

800 g grüne Bohnen · 2 große Zwiebeln (200 g) · 1 Knoblauchzehe · 2 Fenchelknollen (300 g) · 2 Eßl. Butter · etwa ½ Tasse Wasser · 3 gestrichene Teel. gekörnte Gemüsebrühe · 15 Korianderkörner · 200 g Tomaten · 3 Eßl. feingehackte Kräuter (Basilikum, Petersilie und Fenchelgrün) · frisch gemahlener schwarzer Pfeffer
Pro Person etwa 885 Joule/210 Kalorien

- Zubereitungszeit: 25 Minuten
- Garzeit: 30 Minuten

So wird's gemacht: Die Bohnen waschen, putzen und in halbfingerlange Stücke brechen. Die Zwiebeln schälen, je nach Größe halbieren oder vierteln und in Streifen schneiden. Die Knoblauchzehe schälen und feinhacken. Die Fenchelknollen putzen (das Fenchelgrün aufheben) und in dünne Scheibchen schneiden. • 1 Eßlöffel Butter mit 1 Eßlöffel Wasser erhitzen. Die Zwiebeln, den Knoblauch und den Fenchel darin goldgelb braten. Fingerhoch Wasser angießen, die Bohnen, die gekörnte Brühe und die Korianderkörner beifügen. Zugedeckt 25–30 Minuten dünsten. • Die Tomaten in Würfel schneiden und mit der restlichen Butter und den Kräutern unterheben. Mit Pfeffer abschmecken. Noch 5 Minuten ziehen lassen, aber nicht mehr kochen.

Das paßt dazu: Kartoffelomelette Gouda (Rezept Seite 49) oder Kartoffelpüree.

## Peperonata

Der Paprika ist unser vitaminreichstes Gemüse und gut für die schlanke Linie, denn 100 g haben nur etwa 100 Joule (24 Kalorien). Die dickfleischigen grünen Schoten, die es bei uns gibt, sind übrigens noch unreif; im reifen Zustand sind sie rot gefärbt (nicht zu verwechseln mit dem roten Tomatenpaprika!). Wenn Sie also im Herbst Paprikaschoten bekommen können, die schon grün-rot gefärbt sind, sollten Sie diese bevorzugen, denn sie sind aromatischer als die grünen. Bei zu langem Garen verliert der Paprika viel von seinem typischen Geschmack und schmeckt nur noch leicht bitter. Deshalb sollte er gegart noch etwas knackig sein. Peperonata ist übrigens eine italienische Spezialität.

2 rote und 4 grüne Paprikaschoten (insgesamt 750 g) · 375 g Zwiebeln · 3 Eßl. Sonnenblumenöl · 750 g Tomaten · 2 Teel. feingehackter Thymian · 8–10 feingehackte Rosmarinnadeln · 1½ Gemüsebrühwürfel · 1 Eßl. Butter · 2 Teel. feingehacktes Basilikum · 2 Eßl. feingehackte Petersilie
Pro Person etwa 980 Joule/235 Kalorien

- Zubereitungszeit: 30 Minuten
- Garzeit: 25 Minuten

So wird's gemacht: Die Paprikaschoten halbieren, von den Kernen befreien, waschen und in Streifen schneiden. Die Zwiebeln schälen, würfeln und in einer großen Pfanne in dem Öl glasig braten. • Inzwischen die Tomaten halbieren. Das weiche Innere herausnehmen und zu den Zwiebeln geben. Die Paprikastreifen, den Thymian und den Rosmarin daruntermischen. Zugedeckt 15 Minuten garen. • Die Tomatenhälften in Streifen schneiden, die Brühwürfel etwas zerkleinern und unter das Paprikagemüse mischen. Noch 5 Minuten ziehen lassen, aber nicht mehr kochen. • Zum Schluß die Butter, das Basilikum und die Petersilie vorsichtig unterheben.

Das paßt dazu: körniger Butterreis mit Käse oder Maisschmarrn (Rezept Seite 54).

## Ratatouille

Bild Seite 89

Dieses südfranzösische Gemüsegericht wird auch bei uns immer beliebter. Im Spätsommer sind die Gemüse preiswert auf dem Markt zu haben, man kann sie auch fast alle im Garten ohne große Mühe ziehen. Übrigens – die Ratatouille schmeckt auch kalt ganz ausgezeichnet!

200 g Zwiebeln • 500 g grüne Paprikaschoten • 300 g Zucchini • 400 g Auberginen • Saft von ½ Zitrone • 4 Eßl. Olivenöl • 4 Eßl. Sonnenblumenöl • 10 Rosmarinnadeln (frisch oder getrocknet) • 400 g Fleischtomaten • 2 Gemüsebrühwürfel • 2 Knoblauchzehen • 3–4 Eßl. feingehackte Kräuter (Basilikum, Thymian, Zitronenthymian, Oregano) • frisch gemahlener schwarzer Pfeffer
Pro Person etwa 1565 Joule/375 Kalorien

- Zubereitungszeit: 25 Minuten
- Garzeit: 40 Minuten

So wird's gemacht: Die Zwiebeln schälen und in Ringe schneiden. Die Paprikaschoten halbieren, die Kerne entfernen, die Schoten abwaschen und in Streifen schneiden. Die Zucchini in Scheiben (eventuell halbieren) und die Auberginen in Stücke schneiden. Die Auberginen mit dem Zitronensaft beträufeln. • Die Zwiebeln in je 2 Eßlöffeln Oliven- und Sonnenblumenöl glasig braten. Das restliche Öl, die Paprikastreifen, die Zucchini und die Auberginen zugeben. Die Rosmarinnadeln kleinhacken und darüberstreuen. Zugedeckt etwa 25 Minuten bei geringer Hitze garen. • Die Tomaten achteln und beifügen, ebenso die Gemüsebrühwürfel und die geschälten, durchgepreßten Knoblauchzehen. Noch 5 Minuten offen schmoren lassen. • Die Kräuter vorsichtig daruntermischen, mit dem Pfeffer und eventuell noch mit etwas Zitronensaft pikant abschmecken.

Das paßt dazu: grüner Salat oder Naturreis oder Maisschmarrn (Rezept Seite 54) oder ein pikanter Hirseauflauf (Rezept Seite 56). Zur kalten Ratatouille schmecken frisch gebackene Käsebrötchen (Rezept Seite 126) oder Vollkornbrot.

## Zucchini indisch

150 g Zwiebeln • 1 große Knoblauchzehe • 5 Eßl. Sonnenblumenöl • 1 Eßl. Wasser • 1 kg Zucchini • 1 gestrichener Teel. Curry • 6 Eßl. trockener Weißwein • 1 Gemüsebrühwürfel • 500 g Tomaten • 3 Eßl. Mangosauce (Fertigprodukt) • abgeriebene Schale von 1 Zitrone (unbehandelt) • 2 Eßl. feingehackte Zitronenmelisse
Pro Person etwa 695 Joule/165 Kalorien

- Zubereitungszeit: 40 Minuten

So wird's gemacht: Die Zwiebeln schälen, vierteln und in Streifen schneiden. Die Knoblauchzehe schälen und feinhacken. Beides in 2 Eßlöffeln Öl und dem Wasser goldgelb braten. • Inzwischen die Zucchini in fingerdicke Streifen schneiden. • Die Zwiebeln aus der Pfanne nehmen und in einen breiten Topf geben. Die Zucchinistreifen in 2 Portionen in 3 Eßlöffeln Öl in der Pfanne goldgelb braten. Den Curry zum Schluß kurz mitrösten. Die Zucchini mit den Zwiebeln mischen. Den Satz in der Pfanne mit dem Wein loskochen, über das Gemüse gießen und den Brühwürfel beifügen. Zugedeckt etwa 10 Minuten dünsten. • Die Tomaten in große Würfel schneiden, im offenen Topf noch 5 Minuten mit dem Zucchinigemüse schmoren. Die Mangosauce und die Zitronenschale vorsichtig darunterrühren. Mit der Zitronenmelisse bestreuen.

Das paßt dazu: grüner Salat oder Möhrenrohkost und Naturreis oder Polenta oder Pellkartoffeln.

**Variante**
Kürbisgemüse kann man ebenso zubereiten; Kürbis muß allerdings, im Gegensatz zu Zucchinis, geschält werden.

## Spaghettikürbis auf indonesische Art

Der Spaghettikürbis ist japanischer Abstammung. Er gedeiht aber auch in unseren Gärten sehr gut, wenn man die Pflanzen im April in Torftöpfen vorkultiviert. Die zartgelben, länglichrunden Früchte werden bis zu 3 kg schwer. Meist erntet man sie aber schon, wenn sie 22–24 cm lang sind und etwa 1500 g wiegen. Man kann die Kürbisse kochen und das Innere, die spaghettiähnlichen Fäden, wie echte Spaghetti mit Käse und Tomatensauce auf den Tisch bringen, man kann sie mit einer Currysauce servieren oder – wie im folgenden Rezept – mit exotischen Gewürzen sehr pikant zubereiten. Die zarten Kerne schmecken nußartig und können mitgegessen werden. Die übrigbleibende dünne Schale ist nicht eßbar.

Etwa 1 l Wasser · 2 gestrichene Teel. Kräutersalz · 1 Spaghettikürbis, 1200–1500 g schwer
Für die Sauce: 1 große Zwiebel (100 g) · 40 g Butter · 100 g Haselnüsse · ½ Tasse Kürbisbrühe · 6 Eßl. trockener Weißwein · ⅛ l saure Sahne · 4 Eßl. Mangosauce (Fertigprodukt) · abgeriebene Schale und Saft von ½ Zitrone (unbehandelt) · je 1 gestrichener Teel. Muskatblüte, Piment, Kardamom, Kurkuma, Ingwer · ½ Teel. frisch gemahlener Pfeffer · 2 gestrichene Teel. Kräutersalz
Zum Garnieren: Zitronenmelisse oder Petersilie
Pro Person etwa 1825 Joule/435 Kalorien

- Zubereitungszeit: 45 Minuten

So wird's gemacht: Das Wasser mit 1 Teelöffel Salz zum Kochen bringen und den Kürbis darin 30–35 Minuten garen. Mit einem Löffel auf die Schale drücken. Gibt sie nach, dann ist der Kürbis gar. • Inzwischen für die Sauce die Zwiebel schälen, feinwürfeln und in der Hälfte der Butter glasig braten. Die Nüsse reiben, mit der restlichen Butter zu den Zwiebeln geben und 2–3 Minuten rösten. • Die Kürbisbrühe, den Wein, die Sahne, die Mangosauce, Schale und Saft der Zitrone darunterrühren und die Sauce mit den Gewürzen scharf-pikant abschmecken. (Nicht mehr kochen, nur erwärmen.) • Den garen Kürbis quer halbieren und die dünnen Spaghettifäden mit einer Gabel vorsichtig herauszupfen, so daß nur die äußeren Schalenhälften übrigbleiben. Die »Pflanzenspaghetti« mit 1 Teelöffel Kräutersalz durchmischen und unter die Nußsauce heben. • Das Kürbisgemüse in die Schalenhälften füllen und mit den Melisseblättchen oder der Petersilie garnieren.

Das paßt dazu: Maisschmarrn (Rezept Seite 54).

## Andalusische Tomaten

100 g schwarze Oliven · 1 Knoblauchzehe · 1 kleines Stück scharfe Pfefferschote (ersatzweise Cayennepfeffer) · 2 Eßl. feingehackte Kräuter (Petersilie, Basilikum, Fenchelkraut, Thymian, 3 Rosmarinnadeln) · 6 Eßl. Olivenöl · 500 g feste Tomaten · Kräutersalz
Pro Person etwa 1035 Joule/245 Kalorien

- Zubereitungszeit: 15 Minuten
- Garzeit: 5–8 Minuten

So wird's gemacht: Die Oliven entsteinen, die Knoblauchzehe schälen und mit der Pfefferschote zusammen im Mixer pürieren. Die Kräuter dazugeben und 3 Eßlöffel Olivenöl hineinrühren. Mit ¼ Teelöffel Kräutersalz würzen. • Die Tomaten in dicke Scheiben schneiden, mit Kräutersalz bestreuen und das Olivenpüree darauf verteilen. • Das restliche Olivenöl in einer großen Pfanne erhitzen und die Tomatenscheiben hineinlegen. In der geschlossenen Pfanne bei mäßiger Hitze 5–8 Minuten schmoren, bis die Tomaten gerade eben weich sind.

Das paßt dazu: Reis oder Polenta oder Mexikanische Tortillas (Rezept Seite 53). Sehr gut schmecken die Tomaten auch auf leicht geröstetem Vollkornbrot.

## Geschmorte Kräutertomaten

1 kg feste Tomaten · 60 g Butter · Kräutersalz · Grillgewürz · 4 Eßl. feingehackte Kräuter (Petersilie, Basilikum, Thymian, Zitronenthymian, Fenchelkraut oder Dill, wenig Rosmarin)
Pro Person etwa 695 Joule/165 Kalorien

- Zubereitungszeit: 15 Minuten
- Garzeit: 5–8 Minuten

So wird's gemacht: Die Tomaten in dicke Scheiben schneiden. Je 15 g Butter in 2 großen Bratpfannen erhitzen. Die Tomatenscheiben hineinlegen, salzen, mit Grillgewürz und den Kräutern bestreuen, und auf jede Scheibe ein Butterflöckchen legen. • Zugedeckt bei mäßiger Hitze 5–8 Minuten schmoren, bis die Tomaten gerade eben weich sind.

Das paßt dazu: Vollkornnudeln, Reis, Hirse, alle einfachen Getreidegerichte.

**Variante – Käsetomaten**
Man kann die Tomaten zusätzlich noch mit geriebenem würzigem Käse (zum Beispiel Appenzeller oder Raclettekäse) bestreuen und dann erst schmoren.

## Zuckermais natur

Der Zuckermais, ein Verwandter unseres Futtermaises, gewinnt auch bei uns immer mehr Freunde. Die zarten Maiskörner schmecken süß, ähnlich wie junge Erbsen. Im Garten ist er einfach zu ziehen und manchmal bekommt man ihn in den Spätsommer- und Herbstmonaten auch auf dem Wochenmarkt zu kaufen. Zuckermais wird im Stadium der Milchreife geerntet, die Körner sind dann voll ausgebildet und zartgelb, bei leichtem Fingerdruck tritt eine milchige Flüssigkeit aus. Man kann den Mais roh vom Kolben knabbern oder gegrillt oder gedünstet essen.

4–8 Maiskolben (je nach Größe) · etwa ½ Tasse Wasser · 30 g Butter · je ¼ Teel. Kräutersalz und Delikata · 1 Eßl. feingehackte Petersilie
Pro Person etwa 550 Joule/130 Kalorien

- Zubereitungszeit: 10 Minuten
- Garzeit: 10–20 Minuten

So wird's gemacht: Die Außenblätter und die feinen Seidenfäden von den Maiskolben lösen, nur die inneren zarten Hüllblätter daranlassen. Die Kolben 10–20 Minuten in wenig Wasser garen. • Die Blätter entfernen. Die Butter zerlassen, das Salz und das Delikata hineinrühren und die Maiskolben darin wenden. Mit Petersilie bestreut auf einer vorgewärmten Platte servieren. • Die Körner werden von den Kolben abgeknabbert; zur besseren »Handhabung« kann man in beide Enden ein spitzes Hölzchen – zum Beispiel einen Zahnstocher – stecken.

Das paßt dazu: Eissalat oder Endiviensalat mit Tomaten und Köstliche Käsekartoffeln (Rezept Seite 48).

*Mein Tip: Zuckermais verliert auch durch Tiefkühlen kaum an Geschmack. Die Kolben ohne Blätter in Alufolie packen und einfrieren (Lagerdauer etwa 8 Monate). Bei Verwendung die gefrorenen Kolben in wenig kochendem Wasser 10–15 Minuten garen und wie oben zubereiten.*

## Fencheltopf mit Möhren

600 g Fenchelknollen · 300 g Möhren · 100 g kleine Zwiebeln · 50 g Butter · 1 Eßl. Wasser · ½ Teel. frisch gemahlener Koriander · ¼ Teel. schwarzer Pfeffer · ½ Tasse trockener Weißwein · 1 gestrichener Teel. Kräutersalz · 2 Teel. Zitronensaft · 1 Eßl. feingehackte Petersilie
Pro Person etwa 960 Joule/230 Kalorien

- Zubereitungszeit: 25 Minuten
- Garzeit: 20 Minuten

So wird's gemacht: Die Fenchelknollen waschen, braune Stellen und die Stiele abschneiden, das Fenchelgrün aufheben. Die Knollen halbieren und in 1 cm breite Streifen schneiden. Die Möhren unter fließendem Wasser sauber bürsten, dicke Möhren längs halbieren, dann in ½ cm dicke Scheiben schneiden. Die Zwiebeln schälen, je nach Größe vierteln oder in 2 cm große Würfel schneiden. • 1 Eßlöffel Butter und das Wasser in einem breiten Topf erhitzen, die Zwiebeln darin glasig braten. Den Fenchel, die Möhren, den Koriander und den Pfeffer dazugeben und kurz durchbraten. • Den Wein dazugießen. Das Gemüse zugedeckt bei kleiner Hitze etwa 15 Minuten dünsten, bis es gerade weich ist. • Die restliche Butter unterziehen. Mit dem Salz, dem Zitronensaft und der Petersilie abschmecken. Das Fenchelgrün feinhacken und über das Gemüse streuen.

Das paßt dazu: Griechische Zitronensauce (Rezept Seite 83) und Arabischer Mandelreis (Rezept Seite 63), als Vorspeise ein grüner Blattsalat oder Radicchiosalat (Rezept Seite 29).

## Wirsingomelette

600 g Wirsing · 100 g Zwiebeln · 1½ Eßl. Sonnenblumenöl · 1 große Tomate · ¾ Gemüsebrühwürfel · 60 g Butter · 1 Teel. getrockneter Majoran · ¼ Teel. gemahlener Koriander · frisch geriebene Muskatnuß · 6 Eier · ½ Teel. Kräutersalz · 2 Eßl. feingehackte Petersilie
Pro Person etwa 1405 Joule/335 Kalorien

- Zubereitungszeit: 25 Minuten
- Garzeit: 35 Minuten

So wird's gemacht: Den Wirsing waschen und in Viertel zerteilen. Den harten Strunk entfernen (eventuell raspeln und mitverwenden). Den Wirsing in 2 cm breite Streifen schneiden. • Die Zwiebeln schälen und grob hacken, dann in dem Öl und in ½ Eßlöffel Wasser glasig braten. • Die Tomate würfeln, mit dem Gemüsebrühwürfel und den Wirsingstreifen zu den Zwiebeln geben. Etwa 20 Minuten dünsten, dabei das Gemüse 1–2mal umwenden und, falls notwendig, noch 2–3 Eßlöffel Wasser dazugeben. Der Wirsing soll weich, aber noch etwas knackig sein. Die Hälfte der Butter unterziehen und mit den Gewürzen abschmecken. • Die Eier mit dem Salz verquirlen. Die restliche Butter in 1–2 Pfannen erhitzen, den Wirsing hineingeben und die Eier darübergießen. • Die Omelette in der geschlossenen Pfanne bei geringer Hitze stocken lassen. Zum Schluß mit Petersilie bestreuen.

Das paßt dazu: Kartoffelpüree oder Köstliche Käsekartoffeln (Rezept Seite 48).

## Mangoldgratin

Beim Mangold unterscheiden wir 2 Arten: Blattmangold hat schmale Rippen und breite Blätter, die wie Spinat zubereitet werden. Beim Rippenmangold verwendet man vor allem die Rippen und die dicken, fleischigen Stiele. Man kann sie wie Spargel zubereiten oder als Salat in einer pikanten Sauce servieren.

150 g Zwiebeln · 30 g Butter · 3 Eßl. Wasser · 1 kg Mangoldblätter (ohne Stiele) · 1–2 Teel. Grünkern, fein gemahlen · 3 Eßl. feingehackte Kräuter (Petersilie, Liebstöckel/Maggikraut) · ½ Teel. gekörnte Gemüsebrühe · 3 Teel. Edelsüßpaprikapulver · 100 g Reibkäse · 8 Eier · ¼ Teel. Kräutersalz · frisch gemahlener Pfeffer
Zum Garnieren: 2 Tomaten · kleingeschnittener Schnittlauch
Pro Person etwa 1805 Joule/430 Kalorien

- Zubereitungszeit: 25 Minuten
- Gar- beziehungsweise Backzeit: 20–25 Minuten

So wird's gemacht: Die Zwiebeln schälen, würfeln. Die Butter und 1 Eßlöffel Wasser erhitzen und die Zwiebelwürfel darin glasig braten. Den Mangold waschen, in 3 cm breite Streifen schneiden und zu den Zwiebeln geben. 2 Eßlöffel Wasser beifügen und das Gemüse zugedeckt etwa 10 Minuten bei geringer Hitze dünsten. • 1–2 Teelöffel Grünkernmehl darüberstreuen, um die noch vorhandene Brühe zu binden. Die Kräuter daruntermischen, mit der gekörnten Brühe und dem Paprika abschmecken. • Den Mangold in vier tiefe feuerfeste Teller füllen und mit dem Käse bestreuen. Die Eier mit dem Salz und dem Pfeffer verquirlen, über den Mangold gießen. • Auf der mittleren Leiste in den Backofen schieben und bei 200° C etwa 15 Minuten überbacken, bis die Eimasse gestockt ist. • Die Tomaten halbieren, das weiche Innere herausnehmen, das Tomatenfleisch würfeln und den Mangold damit garnieren. Mit Schnittlauch bestreut servieren.

Das paßt dazu: Möhrenrohkost und Walnußkartoffeln (siehe Seite 46).

## Grünkohl in Sahne

Grünkohl, auch Kraus- oder Winterkohl genannt, ist ein sehr gesundes Wintergemüse. Er ist außergewöhnlich reich an Vitamin A und C sowie an Mineralstoffen (vor allem Kalium, Calcium, Phosphor, Magnesium und Eisen). Grünkohl ist bekömmlicher und milder im Geschmack, wenn er richtig durchgefroren war. Man sollte ihn nicht, wie das heute noch oft geschieht, in kochendem Wasser blanchieren oder gar längere Zeit darin kochen und dann mit dem Kochwasser auch einen Teil der Vitamine und Mineralstoffe wegschütten. Er schmeckt viel würziger, wenn er in wenig Wasser gedünstet wird (die genaue Menge richtet sich nach der Größe des Kochtopfs). Wenn der Grünkohl weich, aber noch etwas bißfest ist, sollte die Kochflüssigkeit aufgebraucht sein; falls nötig, kann man sie mit etwas frisch geschrotetem Weizen binden. Mit geriebener Muskatnuß und Petersilie gewürzt schmeckt uns dieses Wintergemüse am besten. Sie können den Grünkohl aber auch mit Pfeffer, gemahlenem Koriander und wenig Knoblauch abschmecken.

700 g Grünkohl, geputzt gewogen • 1 große Zwiebel (100 g) • 60 g Butter • etwa 1/8 l Wasser • 2 Gemüsebrühwürfel • 5 Eßl. Sahne • frisch geriebene Muskatnuß • 3 Eßl. feingehackte Petersilie
Pro Person etwa 1150 Joule/275 Kalorien

- Zubereitungszeit: 30 Minuten
- Garzeit: 25–30 Minuten

So wird's gemacht: Den Kohl mehrmals gründlich waschen. Die Blätter von den Stielen abstreifen (4–5 zarte Blätter beiseite legen, sie kommen roh unter das Gemüse) und in schmale Streifen schneiden. • Die Zwiebel schälen und feinwürfeln. 1 Eßlöffel Butter mit 1 Eßlöffel Wasser in einem breiten Topf erhitzen und die Zwiebeln darin glasig braten. Das Wasser zugießen, aufkochen und den Kohl nach und nach dazugeben, dabei jedesmal umrühren. Der Kohl fällt dann sehr rasch zusammen. Bei milder Hitze 25–30 Minuten dünsten. • Die rohen Grünkohlblätter sehr fein hacken, die Brühwürfel etwas zerkleinern und unter den Kohl mischen (nicht mehr kochen). Die Sahne und die restliche Butter hineinrühren. Mit Muskatnuß und der Petersilie abschmecken.

Das paßt dazu: Kartoffelpüree oder Kartoffelsavarin (Rezept Seite 49) oder Walnuß-Kartoffel-Plätzchen (Rezept Seite 50), als Vorspeise Möhrenrohkost mit Endivien.

*Mein Tip: Alle kräftigen Wintergemüse schmecken noch herzhafter, wenn man sie mit Gemüsebrühwürfeln statt mit Salz würzt.*

◁ Zu feinem Gemüse wie Broccoli, Spargel oder Schwarzwurzeln gehört auch eine feine Sauce, hier die köstliche Mandelschaumsauce. Rezept Seite 84

## Weißkraut nach Winzerart

1 kg Weißkraut · 1 große Zwiebel (100 g) · 60 g Butter · je ½ Teel. gemahlener Kümmel und Koriander · 3 gestrichene Teel. Delikata · 1½ Gemüsebrühwürfel · 2 Eßl. Wasser · 8 Eßl. trockener Weißwein · 2 Teel. Zitronensaft · Kräutersalz · 2 Eßl. feingehackte Petersilie
Pro Person etwa 1005 Joule/235 Kalorien

- Zubereitungszeit: 15 Minuten
- Garzeit: 20–25 Minuten

So wird's gemacht: Den Kohlkopf putzen und vierteln. Den Strunk herausschneiden (eventuell raspeln und mitverwenden). Das Kraut in breite Streifen schneiden. • Die Zwiebel schälen, würfeln und in 30 g Butter glasig braten. Das Kraut und die Gewürze dazugeben, unter Umrühren kurz schmoren lassen. • Die Brühwürfel, das Wasser und den Wein zufügen. Das Gericht zugedeckt bei milder Hitze in 20–25 Minuten garen, dabei 1–2mal umrühren; das Kraut soll gerade eben weich, eher noch etwas knackig sein. • Den Topf vom Herd nehmen, die restliche Butter und den Zitronensaft unterrühren. Mit Kräutersalz abschmecken und mit Petersilie bestreut servieren.

Das paßt dazu: Kartoffelomelette Gouda (Rezept Seite 49) oder Bouillonkartoffeln (Rezept Seite 47) oder Pellkartoffeln.

## Budapester Krautgulasch

700 g Weißkraut · 200 g grüne Paprikaschoten · 150 g Zwiebeln · 2 Eßl. Sonnenblumenöl · 300 g Tomaten · 2½ Gemüsebrühwürfel · je 2 Teel. Edelsüß- und Rosenpaprika · ½ Eßl. frischer, feingehackter Thymian · abgeriebene Schale von ½ Zitrone · eventuell 1–2 Teel. Weizenvollkornmehl · 3 Eßl. Crème fraîche (ersatzweise saure Sahne) · 2 Eßl. gehackte Petersilie
Pro Person etwa 635 Joule/150 Kalorien

- Zubereitungszeit: 30 Minuten
- Garzeit: 25–30 Minuten

So wird's gemacht: Das Weißkraut waschen, den Strunk herausschneiden, dann den Kohl in 3 cm breite Stücke schneiden. Die Paprikaschoten halbieren, die Kerne entfernen, die Schoten in schmale Streifen schneiden. • Die Zwiebeln schälen, in Streifen schneiden, in dem Öl und 1 Eßlöffel Wasser glasig braten. Das Kraut und die Paprikastreifen dazugeben, unter gelegentlichem Wenden einige Minuten schmoren lassen. • Die Tomaten in große Stücke schneiden, unter das Kraut mischen, ebenso die Brühwürfel und das Paprikapulver. 25–30 Minuten kochen, bis das Kraut gerade weich ist. In den letzten

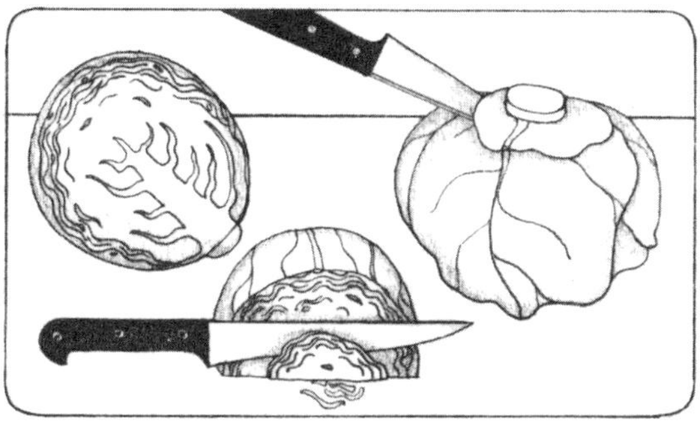

Der harte Strunk wird spitz aus dem Kohlkopf geschnitten; einfacher ist es, den Kopf vorher zu halbieren.

5 Minuten den Thymian und die Zitronenschale dazugeben. Die Kochbrühe, falls notwendig, mit etwas Vollkornmehl binden. • Den Topf vom Herd nehmen, die Crème fraîche darunterrühren. Mit der Petersilie bestreuen.

Für die schlanke Linie: Keine Crème fraîche oder saure Sahne nehmen (= 90 Joule weniger pro Person).

Das paßt dazu: Pellkartoffeln oder Dinkelsbühler Grünkernküchlein (Rezept Seite 59) oder ein pikanter Hirseauflauf (Rezept Seite 56).

## Champignon-Zwiebel-Kasserolle

400 g kleine Zwiebeln · 400 g Möhren · 3 Eßl. Sonnenblumenöl · 3 Eßl. trockener Weißwein · 400 g frische kleine Champignons · ½ Teel. gemahlener Koriander · 1 Eßl. feingehackter Thymian · 30 g Butter · 2 Eßl. feingehackte Petersilie · ½ Teel. Kräutersalz · ½ Teel. frisch gemahlener schwarzer Pfeffer
Pro Person etwa 730 Joule/175 Kalorien

- Zubereitungszeit: 35 Minuten
- Garzeit: 25 Minuten

So wird's gemacht: Die Zwiebeln schälen, je nach Größe ganz lassen, halbieren oder vierteln. Die Möhren unter fließendem Wasser sauber bürsten und in Scheiben schneiden. • Die Zwiebeln in dem Öl und 1 Eßlöffel Wein glasig braten. Die Möhren und den restlichen Wein dazugeben und 15 Minuten dünsten; zwischendurch einmal wenden. • Die Champignons putzen und kurz waschen. Kleine Pilze ganz lassen, größere halbieren. Mit dem Koriander und dem Thymian zum Gemüse geben. 10 Minuten bei geringer Hitze garen. • Die Butter und die Petersilie daruntermischen. Mit dem Salz und dem Pfeffer abschmecken.

Das paßt dazu: Reis nach Mailänder Art (Rezept Seite 63) oder Kartoffelpüree oder köstliche Käsekartoffeln (Rezept Seite 48).

## Spanische Zwiebelomelette

Ob Sie zu diesem Rezept die herzhaft-pikanten gelben Speisezwiebeln oder die großen mildaromatischen Gemüsezwiebeln verwenden, ist wirklich »Geschmackssache«. Wir finden, beide Sorten sind gleich gut dazu geeignet. Gemüsezwiebeln werden meist von Juni bis August angeboten.

800 g Zwiebeln · 60 g Butter · ½ Teel. Kräutersalz · 1 gestrichener Teel. Delikata · 8 Eier · 4 Eßl. saure Sahne · 1 Eßl. feingehackte Petersilie
Pro Person etwa 1545 Joule/370 Kalorien

- Zubereitungszeit: 40 Minuten

So wird's gemacht: Die Zwiebeln schälen, halbieren und in Streifen schneiden. Dann in 3–4 Portionen in der Hälfte der Butter goldgelb braten. Mit dem Salz und dem Delikata würzen. • Die Eier mit der sauren Sahne verquirlen und die Zwiebeln daruntermischen. In der restlichen Butter 4 Omeletten davon backen. Mit der Petersilie bestreut servieren.

Das paßt dazu: Endivien- oder Möhrensalat und Kartoffelpüree.

**Variante – Spinatomelette**
3 Eßlöffel gekochten und mit Sahne verfeinerten Spinat auf jede gebackene Omelette geben, zusammenklappen, mit Reibkäse bestreuen und unter dem Grill überbacken.

Mehlschwitzen, mit denen noch unsere Großmütter ihre Saucen zu binden pflegten, passen nicht mehr in die gesunde Küche. Die Verbindung von heißem Fett und Mehl ist nämlich schwer verdaulich und belastet die Leber. Ich bereite meine Saucen mit frisch gemahlenem Vollkornmehl, lasse es aber nicht im heißen Fett schmoren, sondern rühre es mit dem Schneebesen in die kalte oder heiße Gemüsebouillon. Auch mit Hefeflocken, Sojavita, vegetabilen Pasteten, Nüssen oder Mandeln, Sahne und Eigelb kann man Saucen binden und verfeinern.

## Würzige Rahmsauce

Diese Universalsauce ist die Grundlage für viele aparte Saucen, die alle ausgezeichnet zu einfachen Kartoffelgerichten, gedünstetem Gemüse und Gemüsetorten (Aufläufen, Pizze) passen. Besonders aromatisch schmeckt die Sauce, wenn Sie Gemüsebouillon oder Kochbrühe vom Gemüse dazu verwenden.

60 g Weizen, fein gemahlen • 1 kleine Zwiebel • 40 g Butter • knapp ½ l Gemüsebouillon • 1 Lorbeerblatt • 1½ l Gemüsebrühwürfel • 8 Eßl. Sahne • 2 Eßl. trockener Weißwein • je 1 Teel. Zitronensaft und Worcestershiresauce
Pro Person etwa 875 Joule/210 Kalorien

- Zubereitungszeit: 25 Minuten

So wird's gemacht: Das Vollkornmehl in einem Topf unter Rühren einige Minuten rösten, bis es würzig duftet. Dann abkühlen lassen. • Die Zwiebel schälen, sehr fein hacken und in 15 g Butter glasig braten. Die Brühe zugießen und das Mehl mit dem Schneebesen hineinrühren. Das Lorbeerblatt und die Brühwürfel dazugeben. Unter Umrühren 2 Minuten kochen und auf der ausgeschalteten Platte noch 10 Minuten ausquellen lassen. • Das Lorbeerblatt herausnehmen. Die restliche Butter und die Sahne unter die Sauce ziehen. Mit den restlichen Zutaten abschmecken.

**Variante – Kräutersauce**
Reichlich feingehackte Kräuter (Kerbel, Petersilie, Schnittlauch, Dill, Fenchelkraut, Majoran, Basilikum) unter die Sauce ziehen.

**Variante – Meerrettichsauce**
2–3 Eßlöffel frisch geriebenen (oder tiefgefrorenen) Meerrettich unter die fertige Sauce mischen; nicht mehr kochen lassen!

**Variante – Currysauce**
Die Sauce mit reichlich Curry abschmecken.

**Variante – Mangosauce**
3–4 Eßlöffel grob gehacktes Mangochutney oder Mangosauce unter die Rahmsauce rühren.

**Variante – Käsesauce**
125 g Reibkäse oder 1 Ecke zerkleinerten Schmelzkäse in der heißen Sauce schmelzen lassen. (Emmentaler, Greyerzer, Gouda, Parmesan oder Gorgonzola passen gut dazu.) Nach Geschmack mit Schabziegerklee würzen.

## Griechische Zitronensauce

6 Eigelb • 6 Eßl. Zitronensaft • 11–12 Eßl. Gemüsebrühe oder Wasser • ⅓ Gemüsebrühwürfel • Kräutersalz • schwarzer Pfeffer
Pro Person etwa 525 Joule/125 Kalorien

- Zubereitungszeit: 10 Minuten

So wird's gemacht: Die Eigelbe, den Zitronensaft und die Gemüsebrühe oder das Wasser mit dem Schneebesen verrühren. Den Brühwürfel dazugeben. • Unter ständigem Schlagen auf der Kochplatte (Stufe 2) oder im Wasserbad erhitzen, bis die Sauce dick wird. Zum Schluß mit Kräutersalz und Pfeffer abschmecken.

Paßt zu: Gefüllten Weinblättern auf griechische Art (Rezept Seite 65), Fencheltopf mit Möhren (Rezept Seite 76), Zuckermais natur (Rezept Seite 76), Schwarzwurzeln, Spargel und Reis.

## Genueser Basilikumsauce – Pesto

Zu dieser würzigen italienischen Spezialität sollten Sie unbedingt frische Basilikumblätter und ein kaltgepreßtes, aromatisches Olivenöl verwenden.

4 Knoblauchzehen · 10 Pinienkerne · 2 Eßl. frische Basilikumblätter · 50 g geriebener Parmesankäse · 8 Eßl. Olivenöl · 1 Prise Kräutersalz
Pro Person etwa 1110 Joule/265 Kalorien

- Zubereitungszeit: 25 Minuten

So wird's gemacht: Die Knoblauchzehen schälen und zusammen mit den Pinienkernen und dem Basilikum im Mixer fein zerkleinern. • Den Käse dazugeben und das Öl langsam einfließen lassen. Alles zu einer cremigen Sauce mixen und mit dem Salz abschmecken.

Paßt zu: Teigwaren, Reis, Pellkartoffeln oder Vollkornbrot.

## Knoblauchsauce – Aioli

6 große Knoblauchzehen · 1/4 Teel. Kräutersalz · 2 Eigelb · 3 Teel. Zitronensaft · 1/4 l Olivenöl · frisch gemahlener weißer Pfeffer
Pro Person etwa 2500 Joule/595 Kalorien

- Zubereitungszeit: 20 Minuten

So wird's gemacht: Die Knoblauchzehen schälen, durch die Presse drücken und salzen. • Ein Eigelb nach dem andern mit dem Schneebesen unterrühren. Den Zitronensaft und das Öl tropfenweise darunterschlagen, bis eine dicke Mayonnaise entsteht. Die Sauce mit dem Pfeffer abschmecken.

Paßt zu: Pellkartoffeln, Reis, Vollkornbrot oder als Dip zu rohem Gemüse.

## Mandelschaumsauce

Bild Seite 80

80 g Mandeln · 20 g Butter · 200 g Wasser · 3/4 Gemüsebrühwürfel · 1 Eßl. Weizen, fein gemahlen · 50 g Butterflöckchen · 3 Eigelb · 1 Eßl. trockener Weißwein · 1 1/2 Eßl. Zitronensaft · Worcestershiresauce · 1 Prise frisch gemahlener Pfeffer · 50 g Sahne · 1 Eßl. feingehackter Dill und Petersilie
Pro Person etwa 1560 Joule/370 Kalorien

- Zubereitungszeit: 25 Minuten

So wird's gemacht: Die Mandeln kurz in kochendes Wasser legen, dann schälen. 1 Eßlöffel davon in Blättchen hobeln und in der Pfanne ohne Fett hellbraun rösten. Die übrigen sehr fein reiben. Die Butter in einem kleinen Topf erhitzen und die geriebenen Mandeln darin etwas rösten. • Das Wasser und den Brühwürfel dazugeben. Das Vollkornmehl mit dem Schneebesen hineinrühren und aufkochen. Die Butterflöckchen nach und nach darunterschlagen. • Die Eigelbe mit dem Wein und dem Zitronensaft verquirlen und die Sauce damit binden. Mit Worcestershiresauce und dem Pfeffer abschmecken. • Die Sahne halbsteif schlagen und unterziehen. Die Kräuter hineinrühren und die Mandelblättchen darüberstreuen.

Paßt zu: Spargel oder Schwarzwurzeln oder Broccoli.

## Feine Nußsauce

40 g Walnußkerne oder Haselnüsse · 2 Eßl. Hefeflocken · 30 g Weizen, fein gemahlen · 200–250 g Kochbrühe vom Gemüse · 1 Gemüsebrühwürfel (eventuell weniger, wenn das Kochwasser schon gesalzen war) · 1 Eßl. Butter · 1 Eßl. feingehackte Petersilie
Pro Person etwa 620 Joule/150 Kalorien

- Zubereitungszeit: 15 Minuten

So wird's gemacht: Die Nüsse möglichst fein mahlen. Mit den Hefeflocken und dem Vollkornmehl mischen, leicht rösten und abkühlen lassen. • Mit dem Schneebesen so viel Gemüsebrühe hineinrühren, daß eine sämige Sauce entsteht. Den Gemüsebrühwürfel dazugeben. 1–2 Minuten kochen lassen. Vom Herd nehmen und die Butter unterziehen. • Das jeweilige Gemüse daruntermischen und mit der Petersilie bestreuen.

Paßt zu: vielen einfachen Gemüsegerichten und zu Pellkartoffeln.

## Frankfurter Grüne Sauce

Mindestens sieben verschiedene frische Kräuter gehören in die Grüne Sauce. Die mild-würzige Pimpinelle sollte immer dabei sein – außerdem noch Petersilie, Schnittlauch, Dill, Borretsch, Zitronenmelisse und Estragon. Aber auch Kerbel, Liebstöckel (Maggikraut) und zarte Sauerampferblätter passen gut dazu.

1 Gewürzgurke • 1 kleine Zwiebel • 2 hartgekochte Eier • 2 Eßl. Sonnenblumenöl • 1/8 l saure Sahne • abgeriebene Schale und Saft von 1/2 Zitrone (unbehandelt) • 2 Teel. Senf • 1/2 Teel. Hefeextrakt • 1 Tasse feingehackte Kräuter (wie oben) • Kräutersalz • frisch gemahlener Pfeffer
Pro Person etwa 575 Joule/135 Kalorien

- Zubereitungszeit: 25 Minuten
- Kühlzeit: 30 Minuten

So wird's gemacht: Die Gurke fein würfeln. Die Zwiebel schälen und feinhacken. • Die Eier schälen, fein zerkleinern, dann nach und nach das Öl und die saure Sahne dazurühren. Die Schale und den Saft der Zitrone, den Senf, den Hefeextrakt und die Kräuter unterrühren. Mit Salz und Pfeffer abschmecken. Gut kühlen und vor dem Servieren nochmals durchrühren.

Paßt zu: Pellkartoffeln.

## Rohe Tomatensauce

750 g Tomaten • 1 Knoblauchzehe • Kräutersalz • frisch gemahlener Pfeffer • 3 Eßl. feingehackte Kräuter (Basilikum, Thymian, Oregano oder Majoran, Estragon, Petersilie oder Kerbel) • 5 Eßl. Olivenöl
Pro Person etwa 640 Joule/150 Kalorien

- Zubereitungszeit: 20 Minuten
- Kühlzeit: 30 Minuten

So wird's gemacht: Die Tomaten kurz in kochendes Wasser legen, dann häuten und das Innere mit den Kernen herausnehmen (anderweitig verwenden). • Das Tomatenfleisch mit dem Messer feinhacken (nicht im Mixer pürieren). Die Knoblauchzehe schälen. Das Tomatenpüree mit der durchgepreßten Knoblauchzehe, Salz und Pfeffer würzen. Die Kräuter dazugeben und das Olivenöl nach und nach unterrühren. • 30 Minuten im Kühlschrank zugedeckt durchziehen lassen.

Paßt zu: Vollkornnudeln, Naturreis und allen einfachen Getreidegerichten.

## Sauerkirsch- oder Himbeerchutney

Vom hausgemachten Sauerkirsch- oder Himbeeressig bleiben zum Schluß die Früchte übrig. Sie sind eine gute Grundlage für würzig-pikante Chutneys. Natürlich kann man auch frisches Obst verwenden.

150 g getrocknete Zwetschgen (ohne Stein) • 50 g getrocknete Birnen (ungeschwefelt) • 1/4 l Sauerkirsch- oder Himbeeressig (siehe Seite 18) • 1 Tasse Sauerkirschen oder Himbeeren • 50 g Sultaninen (ungeschwefelt) • 2 Teel. Senfkörner • 4 Eßl. Honig • 3 Eßl. Cumberlandsauce (Fertigprodukt) • 1/4 Teel. Meersalz • frischer geriebener Ingwer nach Geschmack
Insgesamt etwa 4215 Joule/1005 Kalorien

- Zubereitungszeit: 1 Stunde
- Marinierzeit: 2 Stunden

So wird's gemacht: Das Dörrobst kleinschneiden und in einen Topf geben. Mit dem Essig übergießen und 2 Stunden zugedeckt ziehen lassen. • Die Kirschen entkernen, zerkleinern und zum Dörrobst geben. Die Sultaninen, die Senfkörner und den Honig beifügen. • Alles unter Umrühren dick einkochen. Zum Schluß die Cumberlandsauce unterrühren, mit dem Salz abschmecken und nach Geschmack mit Ingwer würzen. • Die Würzsauce noch heiß in kleine Schraubgläser füllen und gut verschließen. • Im Kühlschrank hält sich das Chutney 2–3 Monate.

Paßt zu: Mexikanischen Tortillas (Rezept Seite 53), Vollkornpfannkuchen, Bratäpfeln oder Knäckebrot mit Butter oder zur Käseplatte.

## Rhabarberchutney

150 g getrocknete Zwetschgen (ohne Stein) · 50 g getrocknete Birnen (ungeschwefelt) · 100 g Rotwein · 200 g Apfelessig · 200 g Rhabarber · 250 g Äpfel · 50 g Sultaninen (ungeschwefelt) · 2 Teel. Senfkörner · 6 weiße Pfefferkörner · 1 Teel. Orangenschale in feinen Streifen · 3–4 Eßl. Honig · 4 Eßl. Cumberlandsauce (Fertigprodukt) · Teel. Meersalz · je 1 Messerspitze gemahlene Nelken und Piment
Insgesamt etwa 4415 Joule/1050 Kalorien

- Zubereitungszeit: 1 Stunde
- Marinierzeit: 2 Stunden

So wird's gemacht: Das Dörrobst kleinschneiden und in einen Topf geben. Mit dem Rotwein und dem Essig übergießen und 2 Stunden zugedeckt ziehen lassen. • Den Rhabarber waschen und in kleine Stücke schneiden. Die Äpfel schälen, vom Kernhaus befreien und grob raspeln. Alles zu den Dörrfrüchten geben. Die Sultaninen, die Senf- und die Pfefferkörner sowie die Orangenschale beifügen. Unter Umrühren dick einkochen. • Den Honig, die Cumberlandsauce, das Salz und die Gewürze dazugeben. Nochmals aufkochen, sofort randvoll in kleine Schraubgläser füllen und gut verschließen. Einige Tage durchziehen lassen. • Haltbarkeit im Kühlschrank etwa 8 Wochen.

## Rohe Johannisbeersauce

400 g rote und 250 g schwarze Johannisbeeren · 3–4 Eßl. Honig
Pro Person etwa 670 Joule/160 Kalorien

- Zubereitungszeit: 20 Minuten

So wird's gemacht: Die Johannisbeeren waschen, abstreifen und im Mixer etwas pürieren. Durch ein Sieb passieren und das Fruchtmark nach Geschmack mit Honig süßen.

**Varianten**
Rohe Fruchtsaucen können Sie auch mit anderem Obst zubereiten (Erdbeeren, Himbeeren, Aprikosen, Pfirsichen oder Mirabellen). Würzmöglichkeiten: Zitronensaft, Zimt oder Delifrut.

## Vanillesauce

¼ l Wasser · 40 g Weizen, fein gemahlen · 50 g Milch · 3 Eßl. Honig · 100 g Sahne · 1 Eigelb · ½–1 Teel. gemahlene Vanille
Pro Person etwa 755 Joule/180 Kalorien

- Zubereitungszeit: 15 Minuten
- Kühlzeit: 1 Stunde

So wird's gemacht: Das Wasser mit dem Vollkornmehl aufkochen und unter Umrühren zu einem dicken Brei ausquellen lassen. • Etwas abkühlen lassen, dann mit dem Elektroquirl die übrigen Zutaten nacheinander unterrühren. Zuletzt mit dem Vanillepulver abschmecken und 1 Stunde kalt stellen.

Salate immer wieder neu zu kombinieren und auszuprobieren macht unserer ganzen Familie Spaß. Es gibt viele Gelegenheiten, bei denen phantasievoll gemischte Salate willkommen sind: als Vorspeise oder zu einem Salatbuffet, zum Picknick oder als sättigende Hauptmahlzeit. Vielleicht experimentieren Sie auch gern ein wenig – die folgenden Rezepte sollen Ihnen dazu Anregungen geben.

## Spargelsalat mit Kräuterrahm

1 kg Spargel · etwa 1/2 l Wasser · 1/2 Gemüsebrühwürfel · 1/2 Eßl. Butter · 1/2 Teel. Kräutersalz · 4 Eßl. Obstessig · 4 Eßl. Sonnenblumenöl
Für die Rahmsauce: 1 Eigelb · 3 Eßl. Zitronensaft · 1 Eßl. Kapernessig aus dem Glas · 1 Teel. Senf · 5 Eßl. Sonnenblumenöl · 1 Eßl. Kapern · 4 Eßl. feingehackte Kräuter (Petersilie, Zitronenmelisse, Zitronenthymian, viel Dill, wenig Estragon) · 100 g Sahne · je 1/4 Teel. Kräutersalz, frisch gemahlener Pfeffer, Curry und Edelsüßpaprikapulver
Zum Garnieren: einige Kopfsalatblätter · 1 hartgekochtes Ei
Pro Person etwa 1485 Joule/355 Kalorien

- Zubereitungszeit: 70 Minuten
- Garzeit: 20 Minuten
- Marinierzeit: 1 Stunde

So wird's gemacht: Den Spargel wie im vorhergehenden Rezept kochen und 1 Stunde im Kühlschrank marinieren. Zwischendurch öfter mit der Marinade begießen. • Aus dem Eigelb, dem Zitronensaft, dem Kapernessig, dem Senf und dem Öl eine Mayonnaise rühren. Die Kapern feinhacken und mit den Kräutern dazugeben. Die Sahne fast steif schlagen und daruntermischen. Mit dem Salz und den Gewürzen abschmecken. • Eine Platte mit den Salatblättern belegen. Den Spargel aus der Marinade nehmen, abtropfen lassen und auf den Salat betten. Die Rahmsauce darübergeben, die Spargelspitzen dabei frei lassen. Das Ei schälen, in Scheiben schneiden und den Spargel damit garnieren. Kühl servieren.

## Schwetzinger Spargelsalat

Ein wahrhaft lukullischer Genuß ist der Spargel. Der römische Feldherr und Feinschmecker Lukullus hat ihn hoch gepriesen, und schon die alten Ägypter waren ausgesprochene Spargelliebhaber. Zur Zeit der Pharaonen bereitete man den Spargel übrigens ähnlich zu wie heute: er wurde mit Butter oder Olivenöl übergossen oder in einer Art Vinaigrettesauce mariniert.

1 kg Spargel · etwa 1/2 l Wasser · 1/2 Gemüsebrühwürfel · 1/2 Eßl. Butter · 1/2 Teel. Kräutersalz · 4 Eßl. Obstessig · 4 Eßl. Sonnenblumenöl · 2 Eigelb · 2 Eßl. feingehackter Dill und Schnittlauch
Pro Person etwa 845 Joule/200 Kalorien

- Zubereitungszeit: 1 Stunde
- Garzeit: 20 Minuten
- Marinierzeit: 30 Minuten

So wird's gemacht: Die Spargelstangen unter fließendem Wasser sauber bürsten. Von den Spitzen ausgehend schälen. Die unteren Enden abschneiden, falls sie holzig sind. Die Schalen und die Abfallstücke knapp mit Wasser bedeckt 15 Minuten auskochen. • Den Schalensud durch ein Sieb in den Kochtopf gießen. Den Brühwürfel und die Butter zugeben und den Spargel etwa 20 Minuten bei milder Hitze darin garen. • Die Spargelstangen mit dem Schaumlöffel herausnehmen, salzen und mehrmals mit dem Essig begießen. Dann das Öl darübergeben. 30 Minuten durchziehen lassen, dabei ab und zu mit der Marinade begießen. • Die Marinade abgießen, 4 Eßlöffel davon mit den Eigelben verquirlen und über den Spargel geben. Den Spargelsalat, mit den frischen Kräutern bestreut, noch lauwarm servieren.

## Bunter Maissalat

Bild Seite 25

2–3 Maiskolben (etwa 250 g ausgelöste Maiskörner) • ½ Tasse Wasser • 250 g grüne Bohnen • 1 Sträußchen Bohnenkraut • 1 Zwiebel (70 g) • 1 grüne Paprikaschote (100 g) • 250 g Tomaten • 3 hartgekochte Eier
Für die Marinade: 6 Eßl. Obstessig • 7 Eßl. Sonnenblumenöl • 1 gestrichener Teel. Kräutersalz • ½ Teel. Senf • frisch gemahlener Pfeffer • 2 Eßl. feingehackte Kräuter (Petersilie, Bohnenkraut, Borretsch, Basilikum, Liebstökkel/Maggikraut)
Zum Garnieren: Kräuselpetersilie
Pro Person etwa 1330 Joule/315 Kalorien

- Zubereitungszeit: 40 Minuten
- Garzeit: 30 Minuten
- Marinierzeit: 1 Stunde

So wird's gemacht: Die Blätter von den Maiskolben ablösen (nur die inneren zarten Hüllblätter daranlassen) und die Kolben in dem Wasser 15–20 Minuten garen. Die Maiskörner mit einem spitzen Messer herauslösen. • Die Spitzen und Stielansätze von den Bohnen abschneiden, eventuell Fäden abziehen. Die Bohnen in Stücke brechen oder schneiden und mit dem Bohnenkraut in wenig Wasser etwa 10 Minuten kochen. • Die Zwiebel schälen und würfeln. Die Paprikaschote aufschneiden, von den Kernen befreien, waschen und in Würfel schneiden. Die Tomaten in Achtel schneiden. Die Eier schälen und in Scheiben schneiden (einige Scheiben zum Garnieren zurücklassen). Alle Salatzutaten in eine Schüssel geben. • Die Zutaten für die Marinade verquirlen und über den Salat gießen. Vorsichtig mischen und zugedeckt mindestens 1 Stunde im Kühlschrank durchziehen lassen. • Den Salat nochmals abschmecken und mit den Eierscheiben und der Petersilie garnieren.

Das paßt dazu: Vollkornbrot oder Pellkartoffeln.

## Weizenkeimsalat mit Hüttenkäse

Bild auf dem Einband

150 g Weizen • 200 g Hüttenkäse • 2–3 Eßl. Zitronensaft • ¼ Teel. Kräutersalz • 1 säuerlicher Apfel (Boskop oder ähnliche Sorte)
Zum Garnieren: etwas Feldsalat
Pro Person etwa 855 Joule/205 Kalorien

- Zubereitungszeit: 15 Minuten

So wird's gemacht: Den Weizen, wie auf Seite 19 beschrieben, keimen lassen. • Den Hüttenkäse mit zwei Gabeln locker unter die Körner heben. Mit dem Zitronensaft und dem Kräutersalz abschmecken. • Den Apfel vom Kernhaus befreien und in Scheiben schneiden. Den Salat mit Apfelscheiben und Feldsalat garnieren.

## Getreidesalat mit frischen Kräutern

Bild auf dem Einband

200 g Getreide (Weizen, Roggen oder Nacktgerste) • 2 Gewürzgurken • 2 Eßl. Apfelessig • 2 Eßl. Sonnenblumenöl • 4 Eßl. feingehackte Kräuter (Petersilie, Schnittlauch, Liebstöckel/ Maggikraut, Dill) • ¼ Teel. Selleriesalz
Pro Person etwa 985 Joule / 235 Kalorien

- Zubereitungszeit: 15 Minuten
- Marinierzeit: 1 Stunde

So wird's gemacht: Das Getreide, wie auf Seite 19 beschrieben, keimen lassen. • Die Gewürzgurken würfeln und mit dem Essig, dem Öl und den Kräutern unter die Körner mischen. Mit dem Selleriesalz abschmecken. • Den Salat 1 Stunde zugedeckt bei Zimmertemperatur durchziehen lassen.

Das paßt dazu: frische, reife Tomaten in Scheiben, nach Geschmack mit gehackter Zwiebel.

◁ Die Käsebrötchen mit Varianten bringen Abwechslung auf den Frühstückstisch. Sehr dekorativ ist das Brötchenrad. Rezept Seite 126

## Südländischer Bohnensalat

Grüne Bohnen müssen immer gekocht werden. Sie enthalten den Giftstoff »Phasin«, mit Spuren von Blausäure, die nur durch das Kochen vollständig zerstört werden.

300 g grüne Bohnen, am besten Buschbohnen · 1 Sträußchen Bohnenkraut · 1 mittelgroße Zwiebel · 1 gelbe Paprikaschote · 100 g Zucchini · 250 g Tomaten · 3 Eßl. feingehackte Kräuter (Petersilie, Bohnenkraut, Borretsch, Basilikum, Thymian, Estragon, Liebstöckel/Maggikraut)
Für die Marinade: 6 Eßl. Obstessig · 4 Eßl. Olivenöl · 1½ Teel. Kräutersalz
Pro Person etwa 610 Joule/145 Kalorien

- Zubereitungszeit: 25 Minuten
- Marinierzeit: 70 Minuten

So wird's gemacht: Die Bohnen waschen, putzen, wenn nötig abfädeln und in Stücke brechen. Mit dem Bohnenkraut, knapp mit Wasser bedeckt, 10–15 Minuten kochen. • Inzwischen die Zwiebel schälen und fein würfeln. Die Zutaten für die Marinade verquirlen. • Die Bohnen abtropfen lassen, das Bohnenkraut herausnehmen, die Zwiebelwürfel und die Sauce untermischen. 1 Stunde zugedeckt im Kühlschrank durchziehen lassen. • Die Paprikaschote entkernen, waschen und in Streifen schneiden. Die Zucchini (je nach Größe) in Scheiben oder Streifen schneiden, die Tomaten achteln. Alle Salatzutaten, auch die Kräuter, vorsichtig mischen und den Salat noch 10 Minuten ziehen lassen.

*Mein Tip: Bohnen werden schneller weich, wenn man sie in ungesalzenem Wasser kocht. Bohnen, besonders auch die dicken Bohnen, lassen sich sehr gut einfrieren (Lagerdauer etwa 8 Monate). Legen Sie gleich ein Sträußchen Bohnenkraut mit ins Bohnenpäckchen.*

## Puffbohnensalat mit Tomaten und Paprika

Die »dicken Bohnen« oder »Saubohnen« wurden schon im Altertum häufig angebaut. Ihre Heimat ist wahrscheinlich die Gegend um das Kaspische Meer. Heute kultiviert man sie vorwiegend in Norddeutschland und im Rheinland. Puffbohnen gedeihen in jedem guten Gartenboden, sie überstehen Fröste bis −5° C ohne Schaden. Aus den zarten, jungen Bohnenkernen lassen sich sehr schmackhafte Suppen, Gemüse und Salate zubereiten. Beim Einkauf von Puffbohnen müssen Sie mit viel Abfall rechnen – 1 kg Puffbohnen ergeben etwa 300–350 g Bohnenkerne!

300 g Puffbohnen · knapp ¼ l Wasser · 1 Sträußchen Bohnenkraut · ¼ Gemüsebrühwürfel · 200 g grüne Paprikaschoten · 250 g Tomaten · 1–2 Frühlingszwiebeln mit Grün
Für die Marinade: 5 Eßl. Sonnenblumenöl · 5 Eßl. Obstessig · 1 Eßl. Bohnenbrühe · ½ Teel. Kräutersalz · 2 Eßl. feingehackte Kräuter (Petersilie, Bohnenkraut, Thymian, Basilikum, wenig Estragon)
Pro Person etwa 630 Joule/150 Kalorien

- Zubereitungszeit: 30 Minuten
- Marinierzeit: 1–2 Stunden

So wird's gemacht: Die Puffbohnen in dem Wasser mit dem Bohnenkraut und dem Gemüsebrühwürfel in etwa 10 Minuten garen. • Inzwischen die Paprikaschoten von den Kernen befreien, waschen und in Streifen schneiden. Die Tomaten in Scheiben schneiden. Die Zwiebeln schälen und fein würfeln. Die gekochten Bohnen zum Salat geben. • Alle Zutaten für die Marinade verrühren, über den Salat gießen und vorsichtig mischen. 1–2 Stunden zugedeckt kühl durchziehen lassen.

## Reissalat mit jungen Erbsen

Wir finden, daß junge Erbsen roh viel besser schmecken als gekocht – besonders in diesem sommerlichen Reissalat.

250 g Demeter-Naturreis • 420 g Wasser • ½ Gemüsebrühwürfel • 2 Gewürzgurken • 1 junge Sommerzwiebel mit Grün oder etwas Schnittlauch • 300 g junge Erbsen, enthülst gewogen • 3 Eßl. gehackte Kräuter (Petersilie, Kerbel, Borretsch, Basilikum, Dill, wenig Estragon und Liebstöckel/Maggikraut) • 250 g Fleischtomaten • 3 hartgekochte Eier
Für die Sauce: 1 Ei • 1 Eßl. Senf • Saft von ½ Zitrone • 3 Eßl. Sonnenblumenöl • 2 Eßl. saure Sahne • 1 Eßl. Quark • 1 Eßl. kleine Kapern • 1 Eßl. Kapernessig aus dem Glas • 1 Teel. abgeriebene Zitronenschale (unbehandelt) • je ¼ Teel. Curry und Edelsüßpaprikapulver • Kräutersalz
Zum Garnieren: Kräuselpetersilie
Pro Person etwa 2045 Joule/485 Kalorien

- Zubereitungszeit: 1 Stunde
- Marinierzeit: 1 Stunde

So wird's gemacht: Den Reis in einem Sieb unter fließendem Wasser abspülen. In einen Topf schütten, das Wasser und den Brühwürfel zugeben. Den Reis zugedeckt bei milder Hitze in etwa 40 Minuten körnig kochen. Auf der ausgeschalteten Platte im offenen Topf ausdämpfen lassen. • Inzwischen die Gurken in Streifen schneiden. Die Zwiebel schälen, fein würfeln, das Zwiebelgrün fein schneiden. Die Erbsen enthülsen. Alle vorbereiteten Zutaten und die Kräuter mit dem Reis mischen. • Die Zutaten für die Sauce verrühren, pikant abschmecken und den Salat damit anmachen. • Die Tomaten würfeln (einige Scheiben zum Garnieren aufheben). Die Eier schälen, 2 davon in Scheiben schneiden. Die Tomatenwürfel und die Eischeiben vorsichtig unter den Salat heben. 1 Stunde zugedeckt kühl durchziehen lassen. • Den Reissalat nochmals abschmecken. Das letzte Ei vierteln und den Salat mit Tomatenscheiben, Eivierteln und Petersilie garnieren.

*Mein Tip: Kochen Sie aus den Erbsenschoten, etwas Liebstöckel und Petersilie eine Gemüsebouillon. Sie ist sehr mineralstoffreich und hat ein besonders feines Aroma. Mit einem Gemüsebrühwürfel gewürzt als Trinkbrühe in Tassen servieren.*

## Frischer Reissalat

Ein sehr pikanter Vorspeisensalat. Sie können auch Ihre Partygäste damit überraschen.

150 g Demeter-Naturreis • ¼ l Wasser • ¼ Gemüsebrühwürfel • 2 Messerspitzen Curry • 1 kleine Zwiebel (50 g) • 300 g Möhren/Karotten
Für die Marinade: 3 Eßl. Apfelessig • 5 Eßl. Sonnenblumenöl • knapp ¼ Teel. Kräutersalz
Zum Bestreuen: 2 Eßl. feingehackte Petersilie oder Kresse
Pro Person etwa 1155 Joule/275 Kalorien

- Zubereitungszeit: 20 Minuten
- Garzeit: 40 Minuten
- Marinierzeit: 30 Minuten

So wird's gemacht: Den Reis in einem Sieb unter fließendem Wasser abspülen und in dem Wasser mit dem Brühwürfel und dem Curry zugedeckt bei milder Hitze in etwa 40 Minuten körnig kochen. Danach im offenen Topf ausdampfen lassen. • Die Zwiebel schälen, sehr fein hacken und zum Reis geben. Die Zutaten für die Marinade verrühren und unter den Reis mengen. • Den Reissalat 30 Minuten zugedeckt im Kühlschrank durchziehen lassen. • Die Möhren unter fließendem Wasser sauber bürsten, fein reiben und unter den Salat mengen. Die Petersilie oder die Kresse darüberstreuen.

## Kartoffelsalat nach unserer Art

1 kg kleine festkochende Kartoffeln · 100 g Zwiebeln · 100 g Gewürzgurken · ½ Gemüsebrühwürfel · 2 Teel. Senf · ½ Knoblauchzehe · ¼ Teel. frisch gemahlener schwarzer Pfeffer · 2 Eßl. Kräuteressig · 3 Eßl. Sonnenblumenöl · 2 Eßl. gehackte Kräuter (Petersilie, Schnittlauch, Dill, Liebstöckel/Maggikraut, wenig Estragon) · Kräutersalz
Zum Garnieren: Feldsalat oder Radieschen
Pro Person etwa 1135 Joule/270 Kalorien

- Zubereitungszeit: 30 Minuten
- Garzeit: 25–30 Minuten
- Marinierzeit: 20 Minuten

So wird's gemacht: Die Kartoffeln unter fließendem Wasser sauber bürsten und im Dämpfeinsatz nicht zu weich kochen. Heiß schälen und in Scheiben schneiden. ½ Tasse Kartoffelkochbrühe aufbewahren. • Die Zwiebeln schälen und würfeln, ebenso die Gurken, beides zu den Kartoffeln geben. • In der Kartoffelkochbrühe, die noch heiß sein soll, den Brühwürfel auflösen. Den Senf, den geschälten durchgepreßten Knoblauch und den Pfeffer damit verrühren. Über die Kartoffeln gießen und vorsichtig mischen. Bei Zimmertemperatur zugedeckt 20 Minuten ziehen lassen. • Den Essig daruntermischen, danach das Öl und die Kräuter. Eventuell mit Kräutersalz nachwürzen. Mit dem Feldsalat oder Radieschenscheiben garnieren. Lauwarm servieren.

**Variante**
Kurz vor dem Servieren 2 in Scheiben geschnittene säuerliche Äpfel oder 4–5 Stengel feingeschnittenen Bleichsellerie unter den Salat mischen.

## Italienischer Kartoffelsalat

600 g kleine festkochende Kartoffeln · 1 mittelgroße Zwiebel (80 g) · ½ Gemüsebrühwürfel · ½ Teel. Kräutersalz · 2 Teel. Senf · ¼ Teel. frisch gemahlener Pfeffer · ½ Knoblauchzehe · 1 rote und 1 grüne Paprikaschote (insgesamt 300 g) · 250 g Zucchini · 4 Eßl. feingehackte Kräuter (Petersilie, Borretsch, Estragon, Fenchelkraut, Thymian) · 1 Eßl. kleine Kapern · 2 Teel. Kapernessig aus dem Glas · 4 Eßl. Obstessig · 4 Eßl. Sonnenblumenöl
Zum Garnieren: Eissalat oder Endiviensalat
Pro Person etwa 995 Joule/235 Kalorien

- Zubereitungszeit: 40 Minuten
- Garzeit: 25–30 Minuten
- Marinierzeit: 30 Minuten

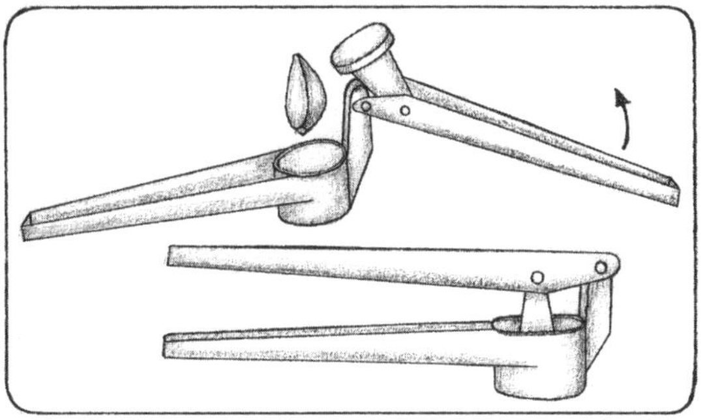

Wer häufig mit Knoblauch kocht, wird die praktische Knoblauchpresse zu schätzen wissen.

So wird's gemacht: Die Kartoffeln unter fließendem Wasser sauber bürsten und im Dämpfeinsatz nicht zu weich kochen. Etwas abkühlen lassen, dann schälen und in Scheiben schneiden. ½ Tasse Kartoffelkochbrühe aufbewahren. • Die Zwiebel schälen, fein würfeln und zu den Kartoffeln geben. In der noch heißen Kochbrühe den Brühwürfel und das Salz auflösen. Den Senf, den Pfeffer und die geschälte, pürierte Knoblauchzehe hineinrühren. Diese Mischung über die Kartoffeln gießen und zugedeckt 20

Minuten bei Zimmertemperatur ziehen lassen • Inzwischen die Paprikaschoten vierteln, von den Kernen befreien, waschen und in hauchdünne Streifen schneiden. Die Zucchini in dünne Scheiben hobeln, größere grob raspeln. Beides zu den Kartoffeln geben. Die Kräuter, die Kapern, den Kapernessig und den Obstessig beifügen. Alles mischen, danach das Öl unterheben. 10 Minuten zugedeckt ziehen lassen. • Den Salat auf eine Platte häufen und mit einem Kranz von feingeschnittenem Eissalat oder Endiviensalat umgeben.

**Varianten**
150 g Räucherkäse würfeln und unter den Salat heben. • Oder die Paprikaschoten weglassen und 3 hartgekochte Eier, in Scheiben geschnitten, untermischen.

## Ländlicher Käsesalat

250 g Tilsiter Käse · 200 g milde rote Gemüsezwiebeln oder junge Sommerzwiebeln mit Grün · 5 Eßl. Obstessig · 1 Teel. scharfer Senf · 1/2 Teel. Kräutersalz · 1/4 Teel. schwarzer Pfeffer · 6 Eßl. Sonnenblumenöl · 200 g säuerliche Äpfel (Boskop oder Cox Orange) · 1 Eßl. feingehackte Petersilie
Pro Person etwa 1745 Joule/415 Kalorien

- Zubereitungszeit: 35 Minuten
- Marinierzeit: 20 Minuten

So wird's gemacht: Den Käse in viereckige Scheibchen schneiden. Die Zwiebeln schälen und in feine Streifen schneiden. • Den Essig mit dem Senf, dem Salz und dem Pfeffer verrühren und unter den Salat mischen. Das Öl untermischen. • Die Äpfel entkernen, mit der Schale in Streifen schneiden und unter den Salat mischen. Zugedeckt 20 Minuten durchziehen lassen. Mit Petersilie bestreut servieren.

Das paßt dazu: Vollkornbrot oder -brötchen.

## Griechischer Bauernsalat

Bild Seite 25

1 Knoblauchzehe · 1 grüne Paprikaschote · 1 große Zwiebel · 400 g Tomaten · 1/2 Salatgurke · 150 g Schafkäse · 50 g schwarze Oliven · Provenzalische Salatsauce (Rezept Seite 36) · Kräutersalz · schwarzer Pfeffer
Zum Garnieren: frisches Basilikum oder Zitronenmelisse
Pro Person etwa 980 Joule/235 Kalorien

- Zubereitungszeit: 20 Minuten
- Marinierzeit: 20 Minuten

So wird's gemacht: Die Salatschüssel mit der halbierten Knoblauchzehe ausreiben. Die Paprikaschote entkernen und waschen, die Zwiebel schälen, beides in Streifen schneiden. Die Tomaten, die ungeschälte Gurke und den Käse würfeln. Die Oliven entsteinen und halbieren. • Alle Salatzutaten nacheinander in die Schüssel schichten. Die Sauce darübergießen und alles vorsichtig mischen. Mit Salz und Pfeffer abschmecken. Den Salat zugedeckt im Kühlschrank 20 Minuten durchziehen lassen. • Vor dem Servieren mit Basilikum- oder Zitronenmelisseblättchen garnieren.

Das paßt dazu: Vollkornbrot oder Knusprige Käsebrötchen (Rezept Seite 126).

Auch wer gesund leben möchte, kann sich ohne Bedenken das Leben versüßen – mit Honig natürlich! Im Honig sind viele wichtige Nähr- und Heilstoffe vereinigt: Trauben- und Fruchtzucker (größter Anteil), Vitamine, Mineralstoffe, Spurenelemente, Inhibine, Fermente, Duft- und Aromastoffe.

Dank seiner idealen Zusammensetzung erhöht der Honig die körperliche Leistungsfähigkeit, kräftigt Herz und Kreislauf und verbessert die Durchblutung und Sauerstoffversorgung des Herzmuskels. Bei Husten und Erkältungskrankheiten verschafft er rasche Linderung. Aber nicht nur innerlich, auch äußerlich angewandt, ist er ein wahres Wundermittel gegen schlecht heilende Wunden, Verbrennungen und Sonnenbrand. Als Schönheitsmittel wurde der Honig schon im Altertum geschätzt. Auch heute noch ist er wirksamer Bestandteil vieler moderner Kosmetika. Im Gegensatz zum Zucker hat der Honig keinerlei schädliche Wirkungen, wenn man ihn sparsam verwendet und sich nach dem Genuß von honiggesüßten Speisen die Zähne putzt.

Süßspeisen und Eiscremes können Sie mit Honig ebensogut zubereiten wie mit Zucker. Verwenden Sie dazu einen hellen Blütenhonig mit wenig Eigenaroma, damit er nicht vorschmeckt.

## Badische Apfelküchle

270 g Milch · 3 Eigelb · 1 Eßl. Honig · 250 g Weizen, fein gemahlen · 1 gestrichener Teel. Zimt · 1 Eßl. Vanillerum (siehe Seite 15) · 1 Eßl. Butter · 2 Eßl. Rosinen (ungeschwefelt) · 4–6 mürbe Äpfel · 3 Eiweiß · Butter zum Backen
Pro Person etwa 2050 Joule/490 Kalorien

- Zubereitungszeit: 1 Stunde
- Ruhezeit für den Teig: 30 Minuten

So wird's gemacht: Aus der Milch, den Eigelben, dem Honig, dem Vollkornmehl, dem Zimt und dem Vanillerum einen dicken Pfannkuchenteig rühren. • Die Butter zerlassen, die Rosinen kleinhacken und beides unter den Teig mischen. 30 Minuten ruhen lassen. • Die Äpfel vierteln, vom Kernhaus befreien, grob raspeln und unter den Teig mengen. Die Eiweiße steif schlagen und unterheben. • In einer kleinen Bratpfanne etwas Butter erhitzen und 1–2 Eßlöffel Teig darin verteilen. Die Apfelküchle zugedeckt langsam auf einer Seite goldgelb backen, dann wenden und ohne Deckel fertigbacken.

**Variante**
Heiße Apfelküchle schmecken köstlich mit kaltem Eis. Bereiten Sie selbst nach dem Rezept auf Seite 103 eine Nuß-Eiscreme dazu.

## Orangenpfannkuchen mit Kokosnuß

Diese zarten, lockeren Eierkuchen schmecken frisch aus der Pfanne am besten.

Zutaten für etwa 20 kleine Pfannkuchen:
200 g Weizen, fein gemahlen · 100 g Kokosflokken · 175 g Milch · 1½ Eßl. Honig · 4 Eigelb · abgeriebene Schale und Saft einer großen Orange (unbehandelt) · ¼ Teel. gemahlene Vanille · 4 Eiweiß · Butter zum Backen
Pro Pfannkuchen etwa 380 Joule/90 Kalorien

- Zubereitungszeit: 40 Minuten
- Ruhezeit für den Teig: 30 Minuten

So wird's gemacht: Aus allen Zutaten (bis auf die Eiweiße) einen Pfannkuchenteig rühren. 30 Minuten ruhen lassen. • Die Eiweiße sehr steif schlagen und unter den Teig heben. • In einer Pfanne etwas Butter erhitzen und aus dem Teig kleine goldgelbe Pfannkuchen backen.

Das paßt dazu: Die Orangenpfannkuchen schmecken ohne weitere Zugaben am besten. Als Vorspeise schmeckt eine große Salatplatte mit Chicorée, Radicchio und Waldorfsalat.

## Ingwer-Bratäpfel

Bild auf dem Einband

Nach einem einfachen Essen schmeckt dieses würzig-scharfe Dessert ganz ausgezeichnet. Wenn Sie kein »Ingwer-Fan« sind, dann nehmen Sie abgeriebene Orangenschale, Zimt, gemahlene Nelken, nach Geschmack auch ein wenig Rum, als würzende Zutaten.

2 mittelgroße feste Äpfel (je etwa 180 g) · 2 Teel. Zitronensaft · Butter für die Form
Für die Füllung: 100 g Mais, fein geschrotet · 1/8 l Wasser · 4 Walnußkerne · 2 eingelegte Ingwerpflaumen · 40 g Honig · 1 Eigelb · 1 Teel. abgeriebene Orangenschale (unbehandelt) · 1 Messerspitze Delifrut · 1 Eiweiß
Pro Person etwa 900 Joule/215 Kalorien

- Zubereitungszeit: 15 Minuten
- Backzeit: 25–30 Minuten

So wird's gemacht: Die Äpfel waschen und quer halbieren. Das Kernhaus und noch etwas vom Fruchtfleisch mit einem Küchenmesser ausstechen. Die Äpfel innen mit dem Zitronensaft bestreichen. Den Backofen auf 180° C vorheizen • Den Mais mit dem Wasser verrühren und unter Rühren 1–2 Minuten kochen, so daß ein dicker Brei entsteht. Etwas abkühlen lassen. • Inzwischen die Walnüsse und die Ingwerpflaumen grob hacken. Den Honig und das Eigelb unter den Maisbrei rühren, dann die übrigen Zutaten beifügen. Das Eiweiß steif schlagen und unterheben. • Die Apfelhälften mit der Maiscreme füllen und in eine gefettete feuerfeste Form setzen. Auf der 2. Leiste von unten 25–30 Minuten backen, bis die Äpfel weich sind. • Warm aus dem Backofen oder schon etwas abgekühlt schmecken die Ingwer-Äpfel am besten.

*Mein Tip: Walnüsse kann man meistens auch durch Haselnüsse ersetzen; leicht geröstet haben sie mehr Aroma.*

## Fränkische Zwetschgenpastete

Im Herbst kommt die Pastete aus süßen, saftigen Zwetschgen und Walnüssen bei uns häufig auf den Tisch. Sie schmeckt warm als Mittagessen oder kalt als Nachtisch ausgezeichnet.

100 g Walnußkerne · 250 g Weizen, fein gemahlen · 1/2 Teel. Zimt · 100 g Butter · 125 g Honig · 600 g Zwetschgen · 8 halbe Walnußkerne · Butter für die Form
Pro Person etwa 3345 Joule/795 Kalorien

- Zubereitungszeit: 40 Minuten
- Backzeit: 40 Minuten

So wird's gemacht: Die Nüsse grob reiben, das Mehl und den Zimt damit mischen. Die Butter in Flöckchen schneiden und dazugeben. Zunächst mit den Knethaken der Küchenmaschine alles mischen, gleichzeitig den Honig langsam hineinlaufen lassen. Dann alles mit zwei Löffeln zu einer gleichmäßigen krümeligen Masse verarbeiten und kühl stellen. • Die Zwetschgen waschen, entkernen, in Viertel schneiden und unter die Krümelmasse mischen. In eine gefettete Auflaufform füllen und etwas zusammendrücken. Die halben Walnußkerne auflegen. • Die Pastete auf der 2. Leiste von unten in den kalten Backofen schieben. Bei 200° C etwa 40 Minuten backen.

**Variante – Apfelpastete**
Statt Zwetschgen 600 g mit der Schale geraspelte Äpfel unter den Teig mischen.

**Vanille-Quark-Sauce**
schmeckt zu vielen warmen Desserts, zu Aufläufen und Strudeln: 100 g Quark mit 200 g Milch verquirlen, dann 1 Eigelb, 2 Eßlöffel Honig, 1/2 Teelöffel gemahlene Vanille und nach Belieben 2 Eßlöffel Vanillerum (siehe Seite 15) unterrühren. Gekühlt servieren!

## Süßer Hirseauflauf

250 g Hirse • ½ l Wasser • 50 g Reformmargarine • 50 g Sahne • 125 g Honig • ½ Teel. Zimt • 3 Eigelb • 50 g Haselnüsse • 3 Eiweiß • Margarine für die Form
Pro Person etwa 2605 Joule/620 Kalorien

- Zubereitungszeit: 25 Minuten
- Backzeit: 50–60 Minuten

So wird's gemacht: Die Hirse in dem Wasser 2 Minuten kochen und 15 Minuten auf der ausgeschalteten Platte ziehen lassen. • Inzwischen die Margarine mit der Sahne, dem Honig, dem Zimt und den Eigelben schaumig rühren. Die Nüsse grob mahlen und dazugeben. Die Hirse daruntermengen. • Den Backofen auf 200° C vorheizen. Die Eiweiße steif schlagen und unter die Hirsemasse heben. In eine gefettete feuerfeste Form füllen. • Den Auflauf auf der untersten Leiste 50 Minuten backen. Weitere 10 Minuten im ausgeschalteten Herd stehen lassen. Warm oder kalt servieren.

Das paßt dazu: frisches Obst, eventuell kleingeschnitten, oder Apfel-Rhabarber-Kompott oder eine rohe Fruchtsauce wie Johannisbeersauce (Rezept Seite 86).

## Wiener Kirschenstrudel

Strudelteig mit Vollkornmehl läßt sich nicht so dünn ausziehen wie ein Teig aus weißem Mehl, weil Vollkornmehl mehr Kleie enthält und der Teig dadurch brüchiger wird. Deshalb empfiehlt es sich, einen Teil der Kleie abzusieben.

350 g Weizen, fein gemahlen • 100 g handwarmes Wasser • 3 Eßl. Sonnenblumenöl • 1 Ei • 2 Teel. Zitronensaft • 1250 g Süßkirschen • 75 g Haselnüsse • 1 gestrichener Teel. Zimt • 1 Messerspitze gemahlene Nelken • abgeriebene Schale von 1 Zitrone (unbehandelt) • 60 g Butter • 2 Eßl. Honig • 2 Eßl. saure Sahne • 2 Eßl. Haselnüsse in Scheiben
Pro Person etwa 3530 Joule/840 Kalorien

- Zubereitungszeit: 1 Stunde
- Ruhezeit für den Teig: 30 Minuten
- Backzeit: 1 Stunde

So wird's gemacht: Das Weizenmehl durchsieben und 70 g abgesiebte Kleie zurücklassen. • Das Mehl mit der restlichen Kleie in eine Schüssel schütten. In die Mitte eine Vertiefung drükken, das Wasser, das Öl, das Ei und den Zitronensaft hineingeben. Einen festen, aber elastischen Teig kneten und 10 Minuten kräftig durcharbeiten. 2 Kugeln daraus formen und dünn mit Öl bestreichen, damit der Teig nicht austrocknet. Unter einem angewärmten Topf 30 Minuten ruhen lassen. • Inzwischen die Kirschen entkernen, in ein Sieb geben und den Saft abtropfen lassen. Die Nüsse fein reiben, mit der ausgesiebten Kleie, dem Zimt, den Nelken und der Zitronenschale mischen. • Eine längliche feuerfeste Form mit Butter einfetten. • Eine der Teigkugeln auf einem bemehlten Tuch dünn ausrollen. 30 g Butter zerlassen und den Teig damit bestreichen. Mit der Hälfte der Nußmischung bestreuen. Die Kirschen mit etwas Abstand darauf verteilen, die Teigränder dabei frei lassen. Den Honig darüberträufeln. • Den Strudel durch leichtes Anheben des Tuches locker zusammenrollen. Die Teigenden fest zusammendrücken und den Strudel vorsichtig in die Form gleiten lassen. Mit der Sahne bestreichen und mit den Nußscheibchen bestreuen. Die andere Hälfte des Teiges ebenso füllen. • Die Strudel in den kalten Backofen schieben. Auf der 2. Leiste von unten bei 200° C etwa 60 Minuten backen, bis der Teigmantel außen knusprig ist.

Das paßt dazu: Vanillesauce (Rezept Seite 86) oder Vanille-Quark-Sauce (Rezept gegenüber).

## Wiener Brotpudding

Ein Rezept aus dem Wiener Kochbuch meiner Großmutter. Damals waren Kochpuddings, die im Wasserbad gegart werden, sehr beliebt. Passende Puddingformen aus Metall mit dicht schließendem Deckel sind in Haushaltsgeschäften erhältlich. Sie können den Pudding ebensogut auch in einer Reisrand- oder einer kleinen Gugelhupfform im Backofen backen.

100 g weiche Butter • 150 g Honig • 3 Eigelb • 2 gestrichene Teel. Kakao • 1/2 Teel. Zimt • 2 Teel. abgeriebene Orangenschale (unbehandelt) • 2 Eßl. Rum • 150 g trockenes Vollkornbrot • 6 bittere Mandeln • 50 g Haselnüsse • 100 g Weizen, fein gemahlen • 1/2 Teel. Backpulver • etwas Butter und Vollkornbrösel für die Form • 3 Eiweiß
Pro Person etwa 2835 Joule/675 Kalorien

- Zubereitungszeit: 40 Minuten
- Ruhezeit für den Teig: 30 Minuten
- Garzeit: 90 Minuten

So wird's gemacht: Die Butter mit dem Honig und den Eigelben schaumig rühren. Den Kakao, den Zimt, die Orangenschale und den Rum dazugeben. • Das Brot, die Mandeln und die Nüsse fein reiben und unter den Teig rühren. Zuletzt das mit dem Backpulver gemischte Mehl untermengen. Den Teig 30 Minuten ruhen lassen. • Inzwischen die Puddingform sorgfältig mit der zerlassenen Butter einfetten und mit Bröseln ausstreuen. In einem passenden Kochtopf genügend Wasser zum Kochen bringen. • Die Eiweiße steif schlagen und unter den Teig heben. Die Masse in die Puddingform füllen und glattstreichen. Die Form mit dem Deckel verschließen und den Pudding im siedenden Wasserbad 1 1/2 Stunden garen. • Die Form aus dem Wasser nehmen und 5 Minuten offen stehen lassen. Den Pudding an den Rändern mit einem Messer etwas lockern und vorsichtig auf eine Platte stürzen. Der Wiener Brotpudding schmeckt warm oder kalt gleichermaßen gut.

Das paßt dazu: Zum Tee serviere ich den Brotpudding mit Schlagsahne, die mit etwas Honig gesüßt und mit gemahlener Vanille oder Ingwer oder abgeriebener Orangenschale aromatisiert wurde. Kommt der Pudding als Dessert auf den Tisch, paßt Quitten- oder Apfelmus, eventuell noch mit etwas Schlagsahne gemischt, sehr gut dazu.

*Mein Tip: Es ist wichtig, daß das Wasserbad siedend heiß ist, wenn die Form hineinkommt, sonst geht der Pudding nicht genügend auf. Bei Bedarf nur heißes Wasser nachgießen! Im Kochtopf darf nur so viel Wasser sein, daß die Form sicher darin steht und nicht zu schwimmen beginnt – sonst rutscht der Inhalt nach einer Seite und der Brotpudding wird schief.*

## Johannisbeerpudding

Je 200 g rote und schwarze Johannisbeeren • 60 g Vollkorngrieß (mit Schalenteilen) • 2–3 Eßl. Honig • 1 Prise Delifrut • 1/8 l Sahne oder Vanille-Quark-Sauce (Rezept Seite 96)
Pro Person etwa 735 Joule/175 Kalorien

- Zubereitungszeit: 25 Minuten
- Kühlzeit: 1–2 Stunden

So wird's gemacht: Die Johannisbeeren waschen und abstreifen. Im Mixer etwas pürieren und durch ein Sieb passieren. • Die Fruchtrückstände mit Wasser verrühren und durch das Sieb rühren. Mit dem so gewonnenen Saft das Johannisbeermark auf 1/2 l ergänzen. Den Grieß hineinrühren, aufkochen und auf der ausgeschalteten Platte 3–5 Minuten ziehen lassen. • Nach Geschmack mit Honig süßen und mit Delifrut würzen. Die Masse in kalt ausgespülte Förmchen füllen. 1–2 Stunden kalt stellen und dann stürzen. • Mit flüssiger Sahne oder Vanille-Quark-Sauce umgießen.

## Maispudding

100 g Mais, fein gemahlen · 300 g Wasser · 125 g Quark · 5 Eßl. Sahne · 75 g Honig · 1 Eigelb · abgeriebene Schale von 1 Zitrone (unbehandelt) · 1 Eiweiß
Pro Person etwa 1180 Joule/280 Kalorien

- Zubereitungszeit: 20 Minuten

So wird's gemacht: Den Maisgrieß mit dem Wasser zu einem dicken Brei kochen. Auf der ausgeschalteten Platte noch 10 Minuten nachquellen lassen. • Den Quark mit der Sahne, dem Honig, dem Eigelb und der Zitronenschale verrühren und unter den Maisbrei mischen. Zuletzt das Eiweiß steif schlagen und darunterheben. Der Pudding schmeckt warm oder kalt.

Das paßt dazu: frisches Obst oder rohe Johannisbeersauce (Rezept Seite 86).

*Mein Tip: Noch fruchtiger schmeckt der Maispudding, wenn Sie zum Kochen Apfelsaft oder Rhabarbersaft nehmen.*

## Hirsecreme mit Früchten

130 g Hirse · abgeriebene Schale von $^1/_2$ Zitrone (unbehandelt) · 300 g Wasser · 70 g Honig · $^1/_2$ Teel. Delifrut · 100 g Sahne · 250 g Obst je nach Jahreszeit
Pro Person etwa 1240 Joule/295 Kalorien

- Zubereitungszeit: 20 Minuten
- Kühlzeit: 1 Stunde

So wird's gemacht: Die Hirse mit der Zitronenschale in das Wasser rühren. 5 Minuten kochen und 15 Minuten auf der ausgeschalteten Platte ziehen lassen. • Abkühlen, dann den Honig und das Delifrut hineinrühren. Die Sahne steif schlagen und unter die kalte Masse heben. 1 Stunde kühl stellen. • Kurz vor dem Essen das Obst vorbereiten (größere Früchte kleinschneiden) und schichtweise mit der Creme in eine Glasschale füllen. Mit einigen schönen Früchten garnieren.

**Varianten**
Reife Pfirsiche oder Aprikosen oder Zwetschgen pürieren, nach Geschmack mit Honig süßen und über die Hirse gießen. • Oder gemischtes Dörrobst 2–3 Stunden in wenig Wasser einweichen, mit dem Einweichwasser mixen und als Sauce dazu servieren.

## Rhabarbercreme

250 g Rhabarber · 75 g Weißwein · 75 g Wasser · abgeriebene Schale von $^1/_4$ Zitrone (unbehandelt) · 25 g Vollkorngrieß (mit Schalenteilen) · 85 g Honig · 1 Messerspitze Delifrut · 100 g Sahne
Pro Person etwa 870 Joule/205 Kalorien

- Zubereitungszeit: 25 Minuten
- Kühlzeit: 30 Minuten

So wird's gemacht: Den Rhabarber waschen, nicht schälen. Dicke Stangen längs halbieren, dann in 1 cm breite Stücke schneiden. • Den Wein, das Wasser und die Zitronenschale in einem Kochtopf mischen und den Grieß einrühren. Unter Umrühren aufkochen, den Rhabarber dazugeben. 2 Minuten sacht kochen und weitere 5–10 Minuten auf der ausgeschalteten Platte ziehen lassen. (Die Rhabarberstücke sollen weich sein, aber nicht zerfallen.) Im kalten Wasserbad abkühlen lassen. • Den Honig und das Delifrut hineinrühren. Die Sahne steif schlagen und darunterheben. Die Creme mindestens 30 Minuten in den Kühlschrank stellen.

**Varianten**
Man kann die Creme auch mit Orangenschale oder geriebenem Ingwer aromatisieren.

## Apfeldessert mit Kirschen

4 Eßl. großblättrige Vollkornhaferflocken · 1/2 Eßl. Butter · 1/8 l Sahne · 50 g Haselnüsse · 1 1/2 Tassen Süßkirschen · 200 g Äpfel · 1 Eßl. Honig · 1 gute Prise Zimt
Pro Person etwa 915 Joule/220 Kalorien

- Zubereitungszeit: 20 Minuten

So wird's gemacht: Die Haferflocken in der Butter knusprig rösten. • Die Sahne steif schlagen und in den Kühlschrank stellen. Die Nüsse grob hacken. Die Kirschen entkernen (3–4 zum Garnieren aufheben). Die Äpfel vierteln, vom Kernhaus befreien und raspeln. Mit den Kirschen und den Nüssen mischen, den Honig und den Zimt dazugeben. Die Sahne unterheben (zum Garnieren etwas Sahne zurücklassen). • Das Obst abwechselnd mit den Haferflocken in eine Schüssel füllen. Mit der restlichen Sahne und den Kirschen verzieren. Sofort servieren, damit die Haferflocken knusprig bleiben.

**Varianten**
Statt Kirschen können Sie auch Erdbeeren, Himbeeren, Brombeeren oder Zwetschgen verwenden.

## Fruchtige rote Grütze

400 g rote Johannisbeeren · 250 g schwarze Johannisbeeren · 1/4 l Wasser · 60 g Buchweizen oder Weizen, fein gemahlen · 3/4 Teel. Agar-Agar · 3–4 Eßl. Honig · 300 g frische Himbeeren, eventuell mit Erdbeeren und Kirschen gemischt
Pro Person etwa 925 Joule/220 Kalorien

- Zubereitungszeit: 40 Minuten
- Kühlzeit: 1 Stunde

So wird's gemacht: Die Johannisbeeren waschen, abstreifen und im Mixer pürieren. Durch ein Sieb passieren (= etwa 1/2 l Fruchtmark). • Die Rückstände mit dem Wasser verrühren und nochmals durchpassieren. Das Buchweizen- oder Weizenmehl und das Agar-Agar damit verrühren und aufkochen. 10 Minuten auf der ausgeschalteten Platte ausquellen lassen. • Dann das Fruchtmark mit dem Schneebesen unter den steifen Brei schlagen. Den Honig hineinrühren. Die Himbeeren darunterheben und die rote Grütze 1 Stunde kalt stellen.

Das paßt dazu: Vanillesauce (Rezept Seite 86) oder Schlagsahne.

## Fruchtkaltschale

Bild Seite 115

250 g Äpfel · 1/4 l Wasser · abgeschälte Schale von 1/2 Zitrone (unbehandelt) · 3/4 l schwarzer Johannisbeersüßmost · 70 g Weizen, fein gemahlen · etwa 1/2 Eßl. Honig · 250 g Erdbeeren · 1 Eßl. gehackte Pistazien
Pro Person etwa 1210 Joule/290 Kalorien

- Zubereitungszeit: 20 Minuten
- Kühlzeit: 1 Stunde

So wird's gemacht: Die Äpfel schälen, entkernen und achteln. Das Wasser mit der Zitronenschale aufkochen und die Apfelschnitze 5 Minuten darin ziehen lassen. Danach die Äpfel mit dem Schaumlöffel herausnehmen, die Zitronenschale entfernen. • Den Johannisbeersüßmost zur Kochflüssigkeit gießen. Das Mehl hineinrühren, aufkochen und auf der ausgeschalteten Herdplatte 5 Minuten quellen lassen. Abkühlen lassen, dann 30 Minuten in den Kühlschrank stellen. • Nach Geschmack mit Honig süßen. Die Äpfel und die Erdbeeren in die Kaltschale geben. Mit den Pistazien bestreuen.

**Varianten**
Sie können die Kaltschale auch mit Johannisbeer- oder Kirschsaft zubereiten. Auch Himbeeren, Pfirsiche oder Aprikosen schmecken sehr gut darin.

## Obstsalat im Frühling

Der erste zarte Rhabarber macht diesen Frühlingssalat besonders erfrischend. Nehmen Sie nach Möglichkeit den roten Himbeerrhabarber dazu, er ist milder als die grünen Sorten.

3 Eßl. Korinthen · 3 Eßl. Orangenlikör ·
300 g Rhabarber · 300 g Äpfel · 2–3 Eßl. Honig ·
60 g Haselnüsse

- Zubereitungszeit: 25 Minuten
- Kühlzeit: 30 Minuten

So wird's gemacht: Die Korinthen in dem Orangenlikör marinieren. • Den Rhabarber waschen, aber nicht schälen (dicke Stangen längs halbieren) und in dünne Scheiben schneiden. Die Äpfel vierteln, vom Kernhaus befreien und raspeln. Mit dem Rhabarber und dem Honig mischen. Die Nüsse grob reiben und mit den Korinthen unter den Obstsalat heben. • Im Kühlschrank zugedeckt 30 Minuten durchziehen lassen.

## Exotischer Obstsalat

1 Kokosnuß · 2 Äpfel · Saft von 1 Zitrone ·
2 Orangen · 1/8 l Sahne · 1–2 Teel. Honig ·
2 Eßl. Orangenlikör · 2 Kiwis
Pro Person etwa 1375 Joule/325 Kalorien

- Zubereitungszeit: 40 Minuten
- Kühlzeit: 30 Minuten

So wird's gemacht: Die Kokosnuß an 2 dünnen Stellen durchstechen und die Milch abgießen. Die Nuß durchsägen, das Fleisch auslösen und grob raspeln. • Die Äpfel vierteln, vom Kernhaus befreien und in dünne Scheibchen schnitzeln. Die Apfelscheiben mit dem Zitronensaft beträufeln. Die Orangen schälen, zerteilen und in Stücke schneiden. Das Obst und die Kokosraspeln mischen. • Die Sahne steif schlagen. Den Honig, den Orangenlikör und 2 Eßlöffel Kokosmilch darunterrühren. Die Sahnecreme unter das Obst heben. • Die Kiwis schälen, in Scheiben schneiden und den Obstsalat damit garnieren. Gut gekühlt servieren.

## Brombeerbecher

250 g Magerquark · 5 Eßl. Sahne · 5 Eßl.
Milch · 2 Eßl. Honig · 1 Eßl. Zitronensaft ·
1/4 Teel. gemahlene Vanille · 2 Eiweiß · 1 große
Banane · 300 g Brombeeren
Pro Person etwa 1010 Joule/240 Kalorien

- Zubereitungszeit: 15 Minuten
- Kühlzeit: 30 Minuten

So wird's gemacht: Den Quark mit der Sahne, der Milch und dem Honig cremig rühren. Den Zitronensaft und die Vanille dazugeben. • Die Eiweiße steif schlagen und unterheben. Die Banane in Scheiben schneiden. • Die Brombeeren und die Bananenscheiben abwechselnd mit der Quarkcreme in Gläser füllen. Mit ein paar schönen Brombeeren verzieren. Kühl servieren.

## Ingwercreme Jamaica

Frischer Ingwer ist milder und zarter im Geschmack als getrockneter. Achten Sie beim Einkauf bitte darauf, daß die Ingwerknollen prall und fest sind und keine Schimmelstellen aufweisen. Man schabt die Ingwerknolle oder -wurzel mit einem Messer ab, bevor man sie reibt.

500 g Magerquark · 4 Eßl. Sahne · 3 Eßl. Honig · 4 Eßl. Orangenlikör oder Orangensaft · abgeriebene Schale von 2 kleinen Orangen (unbehandelt) · 3–4 Teel. geriebener frischer Ingwer · 4 Eiweiß
Zum Garnieren: einige Orangenspalten oder 2 Kiwis
Pro Person etwa 955 Joule/230 Kalorien

- Zubereitungszeit: 15 Minuten
- Kühlzeit: 1 Stunde

So wird's gemacht: Den Quark mit der Sahne cremig rühren. Den Honig und den Orangenlikör oder den Orangensaft unterrühren, die Orangenschale dazugeben. • Die Quarkcreme nach Geschmack mit dem Ingwer aromatisieren. Die Eiweiße steif schlagen und unterheben. • Die Creme in Portionsschalen füllen und mit Orangenspalten oder Kiwischeiben garnieren. Vor dem Servieren 1 Stunde gut kühlen!

*Mein Tip: Frischen Ingwer kann man bei uns nur im Winter und im Frühjahr kaufen. Doch es gibt verschiedene Möglichkeiten, ihn frischzuhalten oder längere Zeit zu konservieren. Etwa 2–3 Wochen bleibt der Ingwer frisch, wenn Sie ihn in einem Schraubglas im Kühlschrank aufbewahren. In einem Eimer mit feuchter Erde hält sich die Wurzel in einem kühlen, frostfreien Raum (Keller, Garage oder Speicher) etwa 6 Monate. Man kann den geriebenen Ingwer auch in Alufolie einwickeln, einfrieren und bei Bedarf ein Stück davon mit dem Messer absägen. Für Süßspeisen läßt sich geriebener Ingwer sehr gut konservieren, wenn man ihn in einem Glas mit Honig verrührt.*

## Weinschaumcreme

2 Blatt weiße Gelatine • 1/8 l Weißwein • 2 Eigelb • 70 g Honig • 2 Eßl. Zitronensaft • abgeriebene Schale von 1/2 Orange (unbehandelt) • 1 Gläschen Orangenlikör • 2 Eiweiß • 100 g Sahne
Pro Person etwa 980 Joule/235 Kalorien

- Zubereitungszeit: 25 Minuten
- Kühlzeit: 2 Stunden

So wird's gemacht: Die Gelatine in dem Wein 5 Minuten quellen lassen, dann unter Umrühren erwärmen, bis sie sich völlig aufgelöst hat. • Die Eigelbe mit dem Honig und dem Zitronensaft gründlich verrühren. Die Orangenschale und die Gelatine dazugeben. Die Mischung im Wasserbad kalt werden lassen. • Den Orangenlikör unterrühren. Die Eiweiße steif schlagen und unter die Creme ziehen. Die Sahne steif schlagen und unterheben. • Die Weinschaumcreme in eine Glasschale füllen und 2 Stunden kalt stellen.

**Variante – Andalusischer Reis**
125 g Naturreis (Rundkorn) in 200 g Wasser etwa 30 Minuten kochen. Auf der ausgeschalteten Platte 10–20 Minuten ausquellen und im geöffneten Topf ausdampfen lassen. Im Wasserbad abkühlen. Den kalten Reis unter die Weinschaumcreme heben. Mit frischen Erdbeeren garnieren.

## Erdbeer-Eissavarin

Zutaten für 8 Personen:
600 g Erdbeeren • 160 g Honig • 1 Teel. geriebener frischer Ingwer • 1/2 l Sahne
Zum Garnieren: Schlagsahne und Erdbeeren
Pro Person etwa 1195 Joule/285 Kalorien

- Zubereitungszeit: 25 Minuten
- Gefrierzeit: 70 Minuten und 4 Stunden

So wird's gemacht: Die Erdbeeren zerkleinern und mit der Gabel fein zerdrücken. Den Honig und den Ingwer einrühren. • Die Sahne steif schlagen, das Erdbeerpüree darunterheben. Die Creme in eine Metallschüssel füllen und bei höchster Gefrierstufe 20 Minuten kühlen. • Dann mit dem elektrischen Handrührgerät schaumig schlagen. Das gleiche noch zweimal nach jeweils 25 Minuten wiederholen. • Danach die Eiscreme in eine Savarin-(Reisrand-)form füllen. Mit doppelter Alufolie verschließen und mindestens 4 Stunden tiefgefrieren. • Dann die Form kurz in kaltes Wasser tauchen und auf eine gekühlte Platte stürzen. In die Mitte des Eissavarins Schlagsahne und frische Erdbeeren füllen.

Das paßt dazu: Englische Ingwerkeks (Rezept Seite 123)

## Jasmintee-Eis Sansibar

Schmeckt einfach märchenhaft! Jasmintee und andere aromatisierte Tees bekommen Sie in Teefachgeschäften und im Teeversandhandel in reicher Auswahl. Sie können aber auch guten schwarzen Tee nehmen und die Eiscreme mit Delifrut aromatisieren.

100 g Wasser · dünn abgeschälte Schale von ¼ Zitrone (unbehandelt) · 4 Teel. Jasmintee · Saft von 1 Orange · 2 Eßl. Orangenlikör · 2 Eiweiß · 100 g Honig · 2 Eigelb · ¼ l Sahne · 3 Teel. Sahnesteifmittel
Zum Garnieren: Schlagsahne und in Rum eingelegte Rosinen (ungeschwefelt)
Pro Person etwa 1450 Joule/345 Kalorien

- Zubereitungszeit: 25 Minuten
- Gefrierzeit: 70 Minuten und 4 Stunden

So wird's gemacht: Das Wasser mit der Zitronenschale aufkochen und den Tee 3 Minuten darin ziehen lassen. • Dann abgießen und mit dem Orangensaft auf ⅛ l Flüssigkeit auffüllen. Den Orangenlikör dazugeben und ins Kühlfach stellen. • Die Eiweiße sehr steif schlagen, den Honig langsam hineinlaufen lassen und zu einer dicken Schaummasse schlagen. Zuletzt die Eigelbe unterrühren und kalt stellen. • Die Sahne steif schlagen, das Sahnesteifmittel dabei nach Vorschrift zugeben. Den Eischaum unter die Sahne heben, zum Schluß die Teemischung vorsichtig darunterrühren. • Die Creme in eine Metallschüssel füllen und bei höchster Gefrierstufe 20 Minuten kühlen. • Dann die Creme mit dem elektrischen Handrührgerät schaumig schlagen. Das gleiche noch zweimal nach jeweils 25 Minuten wiederholen. • Danach die Eiscreme in eine tiefe, gewölbte Schüssel füllen, mit doppelter Alufolie verschließen und mindestens 4 Stunden tiefgefrieren. • Zum Servieren die Schüssel kurz in kaltes Wasser tauchen und das Eis auf eine gekühlte Platte stürzen. Mit Sahne und Rumrosinen garnieren.

## Schokoladen-Nuß-Eistorte

Zutaten für 6–8 Personen:
100 g Haselnüsse · 3 gestrichene Eßl. Kakao · 2 Eiweiß · 140 g Honig · 400 g Sahne
Zum Garnieren: Früchte aus dem Rumtopf
Pro Person etwa 1475 Joule/350 Kalorien (bei 6 Personen)

- Zubereitungszeit: 35 Minuten
- Gefrierzeit: 4 Stunden

So wird's gemacht: Eine Rehrückenform (etwa 25 cm lang) sorgfältig mit Alufolie auslegen. • Die Nüsse fein reiben, etwas rösten und den Kakao daruntermischen. • Die Eiweiße sehr steif schlagen, den Honig langsam hineinlaufen lassen und weiterschlagen, bis eine dicke Schaummasse entsteht. Die Nuß-Kakao-Mischung unterheben. Die Creme in den Kühlschrank stellen. • Die Sahne steif schlagen und den Eiweißschaum darunterheben. Die Creme in die Rehrückenform füllen, mit doppelter Alufolie verschließen und mindestens 4 Stunden tiefgefrieren. • Dann herausnehmen, aus der Form stürzen und die Alufolie vorsichtig abziehen. Das Eis in Scheiben schneiden und mit Rumfrüchten garnieren.

# Königliches Frühstück

Ein Müsli aus frisch geschrotetem Getreide oder gekeimten Körnern ist der beste Start am Morgen. Es bietet alle wichtigen Inhaltsstoffe des Getreides in optimaler, nämlich unerhitzter Form. Gerade die Ballaststoffe des rohen Korns regen die Verdauung kräftig an und beseitigen selbst eine hartnäckige Darmträgheit in wenigen Tagen. Auch das beste Vollkornbrot kann das Frischkornmüsli nicht ersetzen. Wie abwechslungsreich Sie das Müsli zubereiten können, sehen Sie anschließend in »Das Frischkornmüsli«.

Ob Sie Ihr Frühstück ergänzen, ein zweites Frühstück einplanen oder raffinierte »Abendbrote« auf den Tisch bringen wollen, in diesem Kapitel finden Sie neben den Müsli-Varianten auch Vorschläge für vielerlei Brotbelag.

Unser selbstgebackenes Vollkornbrot schmeckt so würzig und kräftig, daß der Belag beinahe zu einer »Nebensache« geworden ist. Frische Butter und Honig passen genausogut dazu wie knackige Radieschen oder in der Sonne gereifte Tomaten. Noch viel mehr Abwechslungsmöglichkeiten bieten die pikanten und süßen Brotaufstriche, die auch bei Ihren Gästen und Ihrer Familie sicher Beifall finden werden.

Einige Anmerkungen noch zu Milch, Quark und Joghurt, die speziell zum Frühstück und am Abend den täglichen Speisezettel ergänzen können: Nur wenige Lebensmittel sind in ihrer Zusammensetzung so harmonisch und ausgewogen wie die Milch. Sie ist eine hervorragende Eiweißquelle und enthält außerdem wichtige Vitamine, leicht verdauliches Milchfett sowie Milchzucker, der die Darmtätigkeit günstig beeinflußt. Joghurt, Kefir, Dickmilch, Buttermilch und Quark sind dank ihrer milden Säuerung sehr erfrischend und bekömmlich. Empfindliche Menschen vertragen sie meistens besser als reine Milch. Sehr wertvoll sind Sauermilcherzeugnisse aus dem Reformhaus. Sie haben einen hohen Anteil an rechtsdrehender Milchsäure, die vom menschlichen Organismus besonders gut aufgenommen wird. Im Gegensatz dazu wird linksdrehende Milchsäure vom Körper ausgeschieden, wobei es immer zu einem Verlust an Mineralstoffen kommt.

*Mein Tip: Joghurt und Quark kann man wie folgt selbermachen. 2 l frische Milch über Nacht zugedeckt stehen lassen (kein Aluminiumgefäß). Am nächsten Tag die Sahne abschöpfen. Die Milch unter Rühren auf 30° C erhitzen, 2 Eßlöffel Sanoghurt (Reformhaus) hineinquirlen. Die Milch warm stellen (nicht über 25° C). Nach 20–24 Stunden haben Sie herrliche Dickmilch oder Joghurt. Für Quark die Masse in einen großen Kaffeefilter, mit 2 Filtertüten ausgelegt, schöpfen, zudekken und die Molke abtropfen lassen. Praktische Geräte für die Joghurt- und neuerdings auch für die Quarkbereitung gibt es im Fachhandel.*

## Das Frischkornmüsli

Zutaten für das Frischkornmüsli:

- Getreide, frisch geschrotet. Hierfür eignen sich alle Getreidearten wie Weizen, Roggen, Nackthafer, Nacktgerste, Hirse und Buchweizen. Eine Mischung aus Weizen und Hafer schmeckt uns am besten; man kann aber auch mehrere Getreidearten mischen.
- Getreide, gekeimt. Hierzu eignen sich Roggen, Weizen, Nacktgerste und Nackthafer. Roggen, Weizen und Gerste müssen etwa 3 Tage vor der Verwendung zum Keimen angesetzt werden. Die Körner des spelzenlosen Nackthafers sind so zart, daß sie nur 5–10 Stunden in frischem kaltem Wasser quellen müssen.
- Milchprodukte wie frische, möglichst nicht erhitzte Milch, Sahne oder Sauermilchprodukte wie Sanoghurt, Dickmilch, Buttermilch oder Kefir.
- Frisches Obst, je nach Saison. Geriebene Äpfel sollten möglichst immer mitverwendet werden. Sie machen das Müsli besonders locker. Beachten Sie: Für Magenempfindliche ist die Kombination von frischem Obst mit Sauermilchprodukten nicht immer verträglich.

• Weitere Geschmackszutaten: Nüsse (gerieben oder grob geraspelt), Honig (nur gelegentlich in kleinen Mengen, denn er kann Karies erzeugen), Sanddornsaft (mit Honig gesüßt), Trockenfrüchte (abends in kaltem Wasser einweichen und erst morgens zerkleinern und unter das Müsli mischen), Zitronensaft in geringer Menge.
• Leinsamen (frisch geschrotet oder ganze Körner) kann zur Förderung der Verdauung über das Müsli gestreut werden.

## Frischkornmüsli – Grundrezept

8 Eßl. Weizen und Nackthafer, eventuell mit anderen Getreidearten gemischt • 8 Eßl. kaltes Wasser • 8 Eßl. frische Milch (nach Geschmack auch mehr) • 2–3 reife Äpfel • 3 Eßl. Haselnüsse • frisches Obst nach Jahreszeit
Pro Person etwa 1385 Joule/330 Kalorien

• Zubereitungszeit: 20 Minuten
• Quellzeit: 5–10 Stunden oder über Nacht

So wird's gemacht: Das Getreide abends grob schroten und mit dem Wasser zu einem dicken Brei verrühren. Zugedeckt bis zum nächsten Morgen quellen lassen. • Die Milch unterrühren. Die Äpfel waschen, möglichst mit der Schale und dem Kernhaus hineinreiben und sofort untermengen. Die Nüsse grob reiben und über das Müsli streuen. • Das Obst waschen und eventuell zerkleinern. Es kann gesondert serviert oder gleich unter das Müsli gemischt werden.

## Hafermüsli

Ein Hafermüsli schmeckt Kindern besonders gut. Die Körner des spelzenlosen Nackthafers sind so weich, daß man sie nur über Nacht in Wasser quellen lassen muß und schon am nächsten Morgen verwenden kann.

8 Eßl. Nackthafer • 11 Eßl. Wasser • 200 g Milch • 1 große Banane • 300 g Erdbeeren oder Pfirsiche oder anderes Obst der Saison • 300 g Äpfel • 40 g grob geriebene Haselnüsse
Pro Person etwa 1385 Joule/330 Kalorien

• Zubereitungszeit: 20 Minuten
• Quellzeit: über Nacht

So wird's gemacht: Die ganzen Haferkörner über Nacht in dem Wasser quellen lassen. • Am nächsten Morgen die Milch darunterrühren. Die Banane mit der Gabel zerdrücken, die Erdbeeren oder die Pfirsiche kleinschneiden. Die Äpfel mit der Schale (ohne Kernhaus) grob raspeln. • Alles mischen. Die Nüsse darüberstreuen.

## Müsli mit gekeimten Weizenkörnern

100 g gemischtes Dörrobst (Birnen, Pflaumen ohne Stein, Aprikosen, Feigen, Korinthen) • 4 Eßl. Wasser • 1 Orange • 40 g Walnußkerne oder Haselnüsse • 400 g Äpfel • 125 g angekeimter Weizen (siehe Seite 19)
Pro Person etwa 1315 Joule/315 Kalorien

• Zubereitungszeit: 20 Minuten
• Quellzeit: 2–3 Stunden oder über Nacht

So wird's gemacht: Das Dörrobst kleinschneiden, in dem Wasser 2–3 Stunden oder über Nacht quellen lassen. • Am nächsten Morgen die Orange schälen, in kleine Stücke schneiden, die Nüsse grob reiben, die Äpfel mit der Schale (ohne Kernhaus) raspeln. • Alle Zutaten locker mischen und sofort servieren.

*Mein Tip: Statt Vollmilch können Sie auch Sauermilch oder Joghurt nehmen. Für Magenempfindliche allerdings mit frischem Obst nicht immer verträglich.*

## Pflaumenmüsli mit gekeimten Gerstenkörnern

250 g Pflaumen · 125 g angekeimte Nacktgerste (siehe Seite 19) · 150 g Bananen · 350 g Äpfel · 40 g Haselnüsse
Pro Person etwa 1245 Joule/310 Kalorien

• Zubereitungszeit: 20 Minuten

So wird's gemacht: Die Pflaumen entkernen, mit dem Schneidstab des Handmixers pürieren und unter die gekeimten Gerstenkörner mischen. • Die Banane würfeln, die Äpfel mit der Schale (ohne Kernhaus) raspeln. Alles mischen. Die Nüsse grob reiben und darüberstreuen.

## Rustikales Roggenmüsli

Ein herzhaftes Müsli mit gekeimten Roggenkörnern, das auch als Imbiß zwischendurch gegessen werden kann.

150 g Möhren/Karotten · 250 g Äpfel · 50 g Haselnüsse · 125 g angekeimter Roggen (siehe Seite 19) · 1 Becher Sahnejoghurt (175 g) · 2 Eßl. Zitronensaft
Pro Person etwa 1350 Joule/320 Kalorien

• Zubereitungszeit: 15 Minuten

So wird's gemacht: Die Möhren unter fließendem Wasser sauber bürsten. Die Äpfel vierteln, das Kernhaus ausschneiden. Möhren und Äpfel raspeln, die Nüsse grob reiben. Alles mit dem gekeimten Roggen mischen. • Das Sahnejoghurt unterrühren. Mit dem Zitronensaft abschmecken.

*Mein Tip: Aus gekeimten Getreidekörnern können Sie übrigens auch Salate zubereiten. Zwei Vorschläge auf Seite 88.*

## Herzhafter Brotaufstrich

»Das schmeckt wie Wurst!« stellten unsere Bekannten fest, als sie zum erstenmal unseren neuen Brotaufstrich probierten. Aber vielleicht machen Sie selbst einmal einen Versuch – es lohnt sich bestimmt!

1 gehäufter Eßl. Hensel-Sojakost · 4 Eßl. Wasser · 40 g Zwiebel · 1 Knoblauchzehe · 10 g Butter · 50 g Walnußkerne oder Haselnüsse · 1/4 Gemüsebrühwürfel · 1 Dose Granovita-Sandwichcreme mit Pilzen (80 g) · 1 gestrichener Teel. Pastetengewürz · 1 Teel. getrockneter Majoran · 1/2 Teel. Delikata · 1 Teel. Vitam-Steinpilzbrühe
Insgesamt etwa 3400 Joule/810 Kalorien

• Zubereitungszeit: 25 Minuten

So wird's gemacht: Die Sojamasse in der Moulinette feinhacken. Mit dem Wasser verrühren und etwa 10 Minuten quellen lassen. • Die Zwiebel und den Knoblauch schälen, beides sehr fein würfeln und in der Butter goldgelb braten. Die Nüsse grob reiben, 2 Minuten mitrösten. Die Sojamasse und den Brühwürfel zugeben und unter Umrühren schmoren, bis die Masse dick wird. • Die Sandwichcreme etwas zerkleinern und mit den Würzzutaten darunterrühren. • Hält sich im Kühlschrank etwa 3–4 Tage.

## Genueser Brotaufstrich

Am besten schmeckt dieser Brotaufstrich mit erstklassigem kaltgeschlagenem Olivenöl und frischen Basilikumblättern. Doch je nach Geschmack und Angebot an frischen Kräutern können Sie auch variieren mit Dill, Kerbel oder Zitronenmelisse.

15 Mandeln · 50 g frischer Schafkäse · 1 Eßl. Basilikumblätter · 1 Eßl. trockener Weißwein · 2 Eßl. Olivenöl · 1 Knoblauchzehe
Insgesamt etwa 2205 Joule/525 Kalorien

- Zubereitungszeit: 15 Minuten
- Ruhezeit: 1–2 Stunden

So wird's gemacht: Die Mandeln kurz in kochendes Wasser legen, dann schälen und in der Pfanne goldgelb rösten. • Die Mandeln mit dem Schafkäse und den Basilikumblättern im Mixer sehr fein pürieren. Den Wein und das Olivenöl langsam dazugeben und alles zu einer dicken Paste verrühren. • Den Knoblauch schälen, durchpressen und den Brotaufstrich nach Geschmack damit würzen. 1–2 Stunden bei Zimmertemperatur durchziehen lassen. • Hält sich im Kühlschrank etwa 2–3 Tage.

## Brotaufstrich aus getrockneten Früchten

Zu diesem gesunden Brotaufstrich sollten Sie nach Möglichkeit nur ungeschwefeltes Dörrobst verwenden. Man kann es in Reformhäusern, manchmal auch in Lebensmittelgeschäften, kaufen. Obst aus dem eigenen Garten läßt sich übrigens sehr einfach und schonend mit den heute erhältlichen, elektrisch beheizten Trockenapparaten dörren.

200 g gemischte Trockenfrüchte (Birnen, Zwetschgen ohne Stein, Aprikosen, Datteln, Bananen) · abgeriebene Schale von ½ Zitrone (unbehandelt)
Insgesamt etwa 2100 Joule/500 Kalorien

- Zubereitungszeit: 15 Minuten
- Quellzeit: 2–3 Stunden

So wird's gemacht: Das Obst etwas zerkleinern (die Datteln dabei entkernen) und knapp mit Wasser bedeckt etwa 2 Stunden quellen lassen. • Das Wasser durch ein Sieb abgießen, die Früchte mit dem Schneidstab des Handmixers pürieren. Die Zitronenschale und so viel vom Einweichwasser dazugeben, daß eine streichfähige Masse entsteht. • Im Kühlschrank hält sich das Fruchtmus etwa 1 Woche.

**Variante**
Das Fruchtpüree mit der gleichen Menge cremig gerührtem Frischkäse mischen, nach Geschmack mit etwas Honig süßen und mit 1 Prise Zimt würzen. Schmeckt besonders gut auf Knäkkebrot oder Vollkornzwieback!

## Rohkostbrote

Für Brote mit Rohkost sollte das Gemüse wirklich frisch und zart sein und erst kurz vor dem Essen vorbereitet werden. Kräftiges Vollkornbrot, Vollkornbrötchen oder Knäckebrot und frische Butter sind die beste »Unterlage« für die vitaminreiche Frischkost. Noch würziger schmecken die meisten Brote, wenn man sie vor dem Belegen dünn mit Hefeextrakt bestreicht.

Einige Anregungen für Rohkost-Brote:
- Vollkornbrot / Butter / Hefeextrakt / feingehackte frische Kräuter (darunter viel Schnittlauch und Petersilie).
- Vollkorn- oder Knäckebrot / Butter / Hefeextrakt / Radieschen- oder Rettichscheiben.
- Vollkorn- oder Knäckebrot / Butter / Hefeextrakt / Milder Rettichsalat (Rezept Seite 29).
- Vollkornbrot / Butter / Hefeextrakt / Kresse, mit wenig Essig und Öl angemacht.
- Vollkornbrot / Butter / Hefeextrakt / milde Sommerzwiebeln, in Ringe geschnitten / Delikata.
- Vollkornbrot / Butter / Hefeextrakt / Gurken- oder Zucchinischeiben / Kräutersalz / Pfeffer.
- Vollkornbrot / Butter oder Kräuterquark / Tomatenscheiben / Zwiebelwürfel / Kräutersalz.
- Vollkornbrot / Pikanter Camembertquark (Rezept Seite 108) / Fenchelscheiben oder Staudenselleriestücke.
- Vollkornbrot / Butter / Hefeextrakt / Keimsprossenmischung (siehe Seite 19).

## Selleriecreme

65 g Quark • 1 Döschen Tartex-Exquisit (65 g) • ½ Teel. Hefeextrakt • 2 Eßl. feingeriebener Sellerie • 1 Eßl. feingehacktes Selleriekraut oder Petersilie • Selleriesalz • Curry
Insgesamt etwa 1315 Joule/315 Kalorien

- Zubereitungszeit: 10 Minuten
- Kühlzeit: 1–2 Tage

So wird's gemacht: Den Quark mit dem Tartex und dem Hefeextrakt verrühren. Den Sellerie und das Selleriekraut dazugeben und mit den Gewürzen pikant abschmecken. • Die Creme 1–2 Tage im Kühlschrank durchziehen lassen!

## Kräuter-Sahne-Creme

125 g Magerquark • 250 g Sahnejoghurt • 1 Eßl. Zitronensaft • 1 Tasse feingehackte Kräuter (Schnittlauch, Petersilie, Liebstöckel/Maggikraut, Dill, Borretsch, Zitronenmelisse, Estragon) • 1 Knoblauchzehe • ¼ Teel. Selleriesalz • frisch gemahlener Pfeffer
Pro Person etwa 705 Joule/170 Kalorien

- Zubereitungszeit: 15 Minuten
- Kühlzeit: 30 Minuten

So wird's gemacht: Den Quark mit dem Sahnejoghurt und dem Zitronensaft cremig rühren. Die Kräuter und die geschälte, durchgepreßte Knoblauchzehe zugeben. Mit dem Salz und mit dem Pfeffer abschmecken. Gut gekühlt servieren.

Für die schlanke Linie: Statt Sahnejoghurt Magerjoghurt nehmen (= 125 Joule weniger pro Person).

**Varianten**
Statt Knoblauch 1 Eßlöffel feingehackte Kapern oder schwarze Oliven oder Gewürzgurken oder Meerrettich nehmen. Oder zur Abwechslung mit Curry und Paprika würzen.

Paßt zu: Knusprigen Käsebrötchen (Rezept Seite 126) oder Vollkornbrot, aber auch zu Pellkartoffeln, Schmorkartoffeln (Rezept Seite 47) oder Kartoffeln vom Blech (Rezept Seite 48).

## Pikanter Camembertquark

125 g Quark • 125 g Camembert • 1 kleine Zwiebel • je 2 Messerspitzen frisch gemahlener Pfeffer und Edelsüßpaprikapulver
Insgesamt etwa 2215 Joule/525 Kalorien

- Zubereitungszeit: 10 Minuten
- Kühlzeit: 1 Stunde

So wird's gemacht: Den Quark cremig rühren. Den Camembert fein zerdrücken und dazugeben. Die Zwiebel schälen und sehr fein hacken. Alles verühren und mit den Gewürzen pikant abschmecken. • 1 Stunde im Kühlschrank zugedeckt durchziehen lassen.

## Würzige Buttermischungen

Würzige Buttermischungen sind im Handumdrehen zubereitet. Etwas Quark macht das Ganze noch pikanter und ist gut für die schlanke Linie. Alle Buttermischungen halten sich im Kühlschrank mindestens 3 Tage; nur der Meerrettich verliert schnell an Schärfe. Deshalb sollten Sie die Meerrettichbutter nicht zu lange aufheben. Vergessen Sie nicht, die Butter rechtzeitig aus dem Kühlschrank zu nehmen, damit sie sich leichter glattrühren läßt.

Jeweils 100 g Butter • 1 Eßl. Magerquark • ½ Teel. Kräutersalz
Insgesamt 3360 Joule/800 Kalorien (je nach den weiteren Zutaten)

- Zubereitungszeit: 5–10 Minuten
- Kühlzeit: 1 Stunde

So wird's gemacht: Für alle Mischungen die weiche Butter glattrühren, den Quark und das Salz dazugeben. • Die Zutaten für die speziellen Mischungen einrühren. 1 Stunde kühl durchziehen lassen. 30 Minuten vor dem Essen aus dem Kühlschrank nehmen, damit sich der pikante Aufstrich besser verstreichen läßt.

Das brauchen Sie zusätzlich für:

**Meerrettichbutter**
1–2 Eßl. frischen oder tiefgefrorenen feingeriebenen Meerrettich

**Schalottenbutter**
50 g feingehackte Schalotten oder milde Frühlingszwiebeln • frisch gemahlenen schwarzen Pfeffer

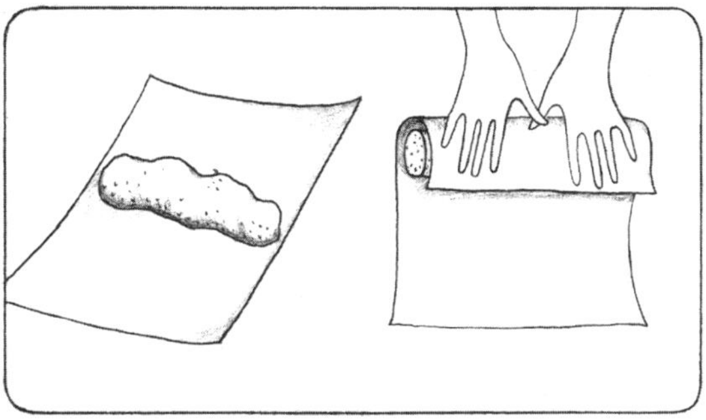

Formen Sie Würzbutter in Alufolie zur Rolle und legen Sie sie, in die Folie verpackt, in den Kühlschrank; gekühlt können Sie dann appetitliche Scheiben schneiden.

**Knoblauchbutter**
1 feingehackte Schalotte • 2–4 pürierte Knoblauchzehen • 1 Eßl. feingehackte Petersilie

**Kräuterbutter**
2 Teel. Zitronensaft • ½ Teel. Hefeextrakt • 1 pürierte kleine Knoblauchzehe • 3 Eßl. feingehackte Kräuter (Petersilie, Kerbel, Schnittlauch, Pimpinelle, Zitronenthymian, Dill, Sauerampfer, wenig Estragon)

**Zitronenbutter**
abgeriebene Schale von ½ Zitrone (unbehandelt) • 2 Eßl. Zitronensaft • ½ Teel. Worcestershiresauce • 2 Messerspitzen schwarzen Pfeffer • 2 Eßl. feingehackte Zitronenmelisse und Zitronenthymian

**Grüne Pfefferbutter**
½ Teel. Kräutersalz • 5 Teel. grüne Pfefferkörner aus der Dose, unter fließendem Wasser abgespült und zerdrückt • abgeriebene Schale von ½ Zitrone (unbehandelt) • 4 Teel. Zitronensaft

**Spanische Olivenbutter**
2 Teel. Tomatenmark • 4 Teel. Zitronensaft • ¼ Teel. gemahlenen schwarzen Pfeffer • 1 Teel. feingehackten Thymian • 1 pürierte kleine Knoblauchzehe • 10 schwarze Oliven, entsteint und gehackt.

Mit rund 40 kg Zucker und 18,7 kg Schokolade und Bonbons versüßt und verkürzt sich alljährlich laut Statistik jeder Bundesbürger sein Leben. Denn Übergewicht, Diabetes, Magengeschwüre, Arteriosklerose und Herzinfarkt werden nicht zuletzt durch den Konsum von Zucker verursacht. Nicht nur der weiße Haushaltszukker, auch die übrigen Fabrikzuckerarten wie brauner Zucker, Kandiszucker, Traubenzucker, Fruchtzucker und Milchzucker schaden unserer Gesundheit.

Warum soll man den Zucker meiden? Während der Zucker in den natürlichen Lebensmitteln wie Obst und Zuckerrüben stets in Verbindung mit den entsprechenden Vitalstoffen auftritt, ist er als Fabrikzucker nur noch ein »reines Kohlenhydrat«. Ihm fehlen vor allem Vitamin B1, Calcium und andere Mineralstoffe, die unser Körper braucht, um ihn verarbeiten zu können. Da auch die übliche Normalkost diese Vitalstoffe in viel zu geringer Menge enthält, müssen schließlich die körpereigenen Reserven angegriffen werden, damit der Zucker überhaupt abgebaut werden kann. Die Folgen sind ein weit verbreiteter Vitamin- und Mineralstoffmangel, Übergewicht und weitere Zivilisationskrankheiten. Darüber hinaus verändert der Zucker die Darmflora, so daß Vollkornprodukte, rohes Obst und Gemüse in vielen Fällen schlecht vertragen werden, solange noch Zucker in irgendeiner Form konsumiert wird.

Wenn wir den Zucker meiden, dann brauchen wir trotzdem nicht auf gesunde Süßigkeiten zu verzichten. Wir können mit Honig und Trockenfrüchten »Schleckereien« selbermachen.

## Honigmarzipan

Wer das Marzipan erfunden hat, ist heute nicht mehr festzustellen. Doch schon vor Jahrtausenden mischte man im Orient fein zerstoßene Mandeln, Honig und andere aromatische Ingredienzien zu einem köstlichen Konfekt. Die Kreuzritter brachten das Marzipan von ihren Feldzügen mit nach Europa, wo es schnell beliebt wurde.

Zutaten für 400 g Marzipan:
250 g süße und 35 g bittere Mandeln • 2 Eßl. Rosenwasser • 125 g Honig
Insgesamt etwa 9360 Joule/2230 Kalorien

- Zubereitungszeit: 25 Minuten

So wird's gemacht: Die Mandeln kurz in kochendes Wasser legen. Dann schälen und ausgebreitet über Nacht sehr gut trocknen lassen. • Die Mandeln im Mixer möglichst fein zerkleinern, das Rosenwasser und den Honig dazugeben und gründlich verkneten. • In Alufolie hält sich das Marzipan im Kühlschrank etwa 8 Wochen.

**Variante – Marzipantaler**
Die Marzipanmasse in 4 Teile teilen. Die einzelnen Portionen nach Geschmack mischen mit abgeriebener Orangenschale (oder feingehacktem Orangeat) und etwas Cointreau, mit feingehacktem Zitronat, mit feingehacktem eingelegtem Ingwer, mit Kakaopulver, Zimt und etwas Honig. Jede Mischung zu einer etwa 3 cm dicken Rolle formen, in Alufolie wickeln und über Nacht im Kühlschrank ruhen lassen. ½ cm dicke »Taler« davon abschneiden und zwischen Pergamentpapier in einer Dose aufbewahren.

**Variante – Mandelkörbchen**
Aus der Marzipanmasse Kugeln rollen und in der Mitte eine Vertiefung eindrücken. Die »Körbchen« nach Belieben füllen, zum Beispiel mit in Rum eingelegten Rosinen, eingelegtem Ingwer, Zitronat, Orangeat, getrockneten Aprikosen, Datteln oder Feigen.

*Mein Tip: Rosenwasser ist in Apotheken und Drogerien erhältlich. Manche Apotheker mischen es erst beim Einkauf frisch (aus Rosenöl und destilliertem Wasser). Es hat viel mehr Aroma als das vorher fertig gemixte, denn die ätherischen Duftöle verflüchtigen sich bei längerem Stehen. Deshalb immer nur eine kleine Menge einkaufen und möglichst bald verbrauchen.*

## Gewürzpralinen

Zutaten für etwa 30 Stück:
50 g Walnußkerne • 100 g Haselnüsse • 70 g Mandeln • 50 g feingehacktes Zitronat • 2 gestrichene Teel. Kakao • je ¼ Teel. Zimt, Nelken und Piment • 1 Eßl. Vanillerum (siehe Seite 15) • 2 Eßl. Honig
Zum Belegen: 15 geschälte Mandeln, längs halbiert
Pro Stück etwa 250 Joule/60 Kalorien

- Zubereitungszeit: 30 Minuten
- Kühlzeit: 2–3 Stunden

So wird's gemacht: Die Nüsse und die ungeschälten Mandeln reiben. Das Zitronat, den Kakao und die Gewürze unter die Nüsse mischen. Den Vanillerum und den Honig dazugeben. Alles zu einer geschmeidigen Masse verkneten. • Längliche Pralinen daraus formen, in jede eine Mandelhälfte eindrücken. Im Kühlschrank fest werden lassen und bis zum Verschenken in Gläsern aufbewahren.

*Mein Tip: Die Pralinenmasse eignet sich auch gut zum Füllen von Vollkornkeksen. Mit etwas Wasser oder schwarzem Kaffee streichfähig machen!*

## Dattelkonfekt – Mazurki

Zutaten für etwa 50 Stück (1 Backblech):
200 g Datteln ohne Stein • 200 g feine Kokosflocken • 100 g Haselnüsse • 5 Eiweiß • 2 Eßl. Zitronensaft • 30 g Honig • ½ Teel. gemahlene Vanille • abgeriebene Schale von 1 Zitrone (unbehandelt) • Butter und Vollkornmehl für das Blech
Pro Stück etwa 210 Joule/50 Kalorien

- Zubereitungszeit: 30 Minuten
- Backzeit: 20 Minuten

So wird's gemacht: Die Datteln in feine Streifen schneiden und mit den Kokosflocken mischen. Die Nüsse in Scheibchen hobeln. • Die Eiweiße steif schlagen. Den Zitronensaft und danach den Honig unter den Eischnee schlagen. Die Vanille und die Zitronenschale dazugeben. Die Kokosmischung und zuletzt die Nüsse untermengen. • Den Backofen auf 200° C vorheizen. • Aus der Masse gut kirschgroße Kugeln formen und auf ein gefettetes, mit Mehl bestäubtes Blech setzen. Die Dattelkugeln auf der mittleren Leiste etwa 20 Minuten backen.

## Ingwerkugeln

Wenn Sie einmal keine feinen Kokosflocken (Kokosraspeln) bekommen können, lassen sich grobe in der Moulinette oder im Mixer sehr schnell fein zerkleinern.

Zutaten für etwa 25 Stück:
200 g feine Kokosflocken • 100–150 g eingelegter Ingwer (Menge nach Geschmack) • eventuell 1–2 Teel. Honig
Pro Stück etwa 250 Joule/60 Kalorien

- Zubereitungszeit: 30 Minuten
- Kühlzeit: 2–3 Stunden

So wird's gemacht: Die Kokosflocken unter Umrühren in einer großen Pfanne goldgelb rösten. 2 Eßlöffel davon zurückbehalten, die übrigen Kokosflocken mit dem Ingwer im Mixer pürieren. Nach Geschmack noch mit etwas Honig süßen. • Die Masse zusammenkneten und kirschgroße Kugeln daraus formen, in den restlichen Kokosflocken wälzen und im Kühlschrank fest werden lassen.

Für meine Kuchen und Plätzchen und selbstverständlich auch für pikantes Gebäck nehme ich nur ganz frisch gemahlenes Vollkornmehl. Es enthält nämlich noch alle jene würzigen Aromastoffe, die dem fertigen Gebäck seinen unverwechselbaren kräftigen Geschmack geben. Statt Zucker verwende ich Honig und Trockenfrüchte. Es läßt sich zwar nicht vermeiden, daß der Honig von der Backhitze angegriffen wird, aber trotzdem ist er auch im Gebäck noch wertvoller als Zucker und hat keine gesundheitlichen Nachteile. Empfehlenswerte Teiglockerungsmittel sind Hefe und Weinsteinbackpulver (aus dem Reformhaus), das mit natürlichem Weinstein aus Holz-Weinfässern hergestellt wird.

Damit Ihr Vollkorngebäck gut gelingt, sollten Sie noch folgendes beachten: Vollkornmehl nimmt mehr Flüssigkeit auf als weißes Mehl und es braucht längere Zeit zum Quellen. Nehmen Sie deshalb nicht mehr Mehl, als in den Rezepten angegeben wird, auch wenn der Teig anfangs noch etwas klebrig ist; bei längerem Stehen wird er fester. Er sollte aber grundsätzlich etwas feuchter sein als Teig aus weißem Mehl, denn je mehr das Getreide (auch während des Backens) noch ausquellen kann, desto lockerer ist das fertige Gebäck.

Beim Backen mit Honig wird der Teig feuchter. Wenn Sie also eines Ihrer eigenen Rezepte »umarbeiten« wollen (was durchaus möglich ist), müssen Sie eventuell die Flüssigkeitsmenge etwas reduzieren. Auch haben nicht alle Honigsorten die gleiche Süßkraft, hier hilft nur ausprobieren. Übrigens schmeckt Honig im fertigen Gebäck weniger süß.

## Gefüllter Rührkuchen

Die Obstfüllung für den Rührkuchen kann je nach Jahreszeit ganz verschieden sein. Sehr gut schmeckt eine Mischung mehrerer Sorten, zum Beispiel Äpfel mit Rhabarber oder Süßkirschen mit Johannisbeeren. Auch tiefgefrorene Früchte können Sie dazu verwenden; der Kuchen gelingt dann am besten, wenn Sie das Obst noch gefroren auf den Teig legen.

Zutaten für 1 Springform (26 cm Ø):
100 g Reformmargarine • etwa 150 g Honig (je nach dem Säuregehalt der Früchte) • 3 Eigelb • abgeriebene Schale von ½ Zitrone (unbehandelt) • ½ Teel. Zimt • 1 gestrichener Teel. Backpulver • 300 g Weizen, fein gemahlen • 400–500 g Obst (Rhabarber, Johannisbeeren, Kirschen, Aprikosen, Heidelbeeren oder Zwetschgen) • 100 g Haselnüsse • Margarine und Vollkornbrösel für die Form • 5 Eiweiß • 1 Eßl. Honig
Pro Stück etwa 1225 Joule/290 Kalorien (bei 12 Kuchenstücken)

- Zubereitungszeit: 50 Minuten
- Backzeit: 1 Stunde

So wird's gemacht: Die Margarine mit 150 g Honig, den Eigelben, der Zitronenschale und dem Zimt schaumig rühren. Das Backpulver unter das Vollkornmehl mischen und mit dem Teig verrühren. • Das Obst waschen und entsprechend vorbereiten (Rhabarber in 3 cm lange Stücke schneiden, Johannisbeeren abzupfen, Kirschen, Aprikosen, Zwetschgen entkernen). • Die Nüsse mahlen. Die Springform einfetten und mit Vollkornbröseln ausstreuen. Den Backofen auf 180° C vorheizen. • Die Eiweiße steif schlagen. ¾ der Eiweißmasse unter den Teig heben. ⅔ vom Teig in die Form füllen und glattstreichen. Das Obst darauflegen. Die Nüsse, 1 Eßlöffel Honig und den Eischnee unter den restlichen Teig ziehen. Die Nußmasse auf dem Obst verteilen. • Den Kuchen auf der untersten Leiste in den Backofen schieben und etwa 1 Stunde backen.

*Mein Tip: Bei Früchten, die während des Backens noch viel Saft ziehen, wie zum Beispiel Rhabarber oder Sauerkirschen, belege ich den Boden der Springform mit einer Obstkuchenoblate. Dann kann man den fertigen Kuchen mühelos aus der Form nehmen.*

## Feiner Gewürzkuchen

Zutaten für 1 Kastenform (30 cm lang):
100 g Butter · 6 Eier · 375 g Honig · 2 Eßl. Rum · ½ Teel. Zimt · 2 Messerspitzen gemahlene Nelken · 2 gestrichene Eßl. Kakao · abgeriebene Schale von 1 kleinen Orange (unbehandelt) · ½ Päckchen Backpulver · 225 g Weizen, fein gemahlen · Butter und Vollkornbrösel für die Form · 225 g Haselnüsse
Insgesamt etwa 19 445 Joule/4630 Kalorien

- Zubereitungszeit: 30 Minuten
- Backzeit: 60 Minuten

So wird's gemacht: Die Butter in einem Pfännchen schmelzen und wieder abkühlen lassen. • Die Eier mit dem Honig schaumig rühren. Den Rum, die Gewürze, den Kakao und die Orangenschale dazugeben. Das mit dem Backpulver gemischte Mehl und anschließend die flüssige Butter unterrühren. • Den Backofen auf 180° C vorheizen. Die Form einfetten und mit Bröseln ausstreuen. • 50 g Nüsse grob hacken, den Rest fein mahlen, alle Nüsse unter den Teig mengen. • Den Teig in die Form füllen, glattstreichen und auf der untersten Leiste 50–60 Minuten backen. (Eventuell nach 30 Minuten mit Alufolie abdekken, damit der Kuchen nicht zu dunkel wird.) • Den Kuchen 1–2 Tage kühl gestellt durchziehen lassen, dann schmeckt er noch besser als ganz frisch.

## Versunkener Apfelkuchen

Zutaten für 1 Springform (26 cm ∅):
80 g Butter · 100 g Honig · 3 Eigelb · 2 Eßl. saure Sahne · abgeriebene Schale und Saft von ½ Zitrone (unbehandelt) · ¼ Teel. Delifrut · 2 gestrichene Teel. Backpulver · 160 g Weizen, fein gemahlen · 3 Eiweiß · Butter für die Form
Für den Belag: 2 Eßl. Korinthen · 2 Eßl. Rum · 400–500 g Äpfel · 2 Eßl. Haselnüsse in Scheiben
Pro Stück etwa 755 Joule/180 Kalorien (bei 12 Kuchenstücken)

- Zubereitungszeit: 50 Minuten
- Backzeit: 40 Minuten

So wird's gemacht: Für den Belag die Korinthen mit dem Rum übergießen und zugedeckt ziehen lassen. • Für den Teig die Butter mit dem Honig und den Eigelben schaumig rühren. Die Sahne, die Zitronenschale und den -saft sowie das Delifrut dazugeben. Zum Schluß das mit dem Backpulver gemischte Mehl unterrühren. • Den Teig 20 Minuten quellen lassen. Inzwischen die Äpfel schälen, je nach Größe vierteln oder achteln und das Kernhaus ausschneiden. Den Backofen auf 200° C vorheizen. • Die Eiweiße steif schlagen und unter den Teig heben. Den Rührteig in die gefettete Springform füllen, die Äpfel gleichmäßig auflegen und etwas eindrücken. Die Korinthen und die Nüsse darüberstreuen. • Den Kuchen auf der untersten Leiste 40 Minuten bakken. Dann auf dem Kuchengitter abkühlen lassen und aus der Form nehmen. Einen Tag durchziehen lassen.

**Varianten**
Auch Kirschen, Aprikosen oder Zwetschgen passen gut als Belag auf diesen Rührkuchen. Saftige Früchte sollten gut abgetropft auf den Teig kommen.

## Brauner Kirschenkuchen

Uns schmeckt der Kuchen aus dem Wiener Kochbuch meiner Großmutter mit Sauerkirschen am besten. Wenn Sie ihn mit Süßkirschen bakken wollen, dann nehmen Sie bitte 1 Eßlöffel Honig weniger, damit der Kuchen nicht zu süß wird.

Zutaten für 1 Springform (26 cm ∅):
600–700 g Sauerkirschen, auch tiefgefroren · 120 g Butter · 200 g Honig · 4 Eigelb · 2 gestrichene Eßl. Kakao · ½ Teel. Zimt. · 1 Prise gemahlene Nelken · 2 Eßl. Kirschwasser · 50 g feine Vollkornbrösel · 150 g Mandeln · 2 gestrichene Teel. Backpulver · 100 g Weizen, fein ge-

Herrlich erfrischend an heißen Tagen: die Fruchtkaltschale. Auch mit anderen Früchten und Säften schmeckt sie gut. Rezept Seite 100 ▷

mahlen • Butter und Vollkornbrösel für die Form • 4 Eiweiß
Pro Stück etwa 1345 Joule/320 Kalorien (bei 12 Kuchenstücken)

- Zubereitungszeit: 50 Minuten
- Backzeit: 1 Stunde

So wird's gemacht: Die Kirschen entkernen und abtropfen lassen. • Die Butter mit dem Honig und den Eigelben schaumig rühren. Den Kakao, den Zimt, die Nelken, das Kirschwasser und die Vollkornbrösel dazugeben. • Die Mandeln mit der Schale fein reiben und unterrühren, zuletzt das mit dem Backpulver gemischte Mehl. • Die Springform einfetten und mit Vollkornbröseln ausstreuen. Den Backofen auf 200° C vorheizen. • Die Eiweiße sehr steif schlagen und unter den Teig heben. In die Form füllen, glattstreichen und dicht mit den Kirschen belegen. • Den Kuchen auf der untersten Leiste 50 Minuten backen und weitere 10 Minuten im ausgeschalteten Herd stehenlassen.

**Varianten**
Den Kuchen ohne Kirschen in der Springform backen und dann mit Rotwein tränken. Einen Tag durchziehen lassen und mit Schlagsahne servieren. • Sie können aus dem Teig auch einen feinen Gewürzkuchen in der Kasten- oder Rehrückenform backen. Vor dem Anschneiden 1–2 Tage in Alufolie durchziehen lassen!

## Makronentorte mit Rhabarber

Zutaten für 1 Springform (26 cm ∅):
80 g weiche Butter • 140 g Honig • 2 Eier • ¼ Teel. Zimt • ½ Teel. Backpulver • 150 g Weizen, fein gemahlen • Butter für die Form
Für den Belag: 500 g Rhabarber • 4 Eiweiß • 150 g Honig • 125 g süße und 12–15 bittere Mandeln, geschält und fein gerieben • 125 g Vollkorngrieß (mit Schalenteilen)
Pro Stück etwa 1260 Joule/300 Kalorien (bei 12 Kuchenstücken)

- Zubereitungszeit: 50 Minuten
- Backzeit: 55 Minuten

So wird's gemacht: Die Butter mit dem Honig und den Eiern schaumig rühren. Den Zimt und das Backpulver unter das Mehl mischen und mit dem Teig verrühren. Den Teig in eine gefettete Springform füllen und glattstreichen. • Auf der 2. Leiste von unten in den kalten Backofen schieben. Bei 200° C 18 Minuten backen. • Inzwischen den Rhabarber waschen, dicke Stangen längs halbieren, dann in 2 cm lange Stücke schneiden. • Die Eiweiße sehr steif schlagen, den Honig nach und nach dazugeben und zu einer dicken Schaummasse schlagen. Die Mandeln und danach den Grieß unterziehen. Zuletzt den Rhabarber darunterheben. • Die Masse auf den vorgebackenen Tortenboden füllen und glattstreichen. Auf der 2. Leiste von unten bei 200° C in etwa 35 Minuten fertigbacken. • Die Torte auf ein Kuchengitter setzen, nach 10 Minuten den Springformrand vorsichtig abnehmen. Die Torte auskühlen lassen und auf eine Tortenplatte heben.

## Hirse-Aprikosen-Kuchen

Zutaten für 1 Springform (26 cm ∅):
Butter und Vollkorngrieß für die Form • 200 g Hirse • 400 g Wasser • 75 g trockener Quark • 75 g weiche Butter • 3 Eigelb • 125 g Honig • abgeriebene Schale von 1 Zitrone (unbehandelt) • 1 Eßl. Vanillerum (siehe Seite 15) • 80 g Weizen, fein gemahlen • 75 g Vollkorngrieß (mit Schalenteilen) • 1 gestrichener Teel. Backpulver • 500 g reife Aprikosen • 1 Handvoll rote Johannisbeeren • 3 Eiweiß • Schlagsahne
Pro Stück etwa 1010 Joule/240 Kalorien (bei 12 Kuchenstücken)

- Zubereitungszeit: 50 Minuten
- Backzeit: 60–70 Minuten

◁ Das Beste an dieser Torte ist der aromatisch von Saft und Likör durchzogene Teig. Wer geschickt ist, garniert noch nach Belieben. Rezept unten

So wird's gemacht: Die Springform gut einfetten und mit Vollkorngrieß ausstreuen. • Die Hirse in dem Wasser 2 Minuten kochen und 15 Minuten auf der ausgeschalteten Platte quellen lassen, bis die Flüssigkeit aufgesogen ist. (Die anfangs feste Masse wird beim Backen locker.) • Den Quark mit der Butter glattrühren. Die Eigelbe, den Honig, die Zitronenschale und den Vanillerum dazugeben. Das Vollkornmehl, den Grieß und das Backpulver mischen und unter den Teig mengen. 10 Minuten quellen lassen. • Inzwischen die Aprikosen waschen, halbieren und entkernen, die Johannisbeeren waschen und abstreifen. • Den Backofen auf 200° C vorheizen. • Die Hirsemasse unter den Kuchenteig rühren. Die Eiweiße steif schlagen und unterheben. Den Teig in die Springform füllen und glattstreichen. • Die Aprikosenhälften mit der Schnittfläche nach oben auf den Teig setzen und mit je 3 Johannisbeeren füllen. • Den Kuchen auf der untersten Leiste 60–70 Minuten backen, bis er goldgelb ist. • Auf einem Kuchengitter abkühlen lassen, dann aus der Form nehmen. Mit Schlagsahne servieren.

**Varianten**
6–8 kleine Kuchenförmchen mit dem Teig füllen und mit in Scheiben geschnittenen Nüssen belegen. Auf der untersten Leiste bei 200° C etwa 40 Minuten backen. Mit Schlagsahne und frischen Beeren garnieren. • Oder aus der halben Teigmenge einen Tortenboden backen. Dick mit Schlagsahne bestreichen und mit Obst belegen.

## Orangentorte Valencia

Bild gegenüber

Lassen Sie diese feine Orangentorte nach dem Backen möglichst 2 Tage durchziehen, dann schmeckt sie noch besser als ganz frisch!

Zutaten für 1 Springform (26 cm ∅):
125 g weiche Butter • 250 g Honig • 3 Eier • abgeriebene Schale von 2 Orangen (unbehandelt) • 6 Eßl. Orangensaft • 10 bittere und 150 g süße Mandeln • 200 g Weizen, fein gemahlen • 1/2 Päckchen Backpulver • 3 Eßl. Cointreau (Orangenlikör) • 3/8 l Sahne • 50 g geröstete Mandelblättchen
Pro Stück etwa 1700 Joule/405 Kalorien (bei 12 Tortenstücken)

- Zubereitungszeit: 30 Minuten
- Backzeit: 35 Minuten

So wird's gemacht: Die Butter mit dem Honig schaumig rühren. Die Eier, die Orangenschale und 2 Eßlöffel Orangensaft dazugeben. • Die Mandeln mit der Schale reiben und unterrühren. Zuletzt das mit dem Backpulver gemischte Mehl dazugeben. • Den Teig 10 Minuten ruhen lassen. • Inzwischen den Backofen auf 190° C vorheizen. Den Rand der Springform einfetten und den Boden mit gefettetem Pergamentpapier auslegen. • Den Teig in die Form füllen und glattstreichen. Auf der untersten Leiste etwa 35 Minuten backen. • Die Torte aus dem Ofen nehmen, auf einem Kuchengitter 10 Minuten abkühlen lassen und den Springformrand vorsichtig lösen. Dann die Torte auf eine Platte stürzen und das Pergamentpapier abziehen. Anschließend auf eine zweite Platte stürzen. • Den restlichen Orangensaft mit dem Orangenlikör verrühren und die Torte damit bestreichen. • Abkühlen und anschließend 2 Tage unter der Tortenhaube an einem kühlen Platz durchziehen lassen. • Die Sahne steif schlagen, die Oberfläche und den Rand der Torte damit bestreichen (etwa 1/3 zum Garnieren zurücklassen) und mit den Mandelblättchen bestreuen. Aus der restlichen Sahne einen Rosettenrand aufspritzen.

*Mein Tip: Sie können die Torte wie auf dem nebenstehenden Farbbild garnieren, sie schmeckt aber auch nur mit Sahne und Mandelblättchen (die es fertig zu kaufen gibt). Auch andere Früchte, wie zum Beispiel Sauerkirschen, Bananenscheiben oder auch grüne Pistazienkerne sehen hübsch aus.*

## Johannisbeertörtchen

Zutaten für 6 Kuchenförmchen (8–9 cm ∅):
60 g weiche Butter • 1 Eigelb • 80 g Honig • 70 g Haselnüsse • 6 bittere Mandeln • 1 Messerspitze Backpulver • 1 Prise Zimt • 90 g Weizen, fein gemahlen • 200 g rote Johannisbeeren • 50 g schwarze Johannisbeeren • Fett für die Förmchen • 100 g Quark • 1 Eßl. Honig • abgeriebene Schale von ½ Zitrone (unbehandelt) • 50 g Sahne
Pro Törtchen etwa 1370 Joule/325 Kalorien

- Zubereitungszeit: 70 Minuten
- Backzeit: 25 Minuten

So wird's gemacht: Die Butter mit dem Eigelb und dem Honig verrühren. Die Nüsse und die Mandeln fein reiben und dazugeben. Zuletzt das mit Backpulver und Zimt gemischte Mehl unterarbeiten. • Den Mürbteig 1 Stunde zugedeckt in den Kühlschrank stellen. (Falls der Teig dann noch zu weich sein sollte, für 5–10 Minuten ins Gefrierfach stellen, so läßt er sich problemlos ausrollen.) • Inzwischen die Johannisbeeren waschen und abzupfen. Die Kuchenförmchen einfetten. Den Backofen auf 200° C vorheizen. • Den Teig fingerdick ausrollen. Die Förmchen damit auslegen und am Rand etwas hochziehen. • Jeweils 1 Eßlöffel rote Johannisbeeren hineinfüllen. Auf der 2. Leiste von unten etwa 25 Minuten backen. • Die Törtchen auf einem Kuchengitter abkühlen lassen und mit einem Messer vorsichtig aus den Förmchen heben. • Den Quark mit dem Honig und der Zitronenschale verrühren. Die schwarzen und die restlichen roten Johannisbeeren untermischen. Die Sahne steif schlagen und darunterheben. Die Creme in die Törtchen füllen. Vor dem Servieren kalt stellen.

**Varianten**
Die feinen Mürbteigtörtchen lassen sich auch mit anderen Früchten füllen: sehr gut Himbeeren und Brombeeren (nicht zu saftig), auch Aprikosen, Süß- oder Sauerkirschen oder Walderdbeeren.

## Runde Hefe-Blitzkuchen

Besonders Kinder helfen hier mit großem Eifer beim Backen, denn der Teig ist wirklich »kinderleicht« zu machen – kein Kneten, kein Ausrollen –, und jedes von ihnen kann sich »seinen« kleinen Kuchen nach eigenen Wünschen mit Zwetschgen, Äpfeln, Nüssen, Rosinen oder anderen guten Sachen belegen.

Zutaten für etwa 20 Stück (1 Backblech):
200 g Milch • 70 g Butter • 20 g Hefe • 1 gestrichener Teel. Zimt • 2 Eßl. Honig • 1 Eigelb • 350 g Weizen, fein gemahlen • Belag nach Wunsch
Pro Stück 460 Joule/110 Kalorien

- Zubereitungszeit: 35 Minuten
- Backzeit: 25 Minuten

So wird's gemacht: Die Milch leicht erwärmen. Die Butter und die Hefe darin auflösen. Alle übrigen Zutaten hineinrühren. Den Teig zugedeckt 30–60 Minuten gehen lassen, bis sich das Volumen etwa verdoppelt hat. • Das Blech sorgfältig mit Butter einfetten und mit Mehl bestreuen. Den Backofen auf 200° C vorheizen. • Den Teig mit einem nassen Eßlöffel abstechen und auf dem Blech zu gut handtellergroßen Fladen ausstreichen. • Je nach Geschmack und vorhandenen Zutaten dicht belegen mit: entkernten Zwetschgen und gehobelten Nüssen oder Apfelschnitzen und in Rum gequollenen Korinthen oder eingeweichten Dörrfrüchten oder einer Mischung aus Orangeat, Zitronat, Korinthen und grob gehackten Nüssen. • Das Blech auf der mittleren Leiste einschieben und die Kuchen etwa 25 Minuten backen.

*Mein Tip: Frisch gebacken schmecken die Hefe-Blitzkuchen am besten!*

## Zwetschgendatschi mit Walnüssen

»Dafür laß' ich jeden Schweinebraten stehen«, sagte kürzlich ein Bekannter, nachdem er unseren Zwetschgendatschi ausgiebig probiert hatte. Mit einem Teigboden aus Vollkornmehl und den Walnüssen obendrauf schmeckt er auch besonders gut – finden wir.

Zutaten für 1 Backblech:
40 g Hefe • 130 g lauwarme Milch • 100 g weiche Butter • 100 g Honig • 3 Eigelb • 1/2 Teel. Zimt • 500 g Weizen, fein gemahlen • Butter für das Blech
Für den Belag: 1500 g Zwetschgen • 100 g Walnußkerne • Zimt • eventuell 2–3 Eßl. Honig
Pro Stück etwa 840 Joule/200 Kalorien (bei 24 Kuchenstücken)

- Zubereitungszeit: 70 Minuten
- Backzeit: 30–35 Minuten

So wird's gemacht: Die Hefe in die Milch hineinbröseln und verquirlen. Die Butter mit dem Honig, den Eigelben und dem Zimt verrühren. • Das Mehl abwechselnd mit der Hefemilch unter die Butter arbeiten. Den weichen Teig mit der Küchenmaschine kurz und kräftig durchkneten. Zugedeckt an einem kühlen Platz auf das Doppelte aufgehen lassen. (Der Teig wird während des Gehens noch fester.) • Inzwischen die Zwetschgen entsteinen und die Walnußkerne vierteln. Das Blech einfetten. • Den Teig ausrollen, das Blech damit belegen und an den Rändern hochdrücken. Die Zwetschgen dicht nebeneinander darauflegen, mit etwas Zimt bestreuen und die Nüsse darüber verteilen. • Den Backofen auf 200° C vorheizen. Den Kuchen 15 Minuten gehen lassen. • Den Zwetschgendatschi auf der mittleren Leiste 30–35 Minuten bakken. Danach – falls notwendig – noch mit etwas Honig beträufeln

Halbierte, entsteinte Zwetschgen werden pro Hälfte längs eingekerbt, dann liegen sie flach auf dem Teig.

**Variante – Apfelkuchen mit Nußstreuseln**
Den Hefeteig dicht mit Apfelspalten belegen und mit 4 Eßlöffeln Korinthen bestreuen. 150 g Haselnüsse fein mahlen, mit 75 g Weizenvollkornmehl und 1/2 Teelöffel Zimt mischen. 5 Eßlöffel Honig langsam hineinlaufen lassen und fortwährend mit einer Gabel untermengen. 75 g lauwarme zerlassene Butter langsam dazugeben und alles zu einer krümeligen Masse mischen. Die Streusel auf einer Platte ausbreiten und für 10 Minuten ins Gefriergerät stellen, damit sie fest werden. Dann auf dem Kuchen verteilen und wie oben beschrieben backen.

## Weihnachtsstollen

Alle Jahre wieder backe ich unsere Weihnachtsstollen nach dem handgeschriebenen Rezept meiner Thüringer Großmutter. In Thüringen heißen die Stollen übrigens »Schittchen«, und sie werden mit den gleichen guten Zutaten gebakken wie die berühmten Dresdner Christstollen.

Zutaten für 2 Stollen:
300 g süße Mandeln • 20 bittere Mandeln • 400 g dunkle kalifornische Rosinen (ungeschwefelt) • 1/8 l Rum • 120 g Hefe • 1/2 l lauwarme Milch • 1250 g Weizen, fein gemahlen • 450 g weiche Butter • 300 g Honig • 1 gestrichener Teel. Meersalz • je 1 Messerspitze geriebene Muskatnuß, Nelkenpulver, gemahlener Ing-

wer und Zimt • abgeriebene Schale von 1 Zitrone (unbehandelt) • 250 g gewürfeltes Zitronat • Butter für das Blech
Zum Bestreichen: 50 g Butter
Pro Stollen etwa 27 325 Joule/6506 Kalorien

- Zubereitungszeit: 1½ Stunden
- Ruhezeit für den Teig: 2–2½ Stunden
- Backzeit: 70 Minuten

So wird's gemacht: Am Vorabend 200 g süße Mandeln mit kochendem Wasser überbrühen, schälen und trocknen lassen. Die Rosinen mit dem Rum mischen und zugedeckt durchziehen lassen. • Am nächsten Tag die Hefe in der Milch auflösen und mit etwas Mehl zu einem weichen Vorteig verarbeiten. Etwa 20 Minuten zugedeckt

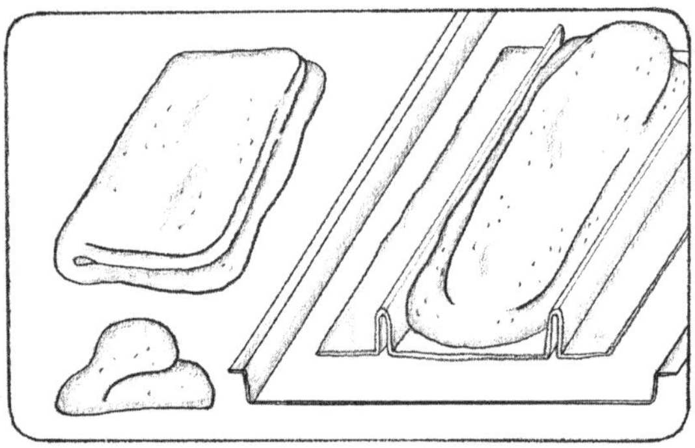

Man legt die Stollen auf eine selbstgefaltete Aluform aufs Blech, dann laufen sie beim Backen nicht breit. Die Folie doppelt nehmen; zwischen den hochgefalteten Rand einen Pappstreifen schieben.

gehen lassen. • Inzwischen die Butter mit dem Honig, dem Salz, den Gewürzen und der Zitronenschale schaumig rühren. Den Hefevorteig und anschließend das Mehl nach und nach unterarbeiten und zu einem glatten, geschmeidigen Teig verkneten. • Etwa eine Stunde zugedeckt gehen lassen. (Nicht zu warm stellen, sonst wird das Fett zu weich und der Teig nimmt zuviel Mehl auf, +18° C genügen.) • Inzwischen die geschälten Mandeln hacken, die ungeschälten und die bitteren Mandeln fein reiben. Das Zitronat und die Rosinen damit mischen. Das Backblech einfetten. • Den Teig auf dem bemehlten Backbrett zu einem großen Rechteck ausrollen und die Mandelmischung darauf verteilen. Von beiden Seiten übereinanderklappen und rasch durchkneten. • Den Teig in 2 Hälften teilen und jede zu einer etwa 30 cm langen Rolle formen. Leicht ausrollen, so daß der Teig in der Mitte dünner als an den Längsseiten ist. Dann zusammenklappen und zu einem Stollen formen. Auf das Blech legen und zugedeckt gehen lassen. • Nach 60–70 Minuten (wenn die Stollen deutlich größer geworden sind) den Backofen auf 220° C vorheizen, gleichzeitig eine flache Schale mit Wasser auf den Backofenboden stellen. • Das Blech auf der untersten Leiste einschieben. Nach 10 Minuten die Temperatur auf 180° C zurückschalten. Insgesamt etwa 70 Minuten backen. • Eventuell nach 50 Minuten Backzeit die Oberhitze reduzieren oder die Stollen mit Alufolie abdecken, damit die Oberfläche nicht zu braun wird. • Die Stollen noch heiß mit der zerlassenen Butter bestreichen. Auf einem Kuchengitter abkühlen lassen, in Alufolie wickeln und kühl aufbewahren.

## Mandelspekulatius

Spekulatiusmodeln gibt es in Haushaltsgeschäften zu kaufen. Sie können aber auch aus dem feinen Mandelteig Plätzchen in verschiedenen Formen ausstechen, mit Ei bestreichen und mit Mandelblättchen bestreuen. Sehr gut als Weihnachtsbaumbehang, weil die Plätzchen beim Backen ihre Form behalten!

Zutaten für etwa 60 Figuren oder 80 Plätzchen:
250 g weiche Butter • 250 g Honig • 1 Ei • 1 Eigelb • 1½ Teel. Zimt • ½ Teel. Kardamom • je ¼ Teel. gemahlene Nelken und Muskatblüte • 200 g süße und 10 bittere Mandeln • 500 g Weizen, fein gemahlen
Pro Stück etwa 410 Joule/95 Kalorien (bei 60 Spekulatius)

- Zubereitungszeit: 70 Minuten
- Ruhezeit für den Teig: 3–4 Stunden
- Backzeit pro Blech: 10–15 Minuten

So wird's gemacht: Die Butter mit dem Honig, dem Ei, dem Eigelb und den Gewürzen verrühren. Die Mandeln mit der Schale fein reiben und dazugeben. Zuletzt das Vollkornmehl unterarbeiten. • Den Teig 3–4 Stunden zugedeckt im Kühlschrank ruhen lassen, bis er fest ist. (Eventuell zum Schluß einige Minuten ins Kühlfach stellen.) • Die Holzmodeln leicht mit Mehl bestäuben. Den Backofen auf 180° C vorheizen. • Den Teig in kleinen Portionen ausrollen. Kleine Teigstücke in die Modeln drücken, den überstehenden Teig abschneiden. Die Figuren auf das ungefettete Blech stürzen. • Auf der mittleren Leiste 10–15 Minuten backen und auf einem Kuchengitter abkühlen lassen.

*Mein Tip: Die Teigfiguren lösen sich besser aus den Modeln, wenn Sie zum Bestäuben (ausnahmsweise) weißes Mehl verwenden. Der Teig sollte möglichst kalt sein, damit er nicht an den Modeln klebt.*

## Mandelhäufchen und Schokoladenbusserl

Zweierlei feine Plätzchen aus einem Grundteig!

Zutaten für 80–90 Stück (2 Backbleche):
4 Eiweiß • 270 g Honig • 450 g süße Mandeln • 10 bittere Mandeln • 2 gestrichene Teel. Zimt • 1 Eßl. Vanillerum (siehe Seite 15) • 90 Oblaten von 5 cm ∅
Für Mandelhäufchen außerdem: 2 Eßl. Mandelstifte
Für Schokoladenbusserl außerdem: 2 gestrichene Teel. Kakao • 1/4 Teel. gemahlene Nelken
Pro Stück etwa 145 Joule/35 Kalorien (bei 90 Stück)

- Zubereitungszeit: 1 Stunde
- Ruhezeit für den Teig: 1 Stunde
- Backzeit pro Blech: 15 Minuten

So wird's gemacht: Die Eiweiße sehr steif schlagen. Den Honig langsam hineinlaufen lassen und zu einer dickschaumigen Masse schlagen. 1 Eßlöffel davon abnehmen und im Kühlschrank aufheben. • Die Mandeln mit der Schale reiben, mit dem Zimt und dem Vanillerum unter die Schaummasse rühren. Den Teig nach Möglichkeit 1 Stunde ruhen lassen. (Der Teig läßt sich dann leichter verarbeiten und die Plätzchen behalten die Form besser.) • Aus der Hälfte des Teigs kleine Häufchen auf Oblaten setzen und mit den Mandelstiften bestreuen. • Den Kakao und die Nelken unter den restlichen Teig mischen. Ebenfalls kleine Häufchen auf Oblaten setzen, glattstreichen und jedes mit einem Tupfer Eiweißschaum verzieren. • Den Backofen auf 180° C vorheizen und die Plätzchen auf der mittleren Leiste etwa 15 Minuten backen. Sie sollen innen weich bleiben.

## Braune Sahnepfeffernüsse

Ein Rezept aus meiner Geburtsstadt Rostock. Der Bäckermeister, bei dem meine Mutter die Sahnepfeffernüsse alljährlich zur Weihnachtszeit kaufte, schenkte ihr das alte, streng gehütete Familienrezept zum Abschied. Die Mischung von frischer süßer Sahne, Sirup und Butter gibt diesem Weihnachtsgebäck den einzigartigen Geschmack.

Zutaten für etwa 100 Stück (3 Backbleche):
150 g Butter • 200 g Zuckerrübensirup (nicht raffiniert) • 200 g Honig • 160 g Sahne • je 1/4 Teel. Zimt, Nelken, Kardamom und schwarzer Pfeffer • 100 g Mandeln • je 50 g Orangeat und Zitronat • 7 g Pottasche • 2 Eßl. Rosenwasser • 400 g Weizen, fein gemahlen • 100 geschälte Mandelhälften
Pro Stück etwa 245 Joule/60 Kalorien

- Zubereitungszeit: 1 Stunde
- Ruhezeit für den Teig: 4–8 Tage
- Backzeit: 15–20 Minuten pro Blech

So wird's gemacht: Die Butter bei milder Hitze zerlassen, den Sirup und den Honig damit verrühren (dabei nicht weiter erhitzen). Den Topf vom Herd nehmen. Die Sahne und die Gewürze hinzufügen. • Die Mandeln mit der Schale reiben, das Orangeat und das Zitronat feinhacken und unter die Honigmasse mischen. Abkühlen lassen. • Die Pottasche in dem Rosenwasser auflösen und unterrühren. Zuletzt das Mehl daruntermengen. Den weichen Teig zugedeckt 4–8 Tage kühl ruhen lassen (er wird während dieser Zeit noch etwas fester). • Den Backofen auf 180° C vorheizen. • Aus dem Teig kleine Kugeln von etwa 2 cm Durchmesser drehen und mit genügend Abstand aufs Blech setzen, denn die Pfeffernüsse laufen während des Backens breit. Jede Kugel mit einer halben Mandel belegen. Auf der mittleren Leiste 15–20 Minuten backen. Dann abkühlen lassen und in einer Dose aufheben.

*Mein Tip: Dunklen, nicht raffinierten Zukkerrübensirup bekommen Sie im Reformhaus. Er wird besonders wertschonend hergestellt und enthält noch weitgehend die arteigenen Vitamine, Mineralstoffe und Spurenelemente der Zuckerrübe.*

## Linzer Kränzchen

Zutaten für etwa 50 Stück (4 Bleche):
Teig Mandelspekulatius (Rezept Seite 120), mit 1½ Teel. Zimt und ¼ Teel. Nelken gewürzt
Für die Füllung: 150 g getrocknete Aprikosen (ungeschwefelt · 3 Eßl. Orangenlikör und 2 Teel. Zitronensaft (oder 3 Eßl. Orangensaft)
Für den Belag: 1 Eigelb · 1 Eßl. Wasser · 50 g geschälte, gehackte Mandeln
Pro Stück etwa 590 Joule/140 Kalorien

- Zubereitungszeit: 70 Minuten
- Ruhezeit für den Teig: 3–4 Stunden
- Backzeit pro Blech: 10–15 Minuten

So wird's gemacht: Den Teig wie im vorhergehenden Rezept zubereiten und ruhen lassen. • Inzwischen die Aprikosen waschen, im Mixer pürieren und mit dem Orangenlikör und dem Zitronensaft verrühren. 1–2 Stunden durchziehen lassen. • Den Teig in kleinen Portionen 3 mm dick ausrollen. Runde Plätzchen und Ringe in gleicher Anzahl ausstechen. Den Backofen auf 180° C vorheizen. • Das Eigelb mit dem Wasser verquirlen. Die Ringe damit bestreichen und mit der bestrichenen Seite in die gehackten Mandeln drücken. Die Plätzchen und Ringe auf ein ungefettetes Blech legen. Auf der mittleren Leiste 10–15 Minuten backen. • Das Gebäck auf einem Kuchengitter abkühlen lassen. Die Plätzchen mit der Aprikosenmasse bestreichen und die Kränzchen daraufsetzen. Kühl aufbewahren.

**Variante**
Die Linzer Kränzchen schmecken auch mit einer Füllung aus 150 g getrockneten, pürierten Aprikosen und 3 Eßlöffeln pürierten, frischen oder tiefgefrorenen Himbeeren sehr gut.

## Korinthenschnitten

Zutaten für 1 Backblech:
180 g Haselnüsse · 180 g weiche Butter · 200 g Honig · 4 Eier · abgeriebene Schale und Saft von 1 Zitrone (unbehandelt) · 1 gestrichener Teel. Zimt · 3 Eßl. Rum · 4 Eßl. schwarzer Kaffee · 200 g Korinthen · 2 gestrichene Teel. Backpulver · 500 g Weizen, fein gemahlen · Butter für das Blech · ½ Eßl. Honig · 4 Eßl. gehobelte Haselnüsse
Insgesamt etwa 25 875 Joule/6160 Kalorien

- Zubereitungszeit: 30 Minuten
- Ruhezeit für den Teig: 30 Minuten
- Backzeit: 30 Minuten

So wird's gemacht: Die Nüsse grob hacken und in einer Pfanne unter Umrühren leicht rösten. • Die Butter mit 200 g Honig schaumig rühren. 3½ Eier, die Zitronenschale und den -saft, den Zimt, den Rum und den Kaffee nacheinander unterrühren. • Die Korinthen grob hacken und dazugeben, anschließend die Nüsse und das mit dem Backpulver gemischte Mehl. • Den Teig 30 Minuten ruhen lassen. Das Blech sorgfältig einfetten. • Den Teig mit einem nassen Teigschaber 1 cm dick auf das Blech streichen, oder mit einem kleinen Teigroller auf dem Blech glatt ausrollen. (Den Teigroller dabei anfeuchten.) • Das restliche halbe Ei mit ½ Eßlöffel Honig verquirlen und den Teig damit bestreichen. Zum Schluß mit den Nüssen bestreuen. • Das Blech auf der mittleren Leiste in den kalten Backofen schieben. Den Kuchen bei 200° C etwa 30 Minuten backen. • Die Teigplatte in Streifen schneiden und auf einem Kuchengitter auskühlen lassen. Die Korinthenschnitten schmecken am besten, wenn man sie 2–3 Tage kühl gestellt durchziehen läßt.

*Mein Tip: Die Korinthenschnitten bleiben lange frisch, wenn Sie die Teigplatte nach dem Backen in große Stücke schneiden, die Stücke einzeln in Alufolie packen und kühl aufbewahren oder noch lauwarm einfrieren. Die Schnitten sind im Nu aufgetaut, wenn Sie überraschend Besuch bekommen.*

## Englische Ingwerkeks

Zutaten für etwa 30 Stück (1 Backblech):
150 g Butter · 150 g Honig · 1 Eigelb · 50 g Mandeln · 50 g eingelegte Ingwerpflaumen · 2 Teel. geriebener Ingwer · ½ Teel. Delifrut · 250 g Weizen, fein gemahlen · ¼ Teel. Backpulver · 1 Eigelb · 1 Eßl. Wasser · 60 g geschälte Mandelhälften · Butter für das Blech
Pro Stück etwa 415 Joule/100 Kalorien

- Zubereitungszeit: 40 Minuten
- Ruhezeit für den Teig: 3–4 Stunden
- Backzeit: 20 Minuten

So wird's gemacht: Die Butter mit dem Honig und dem Eigelb schaumig rühren. Die ungeschälten Mandeln zusammen mit dem Ingwer feinhacken und unter den Teig mengen. Die Gewürze dazugeben. Das Mehl mit dem Backpulver mischen und unterarbeiten. • Den weichen Teig 3–4 Stunden im Kühlschrank ruhen lassen. • Danach den Backofen auf 180° C vorheizen. • Den Teig ½ cm dick ausrollen und in 5 × 7 cm große Rechtecke schneiden. Das Eigelb mit dem Wasser verrühren und die Kekse damit bestreichen. Die Plätzchen mit den Mandelhälften verzieren und dicht nebeneinander auf das gefettete Blech legen. Auf der mittleren Leiste etwa 20 Minuten backen, bis die Kekse hellbraun sind. • Die Ingwerkekse auf einem Kuchengitter abkühlen lassen und in einer Dose aufbewahren.

## Fränkische Schokoladenbrote

Neben anderem Weihnachtsgebäck durften früher in Oberfranken die »Butterbrote« auf dem bunten Teller nicht fehlen. Diese zarten Schokoladenplätzchen haben ihren Namen davon, daß sie ursprünglich nach dem Backen noch mit einem dicken Guß aus Eigelb und Puderzucker bestrichen wurden und dann wie kleine Butterbrote aussahen. Wir haben auf den Zuckerguß verzichtet und finden, daß unsere »Schokoladenbrote« eigentlich noch besser schmecken.

Zutaten für etwa 60 Stück:
225 g Butter · 200 g Honig · 1 kleines Ei · 1 Eßl. Rum (54%) · 1 leicht gehäufter Eßl. Kakao (schwach entölt) · abgeriebene Schale von ½ großen Orange (unbehandelt) · 50 g Haselnüsse · 250 g Weizen, fein gemahlen
Zum Rollen: 3 Eßl. feingehackte Haselnüsse
Pro Stück etwa 260 Joule/60 Kalorien

- Zubereitungszeit: 40 Minuten
- Ruhezeit für den Teig: 4 Stunden
- Backzeit: 20 Minuten

So wird's gemacht: Die Butter mit dem Honig und dem Ei schaumig rühren. Den Rum, den Kakao und die Orangenschale dazugeben. • Die Nüsse fein reiben und untermengen. Zuletzt das Mehl unterarbeiten. Den weichen Teig 3–4 Stunden zugedeckt im Kühlschrank ruhen lassen. Eventuell noch kurz ins Gefrierfach stellen, damit er fest wird. • Aus dem Teig eine etwa 4 cm dicke Rolle formen und in den gehackten Nüssen wälzen. In Alufolie wickeln und etwas flach drücken. Die Teigrolle 25–30 Minuten in das Gefriergerät legen (dann läßt sich der Teig besser schneiden). • Den Backofen auf 180° C vorheizen. • Von der Teigrolle ½ cm dicke Scheiben abschneiden und mit genügend Abstand auf das ungefettete Backblech legen. Die Schokoladenbrote auf der mittleren Leiste etwa 20 Minuten backen.

## Südländische Pizza

Bild auf dem Einband

Zutaten für 1 Backblech:
30 g Hefe · 350 g lauwarme Buttermilch oder Sauermilch · 5 Eßl. Olivenöl · 1 gestrichener Teel. gemahlener Kümmel · ½ Teel. gemahlener Koriander · 1 gestrichener Teel. Kräutersalz · 350 g Weizen, fein gemahlen · 150 g Roggen, fein gemahlen
Für den Belag: 125 g Emmentaler Käse · 1 Zwiebel (75 g) · 1 Tasse feingehackte Kräuter (Petersilie, Liebstöckel/Maggikraut, Oregano, Basilikum, wenig Rosmarin) · 4 Eier · 2 Eßl. saure Sahne · 2½ Teel. Grillgewürz · Kräutersalz · 1 Knoblauchzehe · 350 g grüne Paprikaschoten · 700 g kleine, feste Tomaten · Öl für das Blech · 2–3 Eßl. Olivenöl
Insgesamt etwa 15 270 Joule/3635 Kalorien

- Zubereitungszeit: 1 Stunde
- Backzeit: 30 Minuten

So wird's gemacht: Die Hefe in der Milch auflösen. Das Öl, die Gewürze und das Salz damit verquirlen. Das Weizen- und das Roggenmehl darunterarbeiten. Den Teig 10–15 Minuten gründlich kneten. Etwa 30 Minuten zugedeckt gehen lassen, bis er sein Volumen verdoppelt hat. • Inzwischen für den Belag den Käse fein reiben. Die Zwiebel schälen, sehr fein würfeln und mit den Kräutern mischen. Die Eier mit der Sahne, dem Grillgewürz, 1½ Teelöffel Salz und der geschälten, durchgepreßten Knoblauchzehe verrühren. Die Paprikaschoten waschen, von den Kernen und den weißen Innenwänden befreien und in Ringe schneiden. Die Tomaten in Scheiben schneiden. • Den Teig kurz durchkneten, dünn ausrollen und das gefettete Blech damit belegen, dabei an den Rändern etwas hochziehen. 10 Minuten gehen lassen. Den Backofen auf 200° C vorheizen. • Den Teigboden mit dem Käse und dann mit der Zwiebel-Kräutermischung bestreuen. Die Eisahne darübergießen. Die Paprikaringe auflegen. Die Zwischenräume mit den Tomatenscheiben ausfüllen, salzen und mit dem Öl beträufeln. • Die Pizza auf der zweituntersten Leiste 30 Minuten backen und warm servieren.

## Pilzpizza

Das Grünkernmehl macht den Pizzateig besonders würzig!

Zutaten für 1 große Pizzaform (28–30 cm ∅):
15 g Hefe · ½ Teel. Kräutersalz · 150 g kaltes Wasser · 100 g Grünkern, fein gemahlen · 2 Eßl. Sonnenblumenöl · 170 g Weizen, fein gemahlen · Öl oder Butter für die Form
Für den Belag: 500 g junge, feste Mischpilze, geputzt gewogen (Steinpilze, Birkenpilze, Butterpilze) · 100 g Zwiebeln · 1 gestrichener Teel. Pastetengewürz · 50 g Butter · knapp 1 Eßl. Weizenvollkornmehl · 2 Eßl. feingehackte Kräuter (Petersilie, Liebstöckel/Maggikraut, Thymian, Basilikum, Majoran) · 1 gestrichener Teel. Pilzpulver · 1 gestrichener Teel. Kräutersalz ·

je 1 Prise frisch gemahlener Pfeffer und Knoblauchpulver
Für den Guß: 2 Eier • je 1/4 Teel. Kräutersalz und Grillgewürz
Zum Bestreuen: 1 Eßl. kleingeschnittener Schnittlauch
Pro Person etwa 2005 Joule/480 Kalorien

- Zubereitungszeit: 75 Minuten
- Backzeit: 35–40 Minuten

So wird's gemacht: Die Hefe und das Salz im Wasser auflösen. Das Grünkernmehl und das Öl darunterrühren. Dann das Weizenmehl unterarbeiten und 10 Minuten tüchtig kneten, bis ein glatter Teigkloß entstanden ist. • Den Teig zugedeckt etwa 30 Minuten gehen lassen, bis sich das Volumen verdoppelt hat. Dann nochmals 5 Minuten kneten und wiederum gehen lassen. • In der Zwischenzeit die Pilze putzen, kurz waschen und fein schneiden. • Den Backofen auf 200° C vorheizen. Die gut gefettete Form mit dem Hefeteig auslegen und einen Rand von 3 cm hochziehen. Die Zwiebeln schälen, fein würfeln, auf dem Teigboden verteilen und mit dem Pastetengewürz bestreuen. • Die Pizza auf der untersten Leiste etwa 25 Minuten backen, bis der Teigboden fast durchgebacken ist. • Inzwischen die Pilze in der Hälfte der Butter unter Umrühren schmoren, bis der Saft eingedampft ist. Das Mehl darüberstreuen und unterrühren. Die restliche Butter und die Kräuter dazugeben. Mit den Würzzutaten abschmecken. • Die Pilze auf dem Pizzaboden verteilen. Die Eier mit dem Salz und dem Grillgewürz verquirlen und über die Pilze gießen. Noch 10 Minuten auf der mittleren Leiste bei 220° C backen, bis der Guß fest ist. • Danach mit Schnittlauch bestreuen und heiß servieren.

*Mein Tip: Man kann den Teig mit vielerlei schmackhaften Zutaten belegen: Fenchel, Lauch, Tomaten und schwarze Oliven, gewürzt mit Kräutern und gemahlenem Koriander, belegt mit französischem Butterkäse, passen gut zusammen.*

## Minipizza

Ein Mittag- oder Abendessen, das wenig Arbeit macht – aber auch zu einem Glas Wein sind die würzigen Pizza-Brötchen eine willkommene Abwechslung.

Zutaten für etwa 30 Stück (2 Backbleche):
200 g Weizen, mittelfein geschrotet • 200 g Grünkern, mittelfein geschrotet • 400 g kohlensäurereiches, kaltes Mineralwasser • 4 Eßl. Sonnenblumenöl • 60 g Quark • 1 gestrichener Teel. Kräutersalz • 1 gestrichener Teel. Delikata • Öl oder Butter für die Bleche
Für den Belag: 350 g grüne Paprikaschoten • 125 g Appenzeller Käse • 400 g feste Tomaten • Grillgewürz • Kräutersalz • Schabziegerklee • 20 g Butter
Pro Stück etwa 250 Joule/95 Kalorien

- Zubereitungszeit: 35 Minuten
- Quellzeit: 1 Stunde
- Backzeit: 30–35 Minuten pro Blech

So wird's gemacht: Alle Zutaten für den Teig miteinander verrühren. Zugedeckt mindestens 1 Stunde quellen lassen. • Die Paprikaschoten halbieren, von den Kernen befreien und in dünne Streifen schneiden, ebenso den Käse. Die Tomaten in Scheiben schneiden. • Die Backbleche sorgfältig einfetten und mit Mehl bestreuen. • Vom Teig flache, handtellergroße Küchlein aufs Blech setzen, mit einem nassen Eßlöffel gleichmäßig dick ausstreichen. Mit Grillgewürz bestreuen und mit den Paprikastreifen belegen. • Das Blech auf der mittleren Leiste in den kalten Backofen schieben. Die Pizza bei 200° C 15 Minuten backen, dann den Käse zwischen die Paprikastreifen legen. Weitere 10–15 Minuten backen. • Zum Schluß die Tomatenscheiben auflegen, salzen, mit Schabziegerklee bestreuen, auf jede Tomate ein Butterflöckchen setzen. Noch 5 Minuten auf der obersten Leiste überbacken.

Das paßt dazu: viel grüner Salat.

## Knusprige Käsebrötchen

Bild Seite 90

Mit frischer Butter oder Kräuterbutter (Rezept Seite 108) bestrichen, schmecken uns die würzigen Käsebrötchen am besten. Auch zur Suppe oder zu einer großen Salatplatte passen sie ganz ausgezeichnet. Möglichst warm aus dem Backofen servieren oder vorher kurz aufbacken!

Zutaten für 20 Brötchen:
Butter und Vollkornmehl für das Blech · 40 g Hefe · 1 gestrichener Teel. Meersalz · 320 g Sauermilch (Zimmertemperatur) · 50 g weiche Butter · je 1 gestrichener Teel. gemahlener Kümmel und Koriander · 350 g Weizen, fein gemahlen · 150 g Roggen, fein gemahlen · 200 g Allgäuer Emmentaler Käse
Zum Bestreichen: 1 Eigelb · 2 Eßl. Wasser
Zum Bestreuen: Kümmel, Mohn oder gerösteter Sesam
Pro Stück etwa 665 Joule/160 Kalorien

- Zubereitungszeit: 80 Minuten (einschließlich Gehenlassen des Teiges)
- Backzeit: 30–35 Minuten

So wird's gemacht: Das Backblech mit Butter einfetten und mit Mehl bestreuen. • Die Hefe und das Salz in der Milch verrühren. Die Butter schaumig rühren. Die Gewürze zugeben, die Hefemilch und die Hälfte des Mehls abwechselnd unterrühren. • Den Käse reiben und untermengen. Das restliche Mehl unterarbeiten. Den Teig gründlich kneten, bis er glatt und geschmeidig ist. Zugedeckt auf das Doppelte aufgehen lassen (30–40 Minuten). • Danach den Teig kurz durchkneten, eine Kugel formen und in 4 gleiche Teile schneiden. Aus jedem Teil eine Walze rollen und 5 gleichgroße Stücke davon abschneiden. • Runde oder längliche Brötchen formen. Das Eigelb mit dem Wasser verquirlen und die Brötchen damit bestreichen; nach Wunsch mit Kümmel, Mohn oder Sesam bestreuen und festdrükken. Die Brötchen noch etwa 10 Minuten gehen lassen. • Inzwischen den Backofen auf 220° C vorheizen und eine flache Schale mit Wasser auf den Backofenboden stellen. Das Blech auf der mittleren Leiste in den Herd schieben. Gleichzeitig den Temperaturregler auf 250° C schalten. • Nach 10 Minuten auf 200° C zurückschalten und die Brötchen in etwa 20 Minuten fertigbacken.

*Mein Tip: Beim Brötchenbacken sollten Sie die kleine Mühe nicht scheuen und den Teig möglichst gründlich kneten. Erst durch längeres Kneten entwickelt sich der im Getreide enthaltene Kleber richtig – die Brötchen werden schön locker und reißen beim Backen nicht auf.*

**Brötchen-Varianten**
Brötchen müssen nicht immer die übliche Form haben. Es gibt viele Möglichkeiten, sie phantasievoll zu variieren:

**Sesamringe:** Eine Kugel rollen und etwas plattdrücken. Mit einem dicken Kochlöffelstiel in der Mitte ein Loch durchbohren und auf etwa 3 cm erweitern. Die Ringe mit verdünntem Eigelb bestreichen und mit der bestrichenen Seite in gerösteten Sesam drücken.

**Kümmelfladen:** Eine Kugel rollen und plattdrükken (1 cm dick), mit verquirltem Eigelb bestreichen, ein Rautenmuster einritzen und die Fladen mit Kümmel bestreuen (festdrücken!).

**Spiralbrötchen:** Die Teigkugeln in die Mitte eines Drahtkuchengitters drücken, so daß sich ein Spiralmuster abzeichnet. Mit verdünntem Eigelb bestreichen.

**Brötchenrad:** Runde Brötchen oder Spiralbrötchen mit knapp 1 cm Abstand aneinandersetzen und ein Wagenrad oder mehrere kleine Räder formen (siehe Bild Seite 90).

**Olivenbrötchen:** Schwarze Oliven und Walnüsse, grob gehackt, mit Thymian, Basilikum, Oregano und wenig Rosmarin mischen und unter dem Teig kneten.

## Käse-Windbeutelchen

Frisch aus dem Backofen schmecken die Windbeutelchen ganz vorzüglich zum Apéritif oder zu einem Glas Wein.

Zutaten für 28–30 Stück:
1/8 l Wasser • 40 g Butter • 1 Prise Meersalz • 75 g Weizen, fein gemahlen • 2 mittelgroße Eier • 80 g geriebener Emmentaler oder alter Goudakäse • 2 Messerspitzen Cayennepfeffer • frisch geriebene Muskatnuß • Butter für das Blech
Zum Bestreichen: 1/2 Ei
Zum Belegen: schmale Käsestreifchen, geschälte Mandeln, halbierte schwarze Oliven
Pro Stück etwa 155 Joule/35 Kalorien (bei 28 Stücken)

- Zubereitungszeit: 30 Minuten
- Backzeit: 20–25 Minuten

So wird's gemacht: Das Wasser mit der Butter und dem Salz in einem kleinen Topf aufkochen. Das Vollkornmehl auf einmal in die kochende Flüssigkeit schütten und mit dem Holzlöffel tüchtig rühren, bis sich der Teig als glatter Kloß vom Topfboden löst. • Den Topf vom Herd nehmen und ein Ei nach dem andern gründlich mit dem Teig verrühren. Den Käse unter die noch warme Masse rühren. Mit dem Cayennepfeffer und reichlich Muskatnuß abschmecken. • Den Backofen auf 200° C vorheizen. • Mit zwei nassen Teelöffeln gut kirschgroße Teighäufchen mit etwas Abstand auf das gefettete Blech setzen. Die Windbeutel vorsichtig mit dem verquirlten Ei bestreichen und nach Wunsch belegen. • Die Käse-Windbeutelchen auf der mittleren Leiste in etwa 20–25 Minuten goldgelb backen.

*Mein Tip: Sie können die Windbeutel schon einige Zeit vorher vorbereiten und erst kurz vor dem Eintreffen Ihrer Gäste backen.*

## Knusprige Sesamecken

Sesam ist wahrscheinlich eines der ältesten uns bekannten Gewürze. Schon vor über 4000 Jahren wurde er auf babylonischen Keilschrifttafeln als Gewürz der Götter erwähnt. Doch der Sesamsamen diente nicht nur zum Würzen von Wein, Brot und anderem Gebäck, er war damals schon ein wertvoller Öllieferant.

Zutaten für etwa 70 Stück (1 Backblech):
50 g Sesam • 100 g Gruyère- oder Emmentaler Käse • 70 g weiche Butter • 1 großes Ei • 1 Eßl. trockener Weißwein • 1/2 Teel. Meersalz • 1/4 Teel. Cayennepfeffer • 100 g Weizen, fein gemahlen
Pro Stück etwa 100 Joule/25 Kalorien

- Zubereitungszeit: 30 Minuten
- Ruhezeit für den Teig: 20 Minuten
- Backzeit: 15 Minuten

So wird's gemacht: Den Sesamsamen in einer Pfanne unter Umrühren goldgelb rösten und abkühlen lassen. Den Käse reiben. • Die Butter mit dem Ei, dem Wein, dem Salz und dem Cayennepfeffer verrühren. Den Sesam und den Käse dazugeben. Zum Schluß das Mehl unterkneten. Den Teig 20 Minuten zugedeckt in den Kühlschrank stellen. • Danach den Backofen auf 200° vorheizen. Den Teig 3 mm dick ausrollen, Quadrate von 4–5 cm Seitenlänge ausrädeln und in Dreiecke teilen. Die Sesamecken auf ein ungefettetes Backblech legen und auf der mittleren Leiste in etwa 15 Minuten hellgelb backen.

# Wichtige Adressen und Bücher

## Bezugsquellen

• »Biosnacky«-Keimapparat:
Reformhäuser und Versandhandel. Ein ähnliches Gerät ist bei Garten-Quelle, Fürth, zu beziehen.
• Getreide aus biologischem Anbau:
– Adressen von biologisch wirtschaftenden Betrieben durch:
Demeter-Bund e. V. Wellingstr. 24, 7000 Stuttgart.
Fördergemeinschaft organisch-biologischer Landbau e. V., 7326 Heiningen.
• Getreidemühlen oder Informationsmaterial erhältlich in Reformhäusern, Elektro- und Haushaltswarengeschäften oder durch folgende Lieferanten:
Ludwig Bartsch, 6380 Bad Homburg v. d. H.
Bio-Dienst, Brandströmstr. 5/3, 7290 Freudenstadt.
Bösen Getreidemühle, System Dr. H. Burggrabe, Vertrieb durch Reformhäuser
Werner Ganter, Buchenweg 32, 7742 St. Georgen.
Otto F. Hülter-Hassler, Postfach 710, 7831 Königsschaffhausen (Elsässer-Getreidemühle).
Lüder Automation GmbH, 7742 St. Georgen.
Wilfried Messerschmidt, August-Heisler-Weg 6, 7744 Königsfeld 1. (Getreidemühlen und Mahlwerkvorsätze für Bosch-, Jupiter-, Bauknecht-Küchenmaschine u. a.).
Green Hausmühlenbau, A-9991 Iselsberg 39/Österreich (Osttiroler Haushaltsmühle).
Schnitzer KG., Feldbergstr. 11, 7742 St. Georgen (z. Zt. über 20 Mühlenmodelle).
Spessart-Mühle, G + M Eizenhöfer, Kardinal-Faulhaber-Str. 6, 8752 Kleinostheim.
• Getreidemühlen, Getreide und Gemüse aus biologischem Anbau, Dörrapparat »dörrex«, Backferment, biologischer Gartenbedarf:
Bildungs- und Gesundheitszentrum, Waldhof Krüdersheide, 5650 Solingen 11.
Bio-Gartenmarkt Fritz Keller, Konradstr. 17, 7800 Freiburg.
Bio-Service Karl F. Weber, Postfach 2221, 7730 Villingen.
Karl Blankenburg, Postfach 122, 4920 Lemgo.
Peter Böhmer, Hafermühle, Hauptstr. 26a, 5779 Eslohe.
Ernst-Otto Cohrs, Postfach 1165, 2130 Rotenburg/Wümme.
Der grüne Baum, mv Manufaktur-Vertrieb, Reformversand, Postfach 101 765, 4630 Bochum 1.
Fachdienst Gesundheit GmbH, Postfach 120 140, 7530 Pforzheim.
Heinrich Geisel, Ludwigstr. 70, 8510 Fürth.
Fried Gebler, Fasanenweg 9, 5144 Wegberg-Arsbeck.
gesundleben GmbH, Postfach 301 251, 6072 Dreieich (ausführliche Broschüre über die gängigsten Getreidemühlen gegen DM 1,50 Kostenersatz).
Grell Nachf. KG., Johannisstr. 7, 2353 Nortorf/Holstein.
Haus und Heim, Elsbeth Tillmanns, bio-Abt. »Die Jungmühle«, Breite Str. 82, 4150 Krefeld.
Josephus Heemskerk, Wideystr. 56, 5810 Witten.
Hans Heyer, Sonnenweg 11, 5064 Rösrath 3 (-Forsbach).
Edm. Mockenhaupt KG, Hauptstr. 5, 5241 Harbach ü. Betzdorf.
Schnitzer KG, Feldbergstr. 11, 7742 St. Georgen.
Wilhelm Süss, Bruchsaler Str. 21, 7504 Weingarten.
Peter Visser, Hildesheimer Str. 16, 3209 Bettmar-Schellerten.
• Küchenkräuter, Gewürzpflanzen, Gemüsesamen aus biologischem Anbau:
Heinrich Bornträger, 6521 Offstein.
• Besondere Zutaten:
Reformhaus Rahlstedt Friedrich Bein, Postfach 730 124, 2000 Hamburg 73 (Versand auch ins Ausland).
• Vollwert-Koch- und Backkurse
– Auskunft durch unsere Kontaktstelle: Zeitschrift »Natürlich und Gesund«, Eberhard Cölle, Postfach 700 118, 7000 Stuttgart 70 (Freiumschlag beifügen).

## Empfehlenswerte Bücher

• Anemueller, Dr. med. Helmut, Iß dich gesund. Leistungsfähig und aktiv durch Essen mit Verstand. Gräfe und Unzer Verlag München
• Bezugsquellen für Alternatives. Ein Verzeichnis. Zu beziehen durch: Verein für ein erweitertes Heilwesen e. V., Johannes-Kepler-Str. 58, 7263 Bad Liebenzell-UL.
• Bircher, Dr. med. Ralph, Gesünder durch weniger Eiweiß. Edition Wendepunkt, Bad Homburg v. d. H./Erlenbach-Zürich
• Brecht, Eduard A., Brecht-Kochbuch. Eduard A. Brecht Verlag, Karlsruhe
• Bruker, Dr. M. O., Gesund durch richtiges Essen. Econ Verlag, Düsseldorf
• Bruker, Dr. M. O., Krank durch Zucker. Helfer-Verlag E. Schwabe, Bad Homburg v. d. H.
• Bruker. Dr. M. O., Unsere Nahrung, unser Schicksal. Verlag gesundleben, Dreieich
• Cremer, Prof. Dr. med. H.-D., Die große Nährwert-Tabelle. Die Kalorien/Joule- und Nährstoffgehalte unserer Lebensmittel auf einen Blick. Gräfe und Unzer Verlag München
• Fritzsche, Helga, Feines Gemüse selbst gezogen – auf dem Balkon, im Garten und im Kleingewächshaus. Gräfe und Unzer Verlag München
• Fritzsche, Helga, Küchenkräuter selbst gezogen – am Fenster, auf dem Balkon und im Garten. Gräfe und Unzer Verlag München
• Handbuch der Haushalts-Getreidemühlen, Verlag Natürlich und Gesund, Postfach 700 118, 7000 Stuttgart 70
• Klevers Kalorien-Joule-Kompaß. Mit 3500 Werten die größte Kalorien-Joule-Tabelle der Welt. Gräfe und Unzer Verlag München
• Lingenfelder, Maria, Die Milchsäuregärung. Waerland Verlag, Mannheim
• Pahlows Wildgemüse-Kompaß. Gemüse, Salate und Würzkräuter aus Wiese, Feld und Wald sicher bestimmen. Gräfe und Unzer Verlag München
• Renzenbrink, Dr. U., Ernährung unserer Kinder. Zu beziehen durch: Arbeitskreis für Ernährungsforschung e. V., Zwerweg 19, 7263 Bad Liebenzell 3
• Stein, Siegfried, Salate selbst gezogen, am Fenster, auf dem Balkon, im Garten und im Kleingewächshaus. Gräfe und Unzer Verlag München.

# Rezept- und Sachregister

*Kursiv* gesetzte Seitenzahlen verweisen auf Abbildungen


Agar-Agar 14
Aioli, Knoblauchsauce 84
Allgäuer Spargelomelette 70
Andalusische Tomaten 75
– Tomatensuppe 40
Andalusischer Reis 100
Apfeldessert mit Kirschen 100
Apfelessig 14
Apfelkuchen mit Nußstreuseln 119
–, versunkener 113
Apfelküchle, badische 95
Apfelpastete 96
Apfel-Rohkost, Möhren- 29
Appenzeller Backkartoffeln 48
Aprikosen-Kuchen, Hirse- 114
Arabischer Mandelreis 63
Auberginen 17

Backkartoffeln, Appenzeller 48
Badische Apfelküchle 95
Badischer Krautsalat 33
Basilikumsauce – Pesto, Genueser 84
Bauernsalat, griechischer *25*, 94
Bezugsquellen 128
Bindesalat oder römischer Salat 23
Biosmon 23
Bleichsellerie Meran 32
Blumenkohl 17
Bohnen, grüne 17
Bohnen-Gemüse-Ragout 71
Bohnengulasch, ungarisches 72
Bohnensalat, südländischer 91
Bohnensuppe nach Römerart 42, *43*
Bohnentopf, bretonischer 69
Bouillonkartoffeln 47
Bratäpfel, Ingwer- 96, *Bild auf dem Einband*
Braune Sahnepfeffernüsse 121
Brauner Kirschenkuchen 113
Bretonischer Bohnentopf 69
Broccoli 17
Brötchenrad 126
Brötchen-Varianten 126
Brombeerbecher 101
Brotaufstrich aus getrockneten Früchten 107
–, Genueser 106
–, herzhafter 106
Brotpudding, Wiener 98
Brüsseler Champignonsalat 23
Budapester Krautgulasch 81
Bücher, empfehlenswerte 128
Bunter Kopfsalat 28
– Maissalat *25*, 88
– Wintersalat 34

Buttermischungen, würzige 108

Camembertquark, pikanter 108
Champignonsalat, Brüsseler 23
Champignon-Zwiebel-Kasserolle 82
Chicorée mit Orangensauce 24
Chinakohl 17
– mit Äpfeln 24
Chinesische Nudelkasserolle 66
Cocktailsauce, rote 37
Crème fraîche 14
Currysauce 83

Dattelkonfekt – Mazurki 111
Delifrut 18
Delikata 18
Dinkelsbühler Grünkernküchlein 59
Dips für Rohkostsalate 36
Dörrobst 14
Duchesse-Kartoffelhäufchen 52

Eierblumen, Gemüsebouillon mit 38
Einkaufen 13
Einkaufsquellen 14
Eissalat mit Gurken und Tomaten *26*, 27
Eissavarin, Erdbeer- 102
Eistorte, Schokoladen-Nuß- 103
Enchiladas 54
–, Käse- 54
Endivien und Tomaten 27
Endoferm 18
Englische Ingwerkeks 123
Erbsen 17
Erbsen-Kohlrabi-Rohkost 24
Erdbeer-Eissavarin 102
Exotischer Obstsalat 101

Feine Nußsauce 84
Feiner Gewürzkuchen 113
Fenchel 17
Fencheltopf mit Möhren 76
Festliche Menüs 22
Fleisch 12
Fränkische Schokoladenbrote 123
– Zwetschgenpastete 96
Frankfurter Grüne Sauce 85
Französische Kopfsalatsuppe mit Knoblauchcroûtons 45
– Salatsauce 36
Frischer Reissalat 92
Frischkornmüsli, das 104
– Grundrezept 105
Frischkost selbst gezogen, vitaminreiche 19
Fruchtige rote Grütze 100
Fruchtkaltschale 100, *115*
Frühlingssuppe mit Wildkräutern 39

Gazpacho 42
Gefüllte Tomaten auf Kopfsalat 33
– Weinblätter auf griechische Art 65
Gefüllter Rührkuchen 112
Gemüse richtig einkaufen 13
Gemüsebouillon mit Eierblumen 38
Gemüse-Lasagne 67
Gemüse-Ragout, Bohnen- 71
Gemüserisotto 64
Genueser Basilikumsauce – Pesto 84
– Brotaufstrich 106
Geschmorte Kräutertomaten 76
Getreide richtig einkaufen 13
Getreidemühle, die 20
Getreidesalat mit frischen Kräutern 88, *Bild auf dem Einband*
Gewürze 15, 18
– und Gewürzmischungen, spezielle 18
Gewürzkuchen, feiner 113
Gewürzmischungen 18
Gewürzpralinen 111
Gratinierte Lauchrollen 57
Griechische Zitronensauce 83
Griechischer Bauernsalat *25*, 94
Grillgewürz – Picata 18
Grüne Pfefferbutter 109
– Sauce, Frankfurter 85
Grünkernklößchensuppe 39
Grünkernküchlein, Dinkelsbühler 59
Grünkohl 17
– in Sahne 78
Grünkohlrohkost, winterliche 28
Gurke 17
Gurken in Kräuterrahm 27
Gurken-Salat, Wildkräuter- 35
Gurkentopf nach Schlemmerart 70

Hafermüsli 105
Hefe-Blitzkuchen, runde 118
Hefeextrakt 14
Hefeflocken 15
Herzhafter Brotaufstrich 106
Herzoginkartoffeln 52
Himbeerchutney 85
Himbeer- oder Sauerkirschessig 18
Hirse-Aprikosen-Kuchen 114
Hirseauflauf, pikanter 56, *62*
–, süßer 97
Hirsecreme mit Früchten 99
Hirsefüllung, Mangoldrollen mit 56
Honigmarzipan 110

Indonesische Salatsauce 36
Ingwer-Bratäpfel 96, *Bild auf dem Einband*
Ingwercreme Jamaica 101
Ingwerkeks, englische 123
Ingwerkugeln 111
Italienische Marinade 36
Italienischer Kartoffelsalat 93

# Rezept- und Sachregister


Jasmintee-Eis Sansibar 103
Joghurt-Kräuter-Sauce 36
Joghurtmayonnaise 36
Johannisbeerpudding 98
Johannisbeersauce, rohe 86
Johannisbeertörtchen 118

Käsebrötchen, knusprige *90*, 126
Käse-Enchiladas 54
Käsekartoffeln, köstliche 48
Käsesalat, ländlicher 94
Käsesauce 83
Käsetomaten 76
Käse-Windbeutelchen 127
Kartoffel-Auflauf, Lauch- 51
Kartoffelgratin, Pariser 50, *61*
Kartoffelhäufchen, Duchesse- 52
Kartoffeln 17
– vom Blech 48
Kartoffelomelette Gouda 49
Kartoffelpastetchen mit Käsefüllung 51
Kartoffel-Plätzchen, Walnuß- 50
Kartoffelpüree mit Mandeln 46
Kartoffelring 51
Kartoffelsalat, italienischer 93
– nach unserer Art 93
Kartoffelsavarin mit Kräutern 49
Kartoffelsuppe mit rohem Gemüse 40
Kirschenkuchen, brauner 113
Kirschenstrudel, Wiener 97
Knoblauchbutter 109
Knoblauchcroûtons, französische Kopfsalatsuppe mit 45
Knoblauchsauce – Aioli 84
Knusprige Käsebrötchen *90*, 126
– Sesamecken 127
Kochsalz ist schädlich, zuviel 12
Köstliche Käsekartoffeln 48
Kohlrabi 17
Kohlrabi-Rohkost, Erbsen- 24
Kohlrabisalat Tessin 27
Kohlrouladen 58
Kohlsprossensalat 28
Kopfsalat, bunter 28
Kopfsalatsuppe mit Knoblauchcroûtons, französische 45
Korinthenschnitten 122
Kränzchen, Linzer 122
Kräuter und Gewürze 16
– richtig verwenden 18
Kräuterbohnen 73
Kräuterbutter 109
Kräuteressig 18
Kräutermarinade, Zucchini in 35
Kräuterrahm, Gurken in 27
–, Spargelsalat mit 87
Kräuter-Sahne-Creme 108
–, Schmorkartoffeln mit 47
Kräutersauce 83
–, Joghurt- 36
Kräutertomaten, geschmorte 76
Krautgulasch, Budapester 81
Krautsalat, badischer 33
Küchengeräte, praktische 19
Kümmelfladen 126

Ländlicher Käsesalat 94
Lasagne, Gemüse- 67
Lauch 17
Lauch-Kartoffel-Auflauf 51
Lauch-Pita, serbische 67
Lauchrollen, gratinierte 57
Lauch-Salat mit Walnüssen, Möhren- 29
Linseneintopf Bauernart 68
Linzer Kränzchen 122

Mailänder Minestrone 41
Maispizza mit Zucchini 55
Maispudding 99
Maissalat, bunter *25*, 88
Maisschmarrn 54
Makronentorte mit Rhabarber 114
Mandelhäufchen und Schokoladenbusserl 121
Mandelkörbchen 110
Mandelreis, arabischer 63
Mandelsauce für Obstsalate 37
Mandelschaumsauce *80*, 84
Mandelspekulatius 120
Mangold 17
Mangoldgratin 77
Mangoldpfannkuchen auf italienische Art 60
Mangoldrollen mit Hirsefüllung 56
Mangosauce 83
Marinade, italienische 36
Marzipantaler 110
Maße und Gewichte 21
Mayonnaise, Joghurt- 36
–, Salat- 37
Mazurki, Dattelkonfekt 111
Meerrettichbutter 109
Meerrettichsauce 83
Menüs, festliche 22
– im Frühling 22
– im Herbst 22
– im Sommer 22
– im Winter 22
Mexikanische Tortillas 53
Milder Rettichsalat 29
Minestrone, Mailänder 41
Minipizza 125
Mitternachtssuppe, scharfe 42
Möhren 17
Möhren-Apfel-Rohkost 29
Möhren-Lauch-Salat mit Walnüssen 29
Möhren-Rohkost, Sauerkraut- 31
–, Schwarzwurzel- 31
Müsli mit gekeimten Weizenkörnern 105

Nudelkasserolle, chinesische 66
Nuß-Eistorte, Schokoladen- 103
Nuß-Rahm-Sauce 36
Nußsauce, feine 84

Obst 17
Obstsalat, exotischer 101
– im Frühling 101
Obstsalate, Mandelsauce für 37
Olivenbrötchen 126
Olivenbutter, spanische 109
Orangenpfannkuchen mit Kokosnuß 95
Orangensauce 37
–, Chicorée mit 24
Orangentorte Valencia *116*, 117

Paprikaschoten 17
Pariser Kartoffelgratin 50, *61*
Pasteten, vegetabile 15
Pastetengewürz 15
Pellkartoffel-Schlemmereien 46
Peperonata 73
Pesto, Genueser Basilikumsauce 84
Pfefferbutter, grüne 109
Pflaumenmüsli mit gekeimten Gerstenkörnern 106
Picata, Grillgewürz 18
Pikante Reiskroketten 64
– Spinatrollen 57
Pikanter Camembertquark 108
– Hirseauflauf 56, *62*
Pilze 17
Pilzpizza 124
Pizza, südländische 124, *Bild auf dem Einband*
Provenzalische Salatsauce 36
Puffbohnensalat mit Tomaten und Paprika 91

Quark-Sauce, Vanille- 96

Radicchiosalat 29
Rahm-Sauce, Nuß- 36
–, würzige 83
Ratatouille 74, *89*
Reis, andalusischer 100
– nach Mailänder Art 63
Reisbraten Cordon bleu 64, *79*
Reiskroketten, pikante 64
Reissalat, frischer 92
– mit jungen Erbsen 92
Reis-Suppe mit jungen Erbsen, Zitronen- 39
Rettichsalat, milder 29

# Rezept- und Sachregister


Rezepte, Hinweise 21
Rhabarberchutney 86
Rhabarbercreme 99
Römischer Salat 23
Roggenmüsli, rustikales 106
Rohe Johannisbeersauce 86
– Tomatensauce 85
Rohkostbrote 107
Rohkostsalatsaucen 37
Roquefortdressing 37
Rosenkohl 17
Rote Cocktailsauce 37
– Grütze, fruchtige 100
– Rüben 17
Rote-Rüben-Rohkost mit Meerrettich 30
Rotkraut 17
Rotkrautsalat 30
Rüben, rote 17
Rührkuchen, gefüllter 112
Runde Hefe-Blitzkuchen 118
Russischer Sauerkrautsalat 31
Rustikales Roggenmüsli 106

Sahne-Creme, Kräuter- 108
Sahnepfeffernüsse, braune 121
Salatmayonnaise 37
Salatsauce, französische 36
–, indonesische 36
–, provenzalische 36
Salatsaucen für Rohkost 37
Sanoghurt 15
Saucen und Dips für Rohkostsalate 36
Sauerkirschessig 18
Sauerkirsch- oder Himbeerchutney 85
Sauerkrautfrischkost 30
Sauerkraut-Möhren-Rohkost 31
Sauerkrautsalat, russischer 31
Schabziegerklee 18
Schalottenbutter 109
Scharfe Mitternachtssuppe 42
Schmorkartoffeln mit Kräuter-Sahne-Creme 47
Schokoladenbrote, fränkische 123
Schokoladenbusserl 121
Schokoladen-Nuß-Eistorte 103
Schwarzwurzel-Möhren-Rohkost 31
Schwarzwurzeln 17
Schwarzwurzelsalat 31
Schwetzinger Spargelsalat 87

Sellerie 17
Selleriecreme 108
Selleriekroketten 59
Sellerietomaten im Kressenest 33
Serbische Lauch-Pita 67
Sesamecken, knusprige 127
Sesamringe 126
Sesamsamen 15
Soja-Erzeugnisse 15
Sommergemüse für Feinschmecker 71
Sonnenblumenkerne 15
Spaghettikürbis auf indonesische Art 75
Spanische Olivenbutter 109
– Zwiebelomelette 82
Spargelcocktail grün-weiß 32
Spargelomelette, Allgäuer 70
Spargelsalat mit Kräuterrahm 87
–, Schwetzinger 87
Spinat 17
Spinatomelette 82
Spinatrollen, pikante 57
Spinatsuppe 45
Spiralbrötchen 126
Steinpilzbrühe, Vitam- 15
Südländische Pizza 124, *Bild auf dem Einband*
Südländischer Bohnensalat 91
Süßer Hirseauflauf 97

Tomaten 17
–, andalusische 75
– auf Kopfsalat, gefüllte 33
Tomatensalat Palermo 32, *Bild auf dem Einband*
Tomatensauce, rohe 85
Tomatensuppe, andalusische 40
Tortillas, mexikanische 53

Ungarisches Bohnengulasch 72

Vanille, gemahlen 18
Vanille-Quark-Sauce 96
Vanillerum 15
Vanillesauce 86
Vegetabile (pflanzliche) Pasteten 15
Vegetarische Kost 10
Versunkener Apfelkuchen 113
Vitaminreiche Frischkost selbst gezogen 19
Vitam-Steinpilzbrühe 15
Vollkornbrösel 15

Walnuß-Kartoffel-Plätzchen 50
Waldorfsalat 32
Weihnachtsstollen 119
Weinblätter auf griechische Art, gefüllte 65
Weinschaumcreme 102
Weißkraut 17
– nach Winzerart 81
Weizenkeimsalat mit Hüttenkäse 88, *Bild auf dem Einband*
Wiener Brotpudding 98
– Kirschenstrudel 97
Wildkräuter-Gurken-Salat 35
Wildkräutersalat 34
Windbeutelchen, Käse- 127
Winterliche Grünkohlrohkost 28
Wintersalat, bunter 34
Wirsing 17
Wirsingomelette 77
Wirsingpastete *44*, 55
Wirsingrohkost mit Möhren 34
Würzen auf einen Blick 16
Würzige Buttermischungen 108
– Rahmsauce 83

Zitronenbutter 109
Zitronenessig 18
Zitronen-Reis-Suppe mit jungen Erbsen 39
Zitronensauce, griechische 83
Zitrusfrüchte 15
Zubereitung 11
Zucchini indisch 74
– in Kräutermarinade 35
–, pikant gefüllt 58
Zucchinisalat mit Möhren 35
Zuckermais natur 76
Zuckermaissalat Mexiko 35
Zutaten, besondere 14
Zuviel Kochsalz ist schädlich 12
Zwetschgendatschi mit Walnüssen 119
Zwetschgenpastete, fränkische 96
Zwiebel-Kasserolle, Champignon- 82
Zwiebeln 17
Zwiebelomelette, spanische 82
Zwiebelsuppe Taiwan 40